Zum Text:
Die Reiseberichte von Engelbert Manfred Müller sind alle sehr persönlich gehalten. Sie erzählen nicht nur von landschaftlichen oder kunsthistorischen Details der besuchten Städte oder Landschaften, sondern auch von Ängsten, Hoffnungen, Erwartungen und Enttäuschungen des Autors. Reflexionen psychologischer oder auch historischer Art sind eingeflochten, manchmal in Dialogen mit den Reisebegleitern oder Personen, die dem Autor begegnen. Und in den Berichten über Goslar und Dresden fließen Erinnerungen an die eigene Vergangenheit ein, die zugleich Erinnerungen an Krieg und Nachkriegszeit sind.

Mit den Reiseberichten betritt der Autor ein neues literarisches Gebiet, nach seinen Bänden mit Erzählungen („Das Auge der Stadt", „Extremadura", „So nah und so fremd" und „Wittenberg"), seinem Lissabon-Roman „Nur ein Schlüsselanhänger", seiner Aphorismensammlung „Nicht der Weisheit letzter Schluss" und seinen Lyrikbänden „Flechtenblüten" und „Spätlese im Halbschatten".

Zum Autor:
Engelbert Manfred Müller wuchs in Köln auf, lebte und lehrte viele Jahre in Leverkusen und Köln und in Chile und Mexiko. Heute lebt er in Bergisch Gladbach und ist Mitglied der Autorenvereinigung „Wort und Kunst"

2

Nilkreuzfahrt

und andere Reiseberichte

von

Engelbert Manfred Müller

Bibliographische Informationen der Deutschen Nationalbibliothek:
Die Deutsche Nationalbibliothek verzeichnet die Publikation
in der Deutschen Nationalbibliographie, detaillierte bibliografische
Daten sind im Internet über http:/ dnb.dnb.de abrufbar.

Herstellung und Verlag:
BoD – Books on Demand Norderstedt

ISBN 9783749465682

Inhalt

Nilkreuzfahrt 2006

Eine gewisse Nervosität beherrschte uns schon, als wir am Köln-Bonner Flughafen endlich in unserer LTU- Maschine saßen. Schließlich hatte Sigrid von Anfang an Bedenken wegen möglicher terroristischer Anschläge gehabt. Immerhin hatte es noch im vorigen Jahr das Attentat in Sharm el Sheik gegeben und vor ein paar Jahren das schreckliche Blutbad im Tal der Könige bei Luxor - Luxor, unserem Zielort! Wir hatten uns einigermaßen beruhigt bei dem „statistischen Gedanken". Immer noch ca. 6000 Verkehrstote jedes Jahr in Deutschland. Was sind demgegenüber die „wenigen" Attentatsopfer! Eine makabre, aber doch wohl rationale Rechnung. Unterm Strich heißt das ja wohl, dass eine Straßenüberquerung in Herkenrath gefährlicher ist als eine Reise nach Ägypten.

Nun aber hatte unser Flug schon eine Stunde Verspätung. Die Mitteilung des Bordpersonals, dass sich ein unbegleitetes Gepäckstück an Bord befand und deshalb wieder ausgeladen wurde, wirkte nicht eben beruhigend. Doch ein Terrorist an Bord? Die Frage löste sich aber auf, als eine ältere Frau verspätet an Bord stieg und ihr Gepäckstück wieder eingeladen wurde. Na, dann!

Beim Umsteigen in München stellten wir fest, dass hier noch viel Schnee lag. So waren im Salzburger Land schöne Bergaufnahmen aus dem Fenster heraus möglich. Über Istrien dann und auch später über der Insel Kreta lag beides nebeneinander: schneebedeckte Berglandschaften und sonnenbeschienene braune Küstenlandschaft am blauen Meer. Dann aber nur noch Sonne und Wüste, als wir die ägyptische Küste überflogen, zuerst ein orangegelbes Gebirge, dann flachere Wüste mit langgestreckten Rippen. Dünen? Wohl eher Erhebungen, auf denen sich dann Sanddünen gebildet hatten.

Einerseits begeisterten mich die Ausblicke, andererseits fühlte ich mich ziemlich „fertig": Schon seit ein paar Tagen hatte ich Herzrhythmusstörungen. War es die Aufregung? War es Bluthochdruck? Ich hatte mich schon gar nicht mehr getraut, meinen Blutdruck zu messen. Und heute kam das Aufstehen um vier Uhr in der Frühe hinzu, die Furcht, den Flug zu verpassen.

Da plötzlich das Delta, grün, dunkelgrün, von blitzenden Kanälen durchzogen, und dann der Flug das Niltal entlang nach Süden, bis wir auf einer Schleife um Luxor herum tiefe Schluchten überflogen, die fast an das Valle de la Luna bei La Paz erinnerten.

Und dann, obwohl wir gewarnt waren, der erste „Reinfall": Ein Mann mit einer vertraulich-verschwörerischen Miene winkte uns zur Polizei, wo wir unsere Pässe mit dem eingelegten, von der Reisegesellschaft bezahlten Visum vorlegten. Der Polizist klebte zwei Marken in den Pass und stempelte sie ab. Dann brachte uns der Mann zu dem Transportband 5 m dahinter, hielt die Hand auf und forderte 5 €. Wir hatten vor der Polizei ein, zwei Leute überholt, was uns nichts brachte, da wir sowieso an dem Transportband auf unsere Koffer warten mussten. Ich gab ihm einen Euro, mit dem er sich lange nicht zufrieden geben woll-te, indem er uns immer wieder wortlos einen 5 € - Schein zeigte. Das Transportband erwies sich übrigens als das falsche. Als die Koffer am richti-gen Band erschienen, war auch gleich schon der nächste zur Stelle, trug uns die Koffer 3 m weiter und wollte ebenfalls ein Trinkgeld. Wir hatten uns extra Koffer gekauft, an denen sich die Rollen an den Breitseiten befanden, so dass sie leicht zu rollen waren. Deshalb brauchten wir absolut kei-nen Kofferträger. Es gab also kein Trinkgeld mehr. Auch nicht am Bus fürs Reinhieven in den Kofferraum im Bus.

Dann mussten wir warten. 20 Minuten, eine halbe Stunde, eine ganze Stunde. Die Reiseleiterin von ITS mit ihren stämmigen Beinen, die nicht recht zu ihrem scharf geschnittenen Gesicht passen wollten, erklärte kurz und lakonisch, dass wir so lange warten mussten, weil noch Gäste zusätzlich kommen würden. Immerhin war es jetzt mittler-weile nach drei Uhr, bisher ohne Mittagessen. Wie sollte das weitergehen? Die ganze Reise war ja ein Sonderangebot für 700 € statt für 1200 €.

Weil das Schiff ganz neu sei. Und deshalb billiger? Sollte sich das Ganze als Reinfall erweisen?

Mit dem Bus vom Flughafen zur Stadt. Grüne Felder, Reis, Luzerneklee, einzelne Palmen, aufgerissene Seitenstreifen, Busse, Minibusse, vollgepfropft mit Menschen, in Turbanen und Galabeas, teilweise aus dem hinten offenen Fahrzeug herausquellend, Eselskarren, immerhin mit bereiften Rädern. Mit so viel Orient hatte ich nicht gerechnet. Und dann befanden wir uns schon auf dem Schiff. Vor dem Kai lagen unabsehbare Mengen von Passagierschiffen, unseres in der dritten Reihe, so dass wir zwei andere Schiffe durchqueren mussten. Die Empfangshalle, aufgrund der Wandverkleidung mit Macoree-Imitation etwas verstaubt-plüschig wirkend. 5-Sterne-Unterkunft? Dann bekamen wir an der Rezeption unser Zimmer zugeteilt. Nr. 405. Also 4. Stock
"Is it Upper Deck?"
"Yes, sir."
Das hörte sich ja schon mal gut an. Also nicht das untere Deck, von wo aus man lediglich auf das Wasser schauen könnte, mit den Maschinengeräuschen des Dampfers in den Ohren. Der Angestellte in hellbrauner Uniform, der unsere Koffer ins Zimmer trug, zeigte uns, wie man die Tür öffnete, mit einer Art Scheckkarte, die man außen an der Tür in einen senkrechten Schlitz steckte und die, wenn man sie wieder herauszog, ein zufriedenstellendes Geräusch von sich gab, was wohl soviel wie „Alles in Ordnung. Bisher war das

Zimmer verschlossen. Jetzt kannst du die Klinke runterdrücken" bedeuten sollte. Das heißt, eigentlich machte das Geräusch eher den Eindruck, als wenn es uns siezen würde. Auch der Angestellte war von einer freundlichen Selbstverständlichkeit, und als ich ihm einen Euro Trinkgeld gab, den er ja nun wirklich verdient hatte, lächelte er, als wolle er sagen:

„War nicht nötig. Das ist meine normale Arbeit. Und außerdem wird ja von der Reisegesellschaft pro Tag und Person ein Trinkgeld von 5 € eingesammelt und gerecht an das Personal verteilt. Sie sollen ja nicht ständig mit dem Geben von Bakschisch belästigt werden. Schließlich befinden Sie sich hier auf einem Luxusschiff, wo Sie sich rundum wohlfühlen sollen."

Dann waren wir allein in unserem Reich für 7 Tage. Ein angenehmes kleines Reich, das gar nicht so klein war. Ein umfangreiches Doppelbett mit fester Matratze, wie wir es lieben. Wenn man reinkam, rechts die Schiebetür zum Bad, mit Marmor auf dem Boden, neben dem Waschbecken und auf der Ablage. Eine gute Dusche in der Badewanne, die zur Hälfte von einer dicken Glasscheibe abgeschirmt war. Links hinter der Tür der geräumige Kleiderschrank mit zwei Schiebetüren, voll von Kleiderbügeln aus Holz, so dass wir wirklich alle unsere Kleidungsstücke für die nächsten Tage bequem erreichbar im Schrank unterbringen und unsere Koffer im Wesentlichen in Ruhe neben dem Bett stehenlassen konnten. Geradeaus das riesige Panoramafenster mit Aussicht auf den

Nil, vor dem allerdings im Moment noch die Vorhänge zugezogen waren, da der Blick noch verstellt war vom Nachbarschiff. Und vor dem Fenster ein rundes Glastischchen mit gusseisernen Löwentatzen, dazu zwei Polstersessel. An der linken Wand zu allem Überfluss noch ein Tisch, den ich ab und an zum Tagebuchschreiben nutzen konnte, obwohl ich das meistens oben auf dem Sonnendeck tat, entweder dort wirklich in der Sonne oder meistens auf einem der schönen hölzernen Stühle unter dem Sonnenschutz aus weißem Segeltuch. Aus weißem Segeltuch waren dort auch die offenen Kojen, die mit etlichen farbigen Kissen versehen waren, zum Liegen im Schatten, wo man bei Bedarf, um fremde Blicke abzuhalten, sogar das ganze Separee zuziehen konnte. Wir hatten dazu gar keine Zeit, lagen entweder auf unserer Liege, Sigrid meistens während der Fahrt ihren „Sinuhe, der Ägypter" lesend, oder ich vor Aufregung ständig die Seite wechselnd, um nur ja keinen der vorbeiziehenden Anblicke zu verpassen.

Die Einweisung durch die deutsche Reiseleiterin (mit den unpassenden stämmigen Beinen) begann mit der Vorstellung eines Teils der Crew, einer Rede des Managers, bei der ich erst nach einiger Zeit mitbekam, dass es sich hier um Englisch und nicht etwa Arabisch handelte. Es wurde mehr oder weniger deutlich, dass sich die Mannschaft vor allem um die Sicherheit der Passagiere kümmern wollte, wie, blieb allerdings offen. Vertrauen sollte wohl vor allem geschaffen werden.

Durch den Kapitän in schwarzer Galabea mit weißem Turban und malerisch um den Hals geschlungenem weißen Schal, der am Ende der Reihe stand? Beim Essen würden wir Tischpartnern zugewiesen werden, die wir dann die ganze Reise über beibehalten sollten. Nach welchen Kriterien? Und wenn das schiefging?

Vor dem Abendessen schlüpfte ich noch einmal schnell aus unserem hermetischen Zuhause heraus auf die Kaimauer, wo ich sofort von einem Ägypter in Beschlag genommen wurde. Wo ich herkäme, ob ich alleine sei, ob ich die Stadt gezeigt bekommen wolle, ob ich etwas einkaufen wolle. Ein junger Mann, 27 Jahre alt, angeblich seit 7 Jahren Bäcker auf einem Nachbarschiff. Hatte er jetzt dienstfrei? Seine Frau, Nura mit Namen, wohne in Assuan, er habe eine kleine Tochter, worauf ich meine Familiendaten bekanntgeben musste, was ja in vielen Ländern der erste Schritt der vertrauensbildenden Maßnahmen ist. Und Enkelkinder kommen immer besonders gut an. Neben uns standen mehrere Händler, die Erdnüsse oder andere Kleinigkeiten anboten und lächelnd zuhörten. Zurück zur Frau auf dem Schiff zu müssen, war ein gutes, akzeptiertes Argument, um das Gespräch schließlich abbrechen zu dürfen.

Da saßen sie schon an unserem großen runden Tisch, der eigentlich für mindestens 6 Personen Platz bot: Heidemarie (wie die Entwicklungshilfeministerin) und Herbert (fast wie der Kölner Heilige, der das Benediktinerkloster in Deutz und St. Aposteln gegründet hat). Manche Eselsbrücken fallen einem spontan ein. Ein Heiliger schien er aber nicht gerade zu sein, eher ein Sunnyboy mit blondem zerzausten Modeschopf, ein wenig einem gemütlichen Kater ähnelnd. Sie strahlte schon eher den Ernst einer Entwicklungshilfeministerin aus, ein Ernst, der manchmal etwas Sadistisches zu haben schien, aus einem Gesicht heraus, mit dunklem Haar und dunklen Brauen. An welchen Vogel erinnerte es? Rabe? Nicht so gesetzt. Elster? Nicht so bunt und nicht so geschwätzig. Krähe? Eine schlanke, drahtige vielleicht. Bis wie ein Sonnenstrahl ein fast bärbeißiges Lächeln aus dem umwölkten Antlitz herausstrahlte, manchmal noch mütterlich in Watte gehüllt, wenn sie sich liebevoll regierend um ihren Sunnyboy kümmerte, was dem gar nicht immer recht war. So was kennt man ja! Architekten beide, gut im Geschäft, mit 40 Angestellten, Wohnung in Wien, wo sie vor kurzem ein Stadtpalais auf der Ringstraße erneuert hatten, und ein Haus in Neusiedl am Neusiedler See. Beide interessante Gesprächspartner, mit denen wir uns während der Woche immer enger befreundeten, Gespräche über Architektur, die jeweiligen Lebensumstände und Lebensläufe, viele Gespräche über Lateinamerika, das sie nach Beendigung ihres Studiums ein Jahr lang bereist hatten.

Mit ihnen waren wir auch am nächsten Tag und den übrigen Tagen zusammen in der Gruppe von Aladin, dem ägyptischen Reiseführer und Ägypto-

14

logen, 30 Leute insgesamt, genau wie in der Gruppe von Abel, dem Führer der anderen Hälfte der Touristen auf unserem Schiff Alyssa, in dem somit nur die Hälfte seiner 62 Kabinen belegt waren. Es sollte sich zeigen, dass auch Aladin ein regelrechter Glücksfall war, da er eine angenehme, kompetente Art hatte, sein Amt zu versehen. Vor allem beherrschte er das exemplarische Prinzip bei seinen Vorträgen, so dass er jedes Mal einen anderen Schwerpunkt bei den vielen Tempeln und anderen Sehenswürdigkeiten herausstellte.

Im Tempel von Karnak war es vor allem der „Obergott" Amun und die außerordentliche Größe und Bedeutung des Tempels, die er in den Mittelpunkt stellte. Dazu gehörten auch die Besuche bedeutender Persönlichkeiten, die von diesem Wunderwerk fasziniert waren, zum Beispiel Rainer Maria Rilke, in dessen Gedicht eine der wunderbaren Säulen des Großen Vorhofs von Karnak erwähnt wird, die nach den riesigen Pylonen, der Eingangsfassade mit einer Breite von 113 m und einer Höhe von 43 m, ein Vorspiel bildet zu dem Weltwunder des Großen Säulensaals, in dem einen 134 reliefverzierte Säulen vor Ehrfurcht erstarren lassen.

Auf den noch vorhandenen Architraven über den Säulen beschattete früher ein Dach den riesigen Raum, der nur durch die Steingitter in den Seitenschiffen beleuchtet wurde, so dass ein dämmeriges Halbdunkel den Besucher umfing, der sich der Gewalt und dem Zauber dieses Raums wohl kaum entziehen konnte. Auch wir standen wie verzaubert inmitten dieses monumentalen steingewordenen Schilfwalds. Was rührte uns an? Der große unfassbare Gott, der hier herrschte, die gewaltigen Herrscher, deren Macht keinen Widerspruch duldete, oder hauptsächlich die Zeiten, die Jahrtausende menschlicher Kultur, die hier überdauerten? Um uns herum schwirrten Schwalben in der frischen Morgenluft, die von einem leichten Brandgeruch durchzogen war. Einmal zeigte uns Aladin einen Falken. Horus in Person? Und als wir später die drei Gipfel des Gebirges im Osten von Theben sahen, erinnerten wir uns an das, was Sinuhe, den Ägypter, auf seinen Reisen an Theben erinnerte: die Kochfeuer vor den Häusern, die Schwalben und die drei Gipfel der Berge. Hinzu trat etwas Neues, das er nicht erwähnen konnte: der Ruf der Muezzine von vielen Seiten. Ihr dunkles und langgedehntes „Allahu akbar" tauchte uns im Jahr 2006 in eine Atmosphäre allgegenwärtiger religiöser Herrschaft. Anrührend und ein wenig unheimlich zugleich.

Säulenwald in Karnak

Die Weihe deiner Größe und
die Würde von viertausend Jahren
sogleich den Atem uns verschlägt,
und Säulen stehn auf altem Grund,
die endlos Menschliches erfahren
und die der Hauch des Ewgen prägt,

16

Nachfolger eines Walds in alten
Sümpfen, die das ganze Leben
in Überfülle uns gebaren,
und deren Schäfte mit bemalten
Flächen schon ein Schauerbeben
unsern Vorzeiteltern waren.

Ließt ihr des Gottes Dämmrung schimmern,
Verbeugung vor dem ewig andern,
weil selbst euch tränkte ein Gefühl
der Ehrfurcht vor der großen Bahn
und kosmisch weiten Dimensionen?

Oder sollten wir vor Kleinheit wimmern,
im Staube auf dem Bauche wandern,
nach fein berechnetem Kalkül
verehrn des Herrschers Größenwahn,
den Glanz von seinen goldnen Kronen?

Mindestens zwölf Tempel und Kapellen umfasst
der riesige Komplex von Karnak, so dass von
daher Aladin, unser Führer, schon gezwungen
war, eine Auswahl von wenigem zu treffen. Als
nächstes erklärte er uns so die Bedeutung, die
die Aufstellung von Obelisken für die Reputation
der ägyptischen Herrscher hatte. Schon der Obelisk von Thutmosis dem Ersten mit seinen 20 m
Höhe und 130 Tonnen Gewicht war eine gewaltige technische und künstlerische Leistung. Seine
Tochter Hatschepsut stellte ihn aber mit 30 m
Höhe und fast dem dreifachen Gewicht weit in

den Schatten. Da sie ihren Neffen Thutmosis den Dritten jahrelang an seiner legitimen Machtübernahme gehindert und stattdessen selber den Thron usurpiert hatte, rächte sich dieser später an ihr, indem er ihren Obelisken einmauern ließ, was ihn allerdings unbeschadet bis in unsere Zeit überdauern ließ. Paradoxien der Geschichte. Ebenso überdauerten ihre Bildnisse recht gut, da ihr Neffe sie zerschlagen und vergraben ließ. In unserer Zeit konnten sie leicht wieder zusammengesetzt werden. So ist uns das schöne Antlitz dieser machtbesessenen Frau recht gut bekannt.

Sparsam und exemplarisch machte uns Aladin nun auch mit einem ersten der zahlreichen altägyptischen Symbole bekannt, dem Skarabäus, dessen Abbild vor dem Heiligen See stand. Der Mistkäfer oder Pillendreher, der Käfer, der seine Kugel vor allem bei Sonnenaufgang dreht, die Kugel, aus der dann später neues Leben schlüpft. So verknüpfen sich in ihm die Mythen um den Lauf der Sonne, die beim Untergang in das Reich der Finsternis taucht, wo sie die Nacht verbringt, von Geistern und Schlangen gefährdet und bedrängt, und die Mythen von Werden und Vergehen, Tod und Auferstehung. Der Käfer ist es dabei, der der Sonne dazu verhilft, den Sprung aus dem Reich der Unterwelt ans Licht zu schaffen. Die Mistkugel, gleichzeitig ein Anklang an den fruchtbaren Nilschlamm, ist die Sonne, die dank des Käfers ihren Lauf fortsetzen kann. So würde uns der Skarabäus auch am letzten Tag der Reise in den Malereien in den Gräbern im Tal der Könige erscheinen.

Ob er uns aber bis zu Hause beschützen würde?

Am Nachmittag die zweite große Sehenswürdigkeit, der Luxor-Tempel. Konnte die Reise da überhaupt noch weitere Höhepunkte bieten? Vor dem Tempel ein recht langes Stück der Sphingenallee, die einmal mit mehr als drei Kilometern Länge die beiden Tempelkomplexe miteinander verband, um den Gott in einer großen Prozession von dem einen Tempel in den anderen zu geleiten. Und auf der anderen Seite die wieder riesige Front des ersten Pylons mit den beiden Kolossalstatuen Ramses' des Zweiten und einem Obelisken. Der zweite, der dort gestanden hatte, befindet sich heute auf der Place de la Concorde in Paris. Über Höfe und einen mächtigen Säulengang gelangt man schließlich zum Allerheiligsten, das Alexander der Große errichten ließ. Er fädelte sich ein in die Traditionen des Landes, das er erobert hatte, ließ sich auf einem Relief mit erigiertem Penis darstellen, aus dem sein Heldensaft in eine Schale träufelte, die er dem Gott als Opfergabe anbot. Überhaupt sind die Reliefs in diesem Teil des Tempels sehr interessant, ist in dem sogenannten Mammisi, dem Geburtsraum, doch eine Vorwegnahme der christlichen Weihnachtsgeschichte abgebildet, Verkündigung und Geburt des Gottessohns, die Begegnung von zwei schwangeren Müttern, eine davon die Göttin Iris, die sowieso große Ähnlichkeit mit der Jung-

19

frau Maria aufweist. Eine Moschee auf den Mauern einer ehemaligen christlichen Kirche bildet noch heute einen Teil des Tempels und an einer anderen Stelle weisen Reste von Fresken und eine Art Apsis auf die Zeit, in der der Tempel dem römischen Kaiserkult diente.

Als Aladin uns die Bedeutung der ägyptischen Tempel erklärte, beging er einen der wenigen Irrtümer in seinen Vorträgen. Die Götter seien nach altägyptischem Glauben in den Tempeln wirklich anwesend gewesen, nicht nur wie in den christlichen Kirchen symbolisch. Da war er wohl von einem Protestanten informiert worden. Denn nach katholischem Glauben ist Gott ja im Tabernakel oder im Sakramentshaus auch wirklich anwesend.

Profaneres danach in einem Papyrusladen. Hier wurde uns vorgeführt, wie Papyrus hergestellt wird. Der Stängel wird geschält, dann zugeschnitten, mit einem Hämmerchen plattgeklopft, mit einer Nudelrolle ausgewalzt und schließlich zu einem Flechtmuster zusammengelegt. Dieses legt man dann unter eine Presse, bis der letzte Saft aus der nun entstehenden Fläche entwichen ist. Wahrscheinlich war dieser Teil der Reise für Aladin so etwas wie eine für ihn lukrative Kaffeefahrt, in Form einer Provision für getätigte Käufe der Touristen. Dass er nicht nur ein guter und hingebungsvoller Reiseführer war, sondern sich auch gleichzeitig gut verkaufte, zeigte sich später in den CDs mit Bildern der Tempel, die er uns gezeigt hatte, und die leider nicht alles hielten, was er vorher versprochen, wenn sie auch Innenaufnahmen von Abu Simbel und den Gräbern im Tal der Könige enthielten, die man selber nicht machen darf.

Die Inhalte von altägyptischen Papyri sollten uns später in Berlin eindrucksvoll durch den Audioguide im Ägyptischen Museum nahegebracht werden, die Originalstory von Sinuhe, dem Ägypter, die Rechtfertigungen des Verfassers des Totenbuchs, der nach seiner Meinung von Osiris positiv beurteilt werden musste, da er zum Beispiel in seinem Leben nie eine Frau vergewaltigt hatte, und die mahnende und zugleich äußerst faire Ankündigung des Besuchs eines Revisors, der einen faulen und schlitzohrigen Bauern vor seinem Besuch eindringlich auffordert, sich gehörig auf die Revision vorzubereiten. Fast so „fair" wie unsere heutigen Lebensmittelkontrollen!

Nach dem wieder exzellenten Mittagessen, das man sich an dem aufgebauten Büffet abholte, und wo es zusätzlich zu vielen warmen Speisen noch Suppe und Salate jeder Art gab, auf die ich verzichtete, was sich auszahlte, da ich keinerlei Rache des Pharao oder ähnliche Beschwerden während der ganzen Reise verspürte, begann die berauschende Nilfahrt. Vorher noch mehrere Sorten Fleisch, Fisch und ein Nachtischbüffet, das aus ungefähr 20 verschiedenen Kuchen, Puddings und Teigwaren bestand, mit anschließendem Obstbüffet. Zusätzlich konnte man sich noch

Nudeln zubereiten lassen, wie man sie am liebsten mochte.

Vom Sonnendeck aus eröffnete sich ein Zauberland. Palmengesäumte Ufer, mit schilfigen Abschnitten, kubische Häuser aus braunen Lehmziegeln, einzeln oder in Dörfern oder kleinen Städten, Moscheen mit schlanken Minaretten, träge schwarze Wasserbüffel auf den grünen Feldern, einzelne Reiter in Galabea und Turban auf kleinen schnellen Eseln, fast keinerlei Frachtschiffe außer wenigen mit Zuckerrohr beladenen. Sonst nur die angeblich fast 300 Schiffe, die Passagiere wie uns durch dieses Zauberland gleiten ließen, so dass sie mit der bitteren Armut, die hinter all diesem Paradiesischen steckt, nicht in Berührung kamen. Ab und an ein knatternder Motor, der das Wasser des Nils in die Bewässerungskanäle pumpte, die die Felder mit Reis, Luzerneklee und Gemüse und die Plantagen mit Palmen und Mangobäumen versorgten. Diese Pumpen hatten die eselgetriebenen Schöpfräder von vor 50 und 100 Jahren ersetzt. Sonst hätte der Anblick sich in nichts von dem zu biblischen Zeiten unterschieden. Natürlich gab es an einigen Stellen auch die Hässlichkeiten der Moderne, nicht zu übersehen die qualmenden Schlote einer Fabrik, einer Zuckerfabrik? Nicht zu übersehen auch hässliche Wohnblocks, die fatal an Köln-Chorweiler erinnerten, oder planiertes und asphaltiertes Gelände, für eine künftige Industrieanlage bereitet. Voraussetzungen für das Überleben einer auf mittlerweile mehr als 70 Millionen angewachsenen Bevölkerung. Hässlichkeit als eines der Naturgesetze der Zivilisation unserer Zeit? Oder haben wir da nur einen falschen Blick? Aladin sah das vielleicht ganz anders. Auf seinen Fotos auf seiner CD-ROM, die ich ihm später abkaufen würde, tauchten die malerischen Figuren und Winkel, die ich im Bilde festhielt, nicht auf. Oder weil er sich schämte?

Seine Religiosität und eine gewisse konservativ-patriotische Haltung wurden uns im Laufe der Woche immer deutlicher. Zum ersten Mal vielleicht, als uns vor dem Karnak-Tempel eine Schlagzeile entgegensprang, in einer deutschen Zeitung, die dort von Händlern den Touristen angeboten wurde: „Teheran vergleicht Merkel mit Hitler". Als ich mich überrascht mit Aladin darüber unterhielt, bekam ich zu meinem Erstaunen zu hören, das sei nur eine Retourkutsche dafür, dass Merkel Ahmadinedschad mit Hitler verglichen habe. Das konnte ich nun überhaupt nicht glauben. „Das kann sich kein deutscher Politiker erlauben. Eine Justizministerin musste zum Beispiel ihren Hut nehmen, nachdem sie Bush mit Göbbels verglichen hatte," meinte ich skeptisch. „Ja, das war auch Bush, und nicht Ahmadinedschad", erwiderte Aladin. Trotzdem hielt ich seine Information für falsch, entweder von ihm falsch wiedergegeben oder von vornherein von der Kairoer Zeitung, aus der er sie hatte, falsch in die Welt gesetzt. Aber in Ägypten, in diesem doch äußerst gemäßigten moslemischen Land?

Nach der Reise sollte ich im Internet feststellen, dass Merkel tatsächlich auf der Wehrtagung in München indirekt die iranische Regierung mit dem Naziregime verglichen hatte. Die ägyptische Presse und, wie ich lesen konnte, auch zum Beispiel eine australische Zeitung hatten die Sache nur auf den Punkt gebracht. „Merkel likens Ahmadinedschad with Hitler," hieß es dort. Nachträglich musste ich einsehen, dass Merkel tatsächlich eine grobe Unvorsichtigkeit begangen hatte, sozusagen Öl ins Feuer gegossen hatte, in dieser angespannten Situation, in der es in der arabischen Welt schon diese Aufregung um die Mohammed-Karikaturen in der dänischen Zeitung gab. Und warum? Um den Amerikanern einen Gefallen zu tun? Und der Aufschrei in der westlichen Welt wegen der angeblich gefährdeten Pressefreiheit! Eine Woche nach unserer Rückkehr würde der WDR aus religiös-katholischen Rücksichten die Kölner Stunksitzung nur gekürzt senden, ohne die „Karikatur", in der Kardinal Meisner mit Ratzinger im Bett liegt. Großer Unterschied? Keine Pressezensur? Nur vorauseilender Gehorsam? Die Schere im Kopf? All das soll natürlich nicht in Zweifel ziehen, dass Ahmadinedschad ein geistiger Brandstifter ersten Ranges ist. Nur sollten wir nicht das gleiche tun.

Unsere österreichischen Tischgenossen sahen das alles nicht viel anders, obwohl sie als freie Unternehmer von einem uns fremden (neo-)liberalen Denken wenig entfernt waren. Das zeigte sich unter anderem bei Heidemarie, als ich von der Bürgerinitiative gegen das Cross-Border-Leasing-Geschäft der Stadt Bergisch Gladbach erzählte. Sie schien da offensichtlich meine völlige Ablehnung nicht ganz zu teilen. Die große Gemeinsamkeit zwischen uns stellte sich vor allem her, wenn wir unsere lateinamerikanischen Erinnerungen austauschten. Auch wenn wir Gemeinsamkeiten in der Rolle der Geschlechter entdeckten. Heidemaries skeptisch-realistische Haltung und Herberts mehr zu Begeisterung und Optimismus neigendes Gemüt. Ein Sunnyboy eben, der auch viel Verständnis dafür hatte, wenn ich eine Erzählung über Erlebtes einer Pointe wegen auf den Punkt bringen wollte, während unsere beiden Frauen auf jeden Fall der genauen Wahrheit die Ehre geben wollten, auch wenn sie noch so langweilig sein sollte. Und doch war es Heidemarie, die davon erzählte, wie Herbert als Blondschopf in Südamerika vergöttert wurde, so dass ihm vor lauter Begeisterung an der Copacabana auf den Hintern geklatscht wurde – von Männern! Die realistischere, vielleicht ehrgeizigere Haltung von „ihr" war wohl auch zurückzuführen auf ihre bäuerliche Herkunft, der sie mit aller Gewalt entfliehen wollte und dank liberal denkender Eltern auch konnte. Vielleicht ist es auch dieser Ehrgeiz, der sie heute – zum Leidwesen eines genussfreudigeren Herberts – oft in der Nacht bis zwei am Schreibtisch sitzen lässt, obwohl sie ein gutgehendes Architekturbüro mit ca. 40 Angestellten ihr eigen nennen. Er hat sich auch nicht so hochgestrampelt wie sie, stammt aus einem Elternhaus, in dem schon der Vater Architekt ist und war und dazu 30 Jahre lang den Posten des Ortsbürgermeisters versehen hat. Heute entwerfen sie Weingüter im Burgenland und zählen einen Flick zu ihren Kunden, mit dem sie auch auf die Jagd gehen. Eigentlich viele Dinge, die nicht gerade zu unserem Lebensstil gehören. Und doch verband uns allerlei: die Freude an allem Neuen, die Zufriedenheit mit gutem Essen, ohne dass wir die Notwendigkeit sahen, es mit noch besserem Essen zu vergleichen oder scharfe Kalkulationen über Preis-Leistungsverhältnisse anzustellen, wie es einige unserer anderen Mitreisenden taten.

Die Neugier auf die anderen Lebens- und Herkunftsgeschichten und das Genießen des leichten Prickelns beim Beobachten der jeweiligen Paarbeziehungen, wo sich trotz aller Unterschiede immer wieder merkwürdige Parallelen ergaben. Zum Beispiel wenn sie in einer übertriebenen Vorsorge sich Sorge um die schlanke Linie ihres Partners machte oder ihm einzelne Speisen mitbrachte, von denen sie annahm, dass er sie unbedingt probieren müsste. Als leidenschaftliche selbstständige Unternehmerin schien sie zum Schluss sogar ein wenig Verständnis für Sigrids fast „nur" Hausfrauen- und Mutter-Dasein zu gewinnen. Zum mindesten schien sie ein wenig nachdenklich zu werden. In ihrer fast immer schwarzen Kleidung mit mehr oder weniger Rotkontrast, den ich täglich kommentierte, zuerst noch skeptisch von ihr aufgenommen, zum Schluss aber vielleicht regelrecht genossen. Wie alle Frauen, denen es dann doch angenehm aufstößt, wenn ein männliches Wesen in ihrer Nähe ihre textilen Verwandlungen zumindest bemerkt. Schließlich war dann ja nicht alles umsonst gewesen. Dieses Schwarz verstärkte ihren Typ erheblich und in meinem Kopf die Frage nach Rabe oder Krähe, von Nasen- und Kinnform und auch der kecken Frisur erheblich unterstützt. Das sagte ich ihr natürlich nicht. Auch nicht, als Herbert bei einer abendlichen Veranstaltung in der Bar, in der die Frauen von den nubischen Tänzern aufgefordert wurden, meinte:

„Der weiß gar nicht, wie sehr er von Heide in der Luft zerrissen würde, wenn sie sein Angebot annehmen würde."

Hacken, Zerfleischen, irgendso etwas Martialisches strahlte sie schon aus, immer gedämpft durch seinen Charme oder durch die friedliche Umgebung. Bei dem Gedanken, sie als Chefin zu haben, konnte mir leicht mulmig zumute werden. Einmal ging es auch darum, wie sie Fleisch zerlegte. Nach der Jagd vielleicht? Ich habe den Zusammenhang vergessen. Auf jeden Fall ist mir etwas Zerhackendes, Geierhaftes im Sinn geblieben. Aber Herbert mochte das alles. Ein aufregendes Pendant zu seiner optimistischen Gutmütigkeit, ohne welches er sonst zu behäbig geworden wäre? Zu meiner Befriedigung und Beruhigung schien sie eine gewisse kaum sichtbare Rührung zu zeigen, als ich sie zum Abschied umarmte.

„Und diese 15 Pfund (etwas mehr als zwei Euro) geben Sie ihm erst, wenn sie nach der Rückfahrt aussteigen. Und keinen Cent mehr. Wenn er Sie anbettelt, reagieren Sie nicht. Ich habe schon alles Mögliche ausprobiert. Aber immer versuchen sie irgendwie, die Touristen weiter auszuquetschen. Ich habe zehn Kinder, und das Pferd frisst so viel. Irgendetwas fällt ihnen immer ein. Dabei ist mit ihnen vereinbart, dass sie das Trinkgeld zum Schluss kriegen und sonst während der Fahrt den Mund halten."

So instruierte uns Aladin und gab jeder Gruppe, die sich zu viert eine Kutsche teilte, diese 15 ägyptische Pfund. Dabei hatte er von uns das vereinbarte Trinkgeld immer noch nicht eingesammelt. Es war ihm peinlich. Und dann ging es in einem erstaunlichen Galopp durch die Straßen der Stadt, die für uns die erste eigentlich ägyptische war. Denn Luxor bot auf seiner Uferpromenade und den nahegelegenen Straßen doch ein recht europäisches Bild, geprägt von Hotelbauten, Museen, Banken und flanierenden Touristen, Kutschen und Taxen. Hier aber dunkle Seitengassen, Männer in Cafes die Wasserpfeife rauchend, abgerissene, teils merkwürdige Hauskonstruktionen, dahinter das eine oder andere schlanke Minarett auftauchend, viel Polizei oder Militär an allen Ecken und Enden, lange Mauern von Kasernen oder ähnlichen öffentlichen Gebäuden, mit Wachttürmen auf den Mauern, bei denen man sich immer fragte, wie der Wachtposten, der herauslugte, da hineingekommen sei, und schließlich in staubig langer Reihe schwarze Kutschen, wo unsere Fahrt endete, Geruch von

Staub in der Sonne, von Pferdekot und Pferde-
pisse.

Wie Pilger näherten wir uns von der Seite der
mächtig aufragenden Fassade des Horustempels,
die gut erhalten, ockergelb in der Sonne glänzte,
groß darauf der Pharao, mit schnellem Schritt die
Feinde des Reichs beim Schopf ergreifend. Der
prächtige Innenhof und das geheimnisvolle Innere
mit seinem mächtigen Säulenwald, über und über
mit Reliefs geschmückt. Ich war vor Ehrfurcht
klein und lief etwas verwirrt und aufgeregt herum,
gelangte zum Allerheiligsten, das aus einem
Block gearbeitet war, zu einer Kammer, in der
man ein Sakralschiff aufgestellt hatte, auf dem
früher das Bildnis des Gottes gestanden, lief unter dem Gezwitscher von Schwalben und Spatzen, die in den Reliefs nisteten, um den Tempel
herum, verlor eine Zeitlang meine Gruppe. Als
ich sie schließlich fand, erklärte Aladin gerade,
dass es sich bei dem Säulenwald mit seinen Pa-
pyrus-, Lotus- und Palmenkapitellen eigentlich um
einen Säulensumpf handele, „weil aus dem
Sumpf die Welt entstand".

Und auf der Mauer hinter dem Tempel, ebenfalls
über und über mit Reliefs geschmückt, die Horus-
Legende. Horus, der falkenköpfige Sohn von Isis
und Osiris. Gezeugt, damit er später seinen Vater
räche. Osiris war, wie Abel von Kain, von seinem
Bruder Seth beneidet. Deshalb war Seth darauf
aus, seinen Bruder zu beseitigen. Bei einem Fest
ließ er ein seltsames Spiel spielen. Er hatte vor-

her einen Sarg anfertigen lassen, und nun mussten sich alle Gäste probeweise in diesen Sarg legen. Von Protesten oder Sichverwundern der Gäste berichtet die Legende nicht. Auch nicht von Misstrauen von Seiten des Osiris. War Isis auch dabei? Jedenfalls legte sich Osiris in den Sarg, in den er als einziger passte. Weil er der Kleinste war, oder weil er ihm wie ein Maßanzug stand? Seth hatte natürlich nichts Besseres zu tun, als den Sarg zu schließen und ihn mitsamt Osiris in den Nil zu werfen. Isis macht sich umgehend auf, Osiris zu suchen und findet ihn auch, zum Entsetzen von Seth, der ihn darauf wütend in Stücke reißt und wiederum in den Nil wirft. Er hat natürlich nicht mit Isis' treuer Liebe und Kunstfertigkeit gerechnet. Sie sucht und findet Osiris, setzt ihn wieder zusammen, was nicht schwierig scheint, bis auf Osiris' Glied, das unglücklicherweise von einem Fisch gefressen wurde. Doch stellt sie ihm ein neues her und beim Probelauf entsteht dann Horus, ihr gemeinsamer Sohn, den sie sicherheitshalber in den Deltasümpfen versteckt. Von dort bricht er später auf, um seinen Vater an Seth zu rächen. Mittlerweile ist Osiris der Herrscher des Totenreichs geworden, während Horus als Pharao über die Lebenden herrscht. Die Reliefs zeigen allerdings nur diesen letzten Akt, die Verfolgung und Tötung des Bösen, personifiziert in einem kleinen Nilpferd, das Horus aus einem Boot heraus mit einem Speer tötet, ein wenig an St. Georg, den Drachentöter, erinnernd.

Wer hätte gedacht, dass wir schon die ganze Zeit diesen Ritter Horus auf dem Schiff mit uns führten? Kühn sah er aus, mit herausgestreckter Brust, herausgestrecktem Hinterteil und leicht geblähten Nüstern. Sein gepflegter blonder Schnurrbart hatte nichts von einem Walross, sondern erinnerte eher, wie die kleine starke Brille, an einen Medizinprofessor an der Charité, Mitglied einer (schlagenden?) Verbindung. Jedenfalls hatte er die Angestellten auf dem Schiff schon zur Verantwortung gezogen, wie sich dieses mit fünf Sternen schmücken könnte. Vielleicht, um seiner nicht unhübschen Frau zu imponieren, die er noch nicht lange zu kennen schien, und die sich mit ihrem scharfgeschnittenen, aber etwas fleischigen Profil jeden Tag durch eine andere auffällige Garderobe hervortat.

Jetzt aber war er unübersehbar geworden. Als wir voll von den Eindrücken dieses wunderbar erhaltenen Tempels, der vollplastischen Figur des Horusfalken davor und dem Allerheiligsten aus grünlichem polierten Granit, zurückkehrten zu der langen Kutschenreihe, standen dort schon etliche aus unserer Gruppe mit betretener Miene herum. Was war los? Aladins sonst so gelassenes Gesicht hatte einen angespannten, fast verärgerten Ausdruck. Ein Stück daneben der „Horusfalke" mit seiner Frau, schweigend jetzt, und offensichtlich von den anderen gemieden. Wir erfuhren nun, dass es einen Streit gegeben hatte. Wie man zulassen könne, dass die Pferde so schlecht gehalten wurden. Mager und schlecht oder gar nicht beschlagen. Als Aladin auf das Gemotze nicht reagierte, setzte Horus noch eins drauf und machte die Bemerkung:

„Das geht dem am Arsch vorbei!"

Etwas wenig vornehm eigentlich. Und das war dann Aladin auch zuviel. Er ermahnte ihn ernst-haft und forderte ihn auf, wenigstens die Formen der Höflichkeit zu wahren. Und das ihm, dem Ho-rusfalken! Allgemeine Betretenheit, wobei die Sympathien offensichtlich auf Seiten Aladins wa-ren.

Aladins Trinkgeldregelung mit den Kutschern klappte übrigens – fast. Als ich unserem Kutscher nach der Rückkehr zum Schiff das Trinkgeld übergab, forderte er ziemlich hartnäckig noch eine Zugabe, mit dem Argument, er habe vor der Rückfahrt ja ein Foto von uns gemacht, mit mei-nem Apparat, und nachdem er uns die Aufnahme angeboten, um nicht zu sagen, aufgedrungen hatte. Naja, Kleinigkeiten. Aber es hört nie auf.

Nachdem wir uns auf dem Sonnendeck an der Bar einen leckeren Guavesaft bestellt hatten, ließen wir bzw. ich, da Sigrid sich wieder auf ihrer Liege „Sinuhe, dem Ägypter" widmete, den unun-terbrochenen Uferfilm an uns vorübergleiten: im-mer wieder große, bewirtschaftete oder beweide-te Inseln, ganz im Hintergrund Berge, und immer wieder die Pumpen für die Bewässerungskanäle. Der Himmel wurde etwas diesiger und war von leichten Federwolken überzogen.

Plötzlich stand er neben mir, der Horusfalke. Offensichtlich suchte er aus dem Käfig, den die Missbilligung der Mitreisenden um ihn gebildet hatte, auszubrechen. Er machte mehrere Bemerkungen, aus denen hervorging, dass er ein weitgereister Mensch sei.

„Sie kommen wohl viel auf der Welt herum?" fragte ich pflichtgemäß, aber auch von einer gewissen Neugier geplagt, was das wohl für ein Mensch sei. Ja, er kam viel herum.

„Beruflich oder als Tourist?"

Wie ich es geahnt hatte, natürlich beruflich. „Und was machen Sie da?"

Er sei als Entwickler von medizinischen Geräten auf der ganzen Welt unterwegs. Die Frage, ob er Medizin studiert habe, bejahte er zuerst, schraubte aber später seine Antwort zurück, indem er erklärte, er habe nach dem Abitur zuerst eine Lehre als Zahntechniker absolviert. Von einem Studium war dann keine Rede mehr.

„Ich muss immer was erfinden. Die Welt ist ja zu faul dazu. Es sind immer nur zwei oder drei, die vorpreschen und kreativ sind. Die anderen machen alle nur etwas nach. Es macht ja auch keiner den Mund auf. Alle wollen ihre Ruhe haben. Keiner will richtig arbeiten."

Als ich ihm widerspreche, weicht er interessanterweise zurück, wie ich es ja häufig festgestellt habe bei Menschen, die so ein überzogenes Selbstbewusstsein an den Tag legen. Dann kommt es aber immer dicker. Er ist selbstständig, verbreitet seine selbstentwickelten Geräte in China, in Indien und in Russland beispielsweise.

Dann kommt er unvermittelt auf die Pferdegeschichte, die Auseinandersetzung mit Aladin, wahrscheinlich der eigentliche Zweck seiner Annäherung, ein Rechtfertigungsversuch.

„Ich kann es nicht ertragen, wenn Pferde gequält werden. Da muss man doch was ändern. Und das könnten die Reiseführer bewirken. Die brauchen sich doch nur alle einig zu sein."

„Und wie soll man das erreichen, dass die sich alle einig sind?"

„Es muss einfach einer anfangen. Wie ich es in Russland gemacht habe. Wie heißt der Präsident noch mal?"

„Putin. "

„Nein, den meine ich nicht. Den davor."

"Jeltzin?"

„Nein, der auch nicht."

„Oder meinen Sie Gorbatschow?"

„Ja, Gorbatschow. Was waren die Russen damals zurück! Es hätte nur einer den Mund aufmachen müssen. Aber es traute sich ja keiner. Und als ich dann ein entsprechendes kritisches Interview im russischen Fernsehen gab, waren alle froh, und das Interview wurde immer wieder ausgestrahlt. Ich konnte danach machen, was ich wollte. Ich wurde in Ruhe gelassen."

Fast hatte man den Eindruck, er sei der eigentliche Erfinder der Perestroika gewesen. „Schauen Sie mal da!" unterbrach er sich plötzlich und wies auf einen freien Platz am Ufer, „die spielen Fußball statt zu arbeiten. So sind sie, die Araber. Nichts als faul rumzuliegen. Die Araber, die Neger und ....."

Die Aufzählung ging noch eine Zeitlang weiter.

Was man auch nur antippte, er hatte eigentlich alles schon einmal selber gemacht. Als die Rede auf die Vögel auf dem Fluss kam, wusste er gleich, dass es sich um Kormorane handelte, da er jagte. Als es ums Fotografieren ging, erklärte er, dass das einmal sein Hobby war. Er entwickelte natürlich auch selber. Die Liste sollte später noch ihre Fortsetzung finden. Ein Angeber lediglich, oder ein Verrückter? Wenn ja, schon eine merkwürdige Art von Verrücktheit, durchsetzt mit allerlei Kenntnissen. Oder waren die nur vorgetäuscht? Auf jeden Fall wurde alles vorgetragen mit dieser überzeugend vorgewölbten Brust, der betont aufrechten Haltung und den geblähten Nüstern, wie bei dem Horusfalken halt, wie er in seiner strammen Haltung und seinem festen grauen Stein im Innenhof des Tempels gestanden hatte.

Welch einen Kontrast bildete dazu der Ostfriese, dessen durchgängige Haltung in Bescheidenheit oder Understatement zu bestehen schien! Er zeigte eine erstaunte leichte Bewunderung für meine Begeisterung und nicht das mäkelnde Unverständnis des Münsteraners, der, als wir an der Reling auf die vorbeiziehende Landschaft schauten, auf meine Bemerkung „Ist das nicht phantastisch?" nur trocken mit „Was?" antwortete und mir dann von der schönen Landschaft des Münsterlandes redete und von den dortigen guten Möglichkeiten von Fahrradtouren. Allerdings muss man hinzufügen, dass er ziemlich erkältet war und sich später auch noch den Magen am Essen verdorben hatte, wie er meinte. Der Ostfriese aber berichtete in seiner ruhigen Art von Segeltörns mit seinen Freunden. Seine Berliner Frau war da nicht mit von der Partie.

„Und die haben zuerst über mich gelacht, weil ich Nachts einen Eimer neben mir stehen haben musste. Jetzt hat jeder seinen eigenen Schlafplatz. Weil alle Schwierigkeiten mit dem Pinkeln haben. So ist das eben in unserem Alter."

Nach kurzer Zeit musste ich eine Ausrede suchen, um die Gespräche abzubrechen, weil ich das Gefühl hatte, ich würde etwas von der Landschaft verpassen.

Bei Kom Ombo traten die Berge etwas zurück, und der Fluss wand sich in Schleifen durch eine weite Ebene, von den wegen des Assuanstausees umgesiedelten Nubiern in Zuckerrohrfeldern bearbeitet. In altägyptischen Zeiten ein Gebiet mit großen Sümpfen, in denen das Krokodil hauste. Deshalb ist der Tempel von Kom Ombo auch das Zuhause von Sobek, dem Krokodilgott. Er wurde dort lebendig von den Priestern in einer Art Zisterne gehalten und nach seinem Tode wie die Pharaonen mumifiziert. Zwei dieser Mumien sind in einem kleinen Seitentempel noch heute zu sehen. Der eindrucksvoll über dem Niltal liegende Tempel ist ein Doppeltempel für Horus und Sobek und war auch Sitz eines berühmten Orakels, dessen für den Priesterzauber notwendigen unterirdischen Gang, über den der Gott erscheinen konnte, man noch sehen kann. In der Ptolemäerzeit erbaut, also erst relativ spät, ist der Tempel auch wieder über und über mit Reliefs geschmückt. Auf einem übergeben zwei Frauen, die Personifizierungen von Ober- und Unterägypten, dem Pharao die beiden Kronen. Der Pharao ist Ptolemäus der Zwölfte, der Vater von Kleopatra.

Und Aladin erklärte unermüdlich und sachlich freundlich: das zweite allgegenwärtige Symbol, das Henkelkreuz, Sinnbild der Ewigkeit. Dann das Zahlensystem der alten Ägypter und ihren Kalender, den wir mit wenigen Veränderungen noch heute benutzen, alles basierend auf den drei Jahreszeiten, die durch die Nilschwemme und entsprechende Sternkonstellationen bestimmt wurden, die Zeit der Überschwemmung, die Zeit der Saat und die Zeit der anschließenden Trockenheit.

Am nächsten Tag fuhren wir mit dem Bus durch Assuan, das einen aufblühenden Eindruck machte, auffallend viele Mädchen, die sich, teilweise in Schuluniformen, auf ihrem Weg zur Schule befanden, an einer riesigen Kirche vorbei, dem größten religiösen Gebäude in der Stadt, am Museum für nubische Kultur vorbei, der Kultur eines Landes, das zum größten Teil im Stausee versunken ist, dieses Land Kusch, das Land des Golds und der Düfte.

Der Stausee selbst mit seinen mehr als 500 km Länge hat die Anbaufläche des Landes zwar verdoppelt, doch rennen die Zuwachsraten der Bevölkerung allen Bemühungen davon, eine ausreichende Versorgung, geschweige denn positive Entwicklung zu gewährleisten. Ägypten kann sich nicht einmal ausreichend mit Nahrungsmitteln versorgen, muss Getreide aus den USA und Kanada einführen.und so wird auch ein weiteres Riesenprojekt, der Bau eines Kanals, der weit in die Wüste hineinreichen und dort Bewässerung ermöglichen soll, zwar die Anbaufläche wiederum verdoppeln, aber die dann wiederum gewachsene Bevölkerungszahl nicht überholen können. Es gibt zwar große Anstrengungen, Geburtenkontrolle und Familienplanung zu propagieren, die sogar von den Offiziellen des Islams unterstützt werden, doch hält sich, vor allem auf dem Land, die Meinung, man erhalte von seinem Nachwuchs im Alter Unterstützung, die umso besser sei, je mehr Kinder man besitze. Verständlich, wenn man bedenkt, dass der Staat nicht reich genug ist, eine entsprechende staatliche Altersversorgung zu gewährleisten. Ein Teufelskreis!

Eine positive Auswirkung des Staudamms ist auf jeden Fall die Stromversorgung, die er bietet. Und die Regelmäßigkeit der Ernten und die ununterbrochene Wasserversorgung. Es gibt nun keine mageren Jahre mehr. Und die regelmäßige Schifffahrt wird ermöglicht. Damit gleichzeitig der Tourismus, der 40 % der Staatseinnahmen ausmacht. Erdöl fördert das Land nur so viel, dass es den eigenen Bedarf decken kann. Immerhin! Eine weitere große Einnahmequelle sind die Gelder, die aus der Benutzung des Suezkanals fließen. Auf der anderen Seite wird aufgrund des Ausbleibens des Schlamms die Verwendung von Kunstdünger notwendig, der wiederum eine Verschlechterung der Böden herbeiführt. Weiter erwähnte Aladin eine große strategische Verwundbarkeit des Landes, die durch den Staudamm entstanden sei. Bomben auf den Staudamm würden das ganze Land in einen Abgrund reißen. Das könne man nur durch eine friedensbetonte Politik mit allen Nachbarn verhindern. Aus dem gleichen Grund ist der Damm auch scharf bewacht. Fotos sind an vielen Stellen nicht erlaubt, vor allem nicht in der Nähe der Polizei- oder Militärstationen. In der Nähe der Militärstation befindet sich auch das riesige Denkmal der ägyptisch-russischen Freundschaft, errichtet als Andenken an den Bau des Damms durch russische Ingenieure. Geplant wurde der Damm zwar von Deutschen, doch wandte sich der Westen damals immer mehr von Ägypten ab, als Nasser eine zunehmend unabhängige Politik betrieb und nicht mehr nach der Nase des Westens tanzen wollte. Eingeweiht wurde er dann durch Sadat. Nasser erlebte die Vollendung nicht mehr. Vom Damm aus meint der Blick auf den einstmals größten Stausee der Welt aufs Meer zu blicken. Die Sohle des Damms ist immerhin fast einen Kilometer dick. Die Länge beträgt 3,8 km.

Auf der Fahrt zum Philae-Tempel eröffnet sich ein ganz anderer Blick. Unter den Fransen an der Decke unseres Ausflugsbootes erblickten wir Inseln aus ockerfarbenen buckligen Felsen, an den Ufern mit Schilf bestanden.

Dann wie eine Fata Morgana der Isistempel auf Philae, von österreichischen Archäologen aus dem Stausee gerettet, so wie die Tempel von Abu Simbel von Deutschland vor dem Versinken bewahrt wurden. Welche Gefühle müssen die Menschen im alten Ägypten beseelt haben, wenn sie sich diesem Kleinod ihrer Liebesgöttin näherten, der Isis, die eine Liebe verkörperte, die in ihrer aufopfernden Art eher der christlichen Mutter Maria ähnelte als der einer Venus oder Aphrodite! Das Christentum hatte es laut Aladin deshalb auch schwer, hier Fuß zu fassen. Deshalb musste das Gesicht der Göttin mehr als anderswo zerstört werden, wie an den Tempelwänden hier zu sehen. Koptische Kreuze zeugen dort vom endgültigen, wie auch immer zustandegekommenen Sieg des Christentums. Dass die Christen damals nicht immer die Friedfertigsten waren, beschreibt Stefan Andres sehr schön in seinem Roman „Die Versuchung des Synesios".

Üppig verzierte Kompositkapitelle, auch Hathorkapitelle, auf denen die kuhgesichtige andere Liebesgöttin, die mehr ekstatisch - erotische Schwiegertochter von Isis, zu sehen ist, zeugen von einer relativ späten Entstehungszeit dieses Tempels, der erst in der Ptolemäerzeit nach Alexander dem Großen entstand. Noch Jahrhunderte nach der Zeitenwende hatte der Isiskult im ganzen römischen Reich große Bedeutung. So auch in Köln, wo man ja noch heute in der Sakristei der Gereonskirche einen Weihestein der Isis sehen kann. Der seitlich auf der Philäinsel gelegene hochragende elegante Pavillon des Trajan diente dazu, die Göttin Isis nach der Schiffsprozession hier an Land gehen zu lassen.

Als wir uns nach der Besichtigung zu unserem Boot begaben, hatten wir wieder das Spießrutenlaufen durch die Reihen der Andenkenverkäufer zu bestehen. Bunte gehäkelte Mützen, Papyrusbilder, Galabeas, Götterfiguren aller Art und Größe und Postkartenleporellos wurden für einen Euro angeboten. Manchmal kosteten die Sachen wirklich nur einen Euro. Oft aber diente der Ruf „Ein Euro!" nur dazu, den eiligen Schritt des Touristen zum Stehen zu bringen, worauf man erstmal im Netz gelandet war, im Netz eines geduldigen, immer freundlichen, aber äußerst hartnäckigen Feilschens. Aufgrund von Aladins Warnungen und mittlerweile auch der einen oder anderen eigenen Erfahrung durchschritten wir die überdachte basarartige Gasse ziemlich zügig. Doch plötzlich schrie die gemütliche kleine Dortmunderin, die jeden Tag in ein anderes, für ihr Alter erstaunlich jugendliches Gewand gekleidet war, auf bzw. einen ägyptischen Verkäufer an: „Unverschämtheit! Was soll das?"

Wie ein geprügelter Hund zog sich der Händler zwischen seine Tücher und seine Götter zurück. Das zerknirschte Gesicht des Mannes sah die Dortmunderin nicht mehr. Wutschnaubend schritt sie weiter. Sie vergaß sogar, sich der Anwesenheit ihres Mannes zu vergewissern. Vorher war sie immer wieder dadurch aufgefallen, dass sie plötzlich, mitten aus unserer Gruppe der andächtig den Ausführungen Aladins Lauschenden heraus, erschrocken ausrief:

„Wo ist mein Mann?"

So wie es sonst jemandem mit seinem Portemonnaie oder mit seiner Handtasche zu gehen pflegt. Meist stand ihr unscheinbarer Mann dann direkt hinter ihr oder sogar vor ihr, wenn er wie sie einmal wieder die Kleidung gewechselt hatte, sie aber ihren Mann im grünen Anorak des Vortags suchte. Im übrigen gehörte sie zu den Frauen – und es waren tatsächlich meistens Frauen –, die sich einerseits gehörig auf die Reise vorbereitet hatten und andererseits bereitwillig Neues aufnahmen und sogar mit einer gewissen Begeisterung, angenehme Mitreisende. Männer dürfen offensichtlich nicht so viel Begeisterung zeigen. Es scheint ihrer Männlichkeit und ihrem Selbstbewusstsein zu schaden.

Was aber hatte die Dortmunderin eben so aus der Fassung gebracht? Ich versuchte sie zu beruhigen, indem ich ihr von dem völlig verdatterten Gesicht des Ägypters berichtete. Mein Versuch gelang nicht, und es gelang mir auch nicht, von ihr zu erfahren, was geschehen war. Hatte der Händler, als er auf sie zutrat, ironisch auf ihr unpassend hervorquellendes Bäuchlein geschaut, oder vielleicht sogar daran getippt, um ihr etwa einen breiten Gürtel zu empfehlen, der diese unschöne Stelle verdecken könnte? Unwahrschein-

lich. Oder war er einfach zu nahe an sie herange-
treten, hatte sie ihr Revier verletzt gefühlt? Später
sah ich, dass der Nippel des Reißverschlusses an
ihrer Hose vorwitzig und unangemessen aus der
Überlappung herausschaute. Ich vermute, dass
der Händler sie darauf aufmerksam machen und
natürlich eine Lösung des Problems aus seinem
Warensortiment anbieten wollte. Blitzschnell hatte
er eine Möglichkeit gefunden, die Interessen auf
beiden Seiten zufriedenzustellen. Hatte aber nicht
mit der – vielleicht von feministischen Traditionen
beeinflussten – Empfindlichkeit der sonst durchaus weltoffenen und sogar humorvollen Dortmunderin gerechnet. Welches Schicksal würde in Zukunft der Kopf dieses – wahrscheinlich – men-
schenfreundlichen und harmlosen Ägypters nehmen? Was würde er über Frauen aus dem Westen denken? Würde er überhaupt denken? Aber
seine Gefühle! Welches Schicksal würden seine
Gefühle nehmen?

Unsere Gefühle waren gemischt, als Aladin uns
vor der Fahrt zum Unvollendeten Obelisken in ein
Geschäft mit Parfüms aus Assuan schleppte.
Dass Assuan schon immer die Stadt der Düfte,
der Blumen und des Goldes war, hatte er vorher
schon mehrmals in seine Vorträge eingeflochten.
Nach der Vorführung eines Glasbläsers, der die
Anfertigung der zarten Flakons zeigte, in denen
man stilvollerweise die Düfte des Orients aufzu-
bewahren und zu transportieren hatte, wurden
unsere Finger mit „Tutanchamun", „Kleopatra",
dem „Geheimnis der Wüste" und zahlreichen an-

deren Düften bestrichen. Dazu wurden wir mit einem witzig frechen Vortrag in einem rasenden Tempo bombardiert, auf Deutsch, wie wir zu unserem Erstaunen feststellten, wobei der Wortreichtum und der – allerdings nicht immer gelungene – Witz in einem krassen Gegensatz zu dem Akzent des Vortragenden stand, der uns sein Deutsch zu Beginn wie einen arabischen Dialekt klingen ließ. Ob sich der Kauf des Kastens mit vier verschiedenen Düften zum Preis von dreien, also 60 €, lohnte, werden wir duft- und kaufungewohnten Wenigkonsumenten wohl nie richtig beurteilen können.

Während die Rufe der Muezzine von den Minaretten ringsumher die Stadt wieder in eine unwirklich- unheimliche Atmosphäre tauchten, lag er vor uns, der größte Obelisk der Welt, mit seinen 42 Metern, aber unvollendet, da sich ein Riss gebildet hatte, fast 1300 Tonnen schwer, aus dem Granit in warmem Ockerton herausgearbeitet mit Steinwerkzeugen und Holzkeilen, die man durch Anfeuchten zum Schwellen brachte. Und mit diesen Werkzeugen wären dann auch die feinen Ziselierungen der Hieroglyphen erfolgt und der Transport zum Nil, anschließend die Schiffsreise über Hunderte von Kilometern, dann wieder Transport bis zum Tempel und vor allem die Aufrichtung eines zerbrechlichen Kolosses, der immerhin das Gewicht der gesamten Einwohnerschaft der Stadt Quedlinburg hatte. Und warum? Um den Herrscher zu ehren und mit der vergoldeten Spitze das Erscheinen des Gottes, der Sonne, eine verschlankte andere Pyramide.

Zwischen schilfbestandenen Ufern führte uns am Nachmittag eine Bootsfahrt zu einem nubischen Dorf nilaufwärts. Vor dem Goldgelb der ragenden Wüstenwand, von Sand überzogen, weiße Segel der Feluken, auf buckligen Felsen im Fluss Graureiher, Silberreiher, Möwen, Wasserhühner, Kormorane und Enten. Eine paradiesisch anmutende Landschaft. Und majestätisch darüber das Mausoleum des Aga Khan, des Führers einer schiitischen Sekte, der sogenannten Ismaeliten, steinreich und weltbekannt, wie auch seine Frau, die Begum, deren Haus wir unterhalb erblickten. Kamelreiter am langen Hang vervollständigten die Idylle. Es handelte sich aber wohl lediglich um Touristen, die das Mausoleum per Kamel erreichen wollten.

Während ich mir bei den kaffeefahrtenähnlichen Besuchen von Papyrusgeschäft, Parfümerie und den noch ausstehenden eines Juwelierladens und einer Alabastermanufaktur nicht sicher bin, ob Aladin nicht dort insgeheim sein Süppchen bzw. seine Provision kochte, hielt er uns immer sorgfältig durch seine entsprechenden Tipps und Vorbereitungen die kleinen Händler und Bakschisch- Heischer vom Leibe. Damit wir umso mehr unser Geld in den von ihm angesteuerten Geschäften ließen? Bei dem bevorstehenden Besuch des nubischen Dorfs sollten wir uns beim Hinweg die Kinder und Frauen durch das Wort

„später" vom Leib halten, um ihnen dann beim Rückweg eine Kleinigkeit abzukaufen. Das funktionierte auch tatsächlich, das deutsche Wort wiederholten sie geläufig und verhielten sich auch dementsprechend. Um das beim Hinweg begonnene Geschäft sicherzustellen, deuteten sie auf ihre Brust und nannten ihren Namen, der beim Rückweg mit erstaunlicher Sicherheit dem Touristen präsentiert wurde, der ihnen beim Hinweg das vertröstende „später" zugerufen hatte. Eine Überraschung auch für Aladin waren aber wohl die mit 2 Jungen besetzten kleinen Boote, die plötzlich neben unserem Ausflugsschiff auftauchten und uns freundlich, aber hartnäckig mit dem Wort „Kugälschrrraibär" überraschten. Hier kam dann endlich meine Vorbereitung zum Zuge, die ich in Deutschland in Form eines Massenkaufs von Kugelschreibern getroffen hatte. Bei der Gelegenheit war ich erstaunt, wie teuer mittlerweile einfache Kugelschreiber in Deutschland sind. Hätte ich den Kindern nicht besser das Geld für den Kugelschreiber gegeben? Auf jeden Fall waren sie sehr begehrt. Sollten in Ägypten Kugelschreiber so teuer oder Mangelware sein? Die Antwort auf diese Frage bekam ich auch von Aladin nicht. Vielleicht hatte sich da ja einfach ein alter Touristenbrauch aus Glasperlenzeit gehalten, obwohl er vielleicht gar nicht mehr sinnvoll war.

Außer mir hatten sich aber auch andere Mitreisende entsprechend vorbereitet. Nach dem Besuch des nubischen Dorfs zeigte „Rambo" einen ganzen Plastikbeutel voller Andenken, die er im Tausch gegen Kugelschreiber „erworben" hatte und Dutzende von Kugelschreibern, die er noch als Reserve hatte. Die Kugelschreiber hatte er von der Gewerkschaft geschenkt bekommen, wie er den lachenden Mitreisenden verkündete. Wir hatten diesem Mann den Namen Rambo gegeben, weil er einen Körperbau besaß, mit dem er wie ein Bulldozer Hindernisse einfach hätte beiseiteschieben können. Seine Körperhaltung und seine bayrische Sprache waren dementsprechend, oft so, dass er die Zuhörer zum Lachen brachte, manchmal durch antisemitische und rechtsradikale Äußerungen peinliches Schweigen auslösend. Dabei stand alles in merkwürdigem Kontrast zu seiner – wohl jüngeren – nicht unhübschen, zart-schwächlichen Begleiterin, die ihr rechtes Bein hinkend nachzog. Auf mitfühlende Nachfragen, auch einmal von Sigrids Seite, antwortete sie jedes Mal freundlich, wie sie immer redete:

„Darüber möchte ich nicht sprechen."

Rambo war ihr gegenüber übrigens immer nett und zuvorkommend. Wie gesagt, ein merkwürdiger Kontrast zu seinem sonstigen Benehmen und Gerede und seinem martialischen Akzent.

In diesem martialischen Akzent sprach er nun auch, durchaus an architektonischen Details interessiert, Aladin an, indem er wissen wollte, was denn die Geier an der Decke eines der letzten besichtigten Tempel bedeuten sollten. Als Aladin, der ihn erstaunlicherweise, wenigstens dem Sinne nach, zu verstehen schien, die Geier als Schutzgötter erklärte, geriet Rambo in einen regelrechten ideologischen Rausch:

„Da sieht man mal wieder, wie in unserer Zeit alles auf den Kopf gestellt wird. Geier waren also ursprünglich etwas Gutes. Heute gelten sie als etwas Schlechtes. Alles verkehren sie heute ins Gegenteil. Und das Perverse wird zum Normalen erklärt. Und keiner traut sich, etwas dagegen zu sagen. Da erklärt ein Berliner Bürgermeister: ‚Ich bin schwul. Und das ist gut so.' Was sagen Sie denn dazu, Aladin?"

Aladin, der zwischen peinlicher Berührtheit und Nichtverstehen schwankte, meinte:

„Diese Fragen müssen Sie in Deutschland klären."

Ich, der ich zwischen beiden saß, fühlte eine Frage in meinem Kopf wachsen: Wie vereinbarte sich die Zugehörigkeit zur Gewerkschaft mit den Meinungen, die er da wieder von sich gab?

„Wie bei der Gewerkschaft, die einmal als etwas Gutes galt und heute überall verteufelt wird, oder?" warf ich als Testfrage ein.

Dann kam aber prompt eine Antwort, bei der einem Hören und Sehen vergehen konnte. „Hören Sie mir auf mit der Gewerkschaft!" fing es an. Und dann eine regelrechte Hasstirade. Die Frage, ob er Gewerkschaftsmitglied sei, erledigte sich nach kurzer Zeit von selber. Die Kugelschreiber hatte er sich wohl dort nur irgendwie besorgt. Extra für diese Reise. Oder war er doch wieder mal einer von den Leuten, die mit einer realistischen Kritik unserer Gesellschaftsverhältnisse angefangen und sich dann enttäuscht in einen dumpfen, irrationalen, rechtsgerichteten Schmoll- und Hasswinkel zurückgezogen hatten?

Das nubische Haus, das wir besuchten, bestand aus einem mit gelbem Sand bestreuten großen Innenhof mit einzelnen Nebengebäuden, teilweise mit Gewölben versehen. Die selbstbewusste dunkelhäutige Besitzerin trug ein schwarzes Gewand, das mit schwarzen gestickten Mustern versehen war, und am rechten Handgelenk dicke goldene Armringe, vererbter Familienschmuck, wie uns Aladin erklärte. Sie schenkte uns Tee aus einem vergoldeten Kessel ein. Ihr hübsches festes Gesicht mit relativ dicken Lippen, die Oberlippe etwas naschhaft vorgeschoben, schien leicht verschmitzt zu lächeln. Aladin betonte sehr, wie die Nubier nach ihrer Umsiedlung aufgrund des Assuanstaudammbaus von der Regierung gefördert worden seien. Hier arbeiteten aber viele Männer in der Stadt oder in der Gastronomie, so dass das Dorf selber eigentlich ein künstliches Leben führte, vielleicht noch teilweise durch den Tourismus am Leben gehalten. Ich war ein wenig enttäuscht von dem Besuch, hatte ich mir doch Einblicke in die Landwirtschaft erhofft, die aber hier keine Rolle spielte, anders als in der Zuckerrohr-Gegend des Krokodilgotttempels von Kom Ombo, wo viele Nubier neu angesiedelt worden waren.

Auf der Rückfahrt kamen wir am „Old Cataract Hotel" vorbei, einem Bau aus der Zeit um 1900, der eine Rolle spielte in Agatha Christies „Tod auf

49

dem Nil", genauso wie das elegant und nostal-
gisch anmutende Schiff, das wir später am Kai
von Luxor sehen sollten. Am Nilufer von Assuan
entstehen leider immer mehr, teils monströse,
hässliche Hotelbauten, die die Landschaft, die
eigentlich von einem eigenartigen Reiz ist, verdecken.

Am nächsten Tag wurden wir schon um drei Uhr
geweckt, weil wir die Fahrt zu den Tempeln von
Abu Simbel gebucht hatten. Noch in der Dunkelheit versammelten sich am Stadtrand von Assuan
bis zu 60 Busse, die dann im Konvoi unter Poli-
zeischutz die Wüste in drei Stunden durchqueren
würden. Wie alle Mitreisenden waren wir natürlich
noch müde, ich zusätzlich etwas aufgeregt, weil
ich nicht wusste, ob ich die drei Stunden ohne
Pinkelpause durchhalten würde, oder ob es unterwegs eine Haltemöglichkeit geben würde. Wo
sich die Busse versammelten, gab es auch keine
Toilette, so dass ich eine Möglichkeit hinter einigen Felsbuckeln aufsuchte, die sich allerdings
direkt vor Wohnanlagen befanden. Die Not ließ
aber alle Hemmungen fallen. Und hinter den
Felsbuckeln traf ich auch auf etliche Leidensge-
nossen. Später stellte sich heraus, dass Ängste
und Not überflüssig gewesen wären, da sich tatsächlich eine Toilette im Bus befand.

Nachdem wir uns durch mehrere Polizei- oder
Militärkontrollstellen hindurchgewunden hatten,
ging dann auf freier Strecke das Wettrennen los.
Auf dem Tacho sah ich 120, obwohl immer wie-

der Schilder mit Geschwindigkeitsbegrenzung von 80 auftauchten. Dabei saß ein Polizist oder Militär direkt vor mir, später allerdings offensichtlich schlafend. Aladin erklärte uns auf der Rückfahrt, nur unser Bus sei so schnell gefahren und habe alle anderen überholt, gerade weil in unserem Bus der Offizier der Begleitmannschaft gesessen habe. Vielleicht war es ja so.

Langsam erhob sich auf der linken Seite eine glänzende Wüstensonne. Merkwürdig geformte pyramidenartige Berge, die Oberfläche häufig aus Steinplatten bestehend, die Hitze und Kälte geformt hatten, Spuren von Straßenbaumaschinen im Sand. Erinnerungen an die Atacama. Pionierartige kleine Siedlungen an einigen Stellen, einmal eine abzweigende Straße, ein breiter trockner Entwässerungskanal, um Überschwemmungen aufzufangen, der schmälere Toschkakanal, mit dem einmal die gegenwärtige Anbaufläche des Landes verdoppelt werden soll. Und dann plötzlich neben ein paar Bäumen Toiletten und Eingangsgebäude von Abu Simbel. Menschenschlangen vor den Toiletten und an einem nackten Hügel vorbei zum Tempel. Zuerst erfasste mich ein leichtes Gefühl von Enttäuschung, da dem Hügel und auch damit der Tempelfassade seine Künstlichkeit anzusehen ist. Ein Hauch von Phantasialand oder Disneyland. Aber was hatte ich anderes erwartet?

Dann erklärte uns Aladin dieses Projekt eines Größenwahnsinnigen. Diesen Ausdruck gebrauchte er dabei nicht. Doch was ist es anderes?

Klein wirkt die in den Felsen eingelassene Standfigur des falkenköpfigen Re-Harachte. Klein aber nur im Vergleich mit den 20 m hohen kolossalen Sitzfiguren, die Ramses den Zweiten darstellen, zwei rechts und zwei links von dem Sonnengott, der sich über dem reliefgeschmückten Tor befindet, das in der ganzen Anlage eine besondere Bedeutung hat, wie wir gleich sehen werden. Majestätisch ist die Haltung des vierfachen Pharao, mit der Doppelkrone auf dem Haupt, dem königlichen Kopftuch mit der Uräusschlange an der Stirn und dem länglich gestutzten Götterbart. Würdevoll gelassen liegen seine Hände flach auf seinen Knien. Vierfach schaut er aus dem in den Felsen geschlagenen riesigen Trapez hervor, das am oberen Rand von einem Fries aus Pavianen begrenzt wird, die ihre Arme der aufgehenden Sonne entgegenstrecken. Zwischen den Füßen und den Unterschenkeln der Kolossalstatuen finden sich klein und schlank Figuren von Familienangehörigen. Vierfacher Ramses, warum? Die Lösung wird uns im Heiligtum selber begegnen.

Im Halbdunkel des 18m langen Pronaos sind alle Bedenken von wegen Phantasialand vergessen. Acht zehn Meter hohe Osirispfeiler lassen die Figuren des Pharao wie unabdingbaren, endgültig widerspruchslosen Ausdruck von heiligmäßiger Macht auf den Besucher blicken. Darüber die dunkle, aber komplett erhaltene Decke mit den

Figuren der Geier-Schutzgöttin. Und die Rückseiten der Pfeiler sowie sämtliche Wände und auch der großartige Durchgang zum nächsten Raum mit –oft farbigen- Reliefs geschmückt. Man befindet sich als kleines, unscheinbares Menschlein mitten drin in einem monumentalen künstlerischen Gehäuse, dessen Massivität einen vergessen lässt, dass es durch moderne Technik hierhin versetzt worden ist. Die machtvolle vervielfältigte Anwesenheit des Pharaos und die Darstellung seiner Taten lassen einen auch vergessen, dass diese Taten teilweise erstunken und erlogen sind. Und wenn die zahlreiche Menschenmenge einen Moment den Durchblick nach hinten erlaubt, so sieht man dort ganz hinten in gelblichem Licht das Allerheiligste, wo Ramses' Botschaft an die Menschen sich endgültig manifestiert.

Im neu eroberten Land der Nubier hatte er sich einen Berg aussuchen lassen, in den der Tempel als Demonstration hineingearbeitet wurde. An einer Stelle, die seine Astronomen ausgesucht hatten. Wo nämlich die Strahlen der Morgensonne durch einen Einschnitt im östlichen Gebirge am 20. Februar und am 20. Oktober genau durch das Tor des Tempels bis ins Allerheiligste fallen würden und dort zuerst auf eine der vier Figuren, die heute noch dort stehen, nämlich seine eigene. Danach auf die links und rechts neben ihm stehenden, die des Sonnengottes Re Harachte und des Sonnengottes Amun Re. Die links stehende des Dritten dieser Trinität würde der Strahl nicht treffen, die Figur des Ptah, der auch ein Gott der

Unterwelt war. Aber die drei Sonnengötter, einschließlich des neuen Sonnengottes, den er selber darstellte. Und den traf der Strahl der Sonne zuerst. Zwar waren in der Vergangenheit alle Pharaonen irgendwie göttlich gewesen, diese ausdrückliche zelebrierte Darstellung wie hier hatte es aber noch nie gegeben. Der Beweis seiner Göttlichkeit wurde hier ja sogar durch die Natur vorgegeben. Und die Sonne versetzte den Pharao in die Lage, genau die Termine für Ernte und Aussaat zu wissen.

War seine Lieblingsfrau Nefertari am Tempel des Ramses noch klein neben seinem Unterschenkel dargestellt, so erhob er sie in dem Tempelberg nebenan ebenfalls zur Göttin. Sie, die ihm 13 von seinen 100 bis 200 Kindern geschenkt hatte, wird in dem Tempel rechts als kuhgesichtige Hathorgöttin der Liebe gezeigt.

Ramses der Zweite

Dein eigner Größenwahn
Hat dich zum Gott gemacht
Die Götter dir zur Seite
Trifft kaum ein Sonnenstrahl
Die Berge zu gestalten
Gabst Auftrag du mit kaltem
Herzen dir zur Ehre
Hast du je Rechenschaft gegeben
Wie Menschen für dich bluten
Dieselben die dich nährten
Dich auch als Gott verehrten

Die dich und deine Macht erst schufen
Vor dir im Staub auf letzten Stufen
Lagen und es nicht mal zu denken wagten
Deinen Namen zu verfluchen
Dass du sogar noch logst
Und die Erinnerung verbogst
Dem Steinmetz dein Befehlen
Dein Versagen zu verhehlen

Die Rückfahrt war wieder ein Wettrennen mit den anderen 60 Bussen. Da die Bootsfahrt zur Lord-Kitchener-Insel im Programm enthalten war, machten wir sie mit, obwohl die Zeit nach dem Mittagessen bis zur Abfahrt um 14 Uhr sehr knapp war. Die Insel ist nach dem englischen General benannt, der zur Zerschlagung des Mahdi- Aufstands im Sudan hierher kam und sich dann auf dieser Insel niederließ. Heute ist dort ein Botanischer Garten, den man aber nicht unbedingt gesehen haben muss. Die Blicke auf die Nilufer sind allerdings teilweise wunderschön.

Assuan

Ein warmes Hügelgelb aus sanftem Sand,
wo dessen glatte Haut noch unverdorben
und ohne Spannung liegt am Wüstenrand
und reine Illusion noch nicht gestorben.

Wo der Feluke weißes Dreiecksegel bindet
das helle Blau des hohen Himmelsdoms
an Erdengelb und unter ihr sich findet
das rätselhafte Blautürkis des Stroms.

Dies Blau von einem tiefen Süden raunt.
Und eine ferne andre Welt aus Seen
und Sümpfen über unsre Welten staunt,
kann unsre rechten Winkel nicht verstehn.

Auf runden Buckeln sitzen weiße Möwen
als Botschafter der beiden Weltenenden,
dem Land der Hunde und dem Land der Löwen,
als wenn sie immer noch ein Bündnis fänden.

Und goldnes Sonnenschilf glänzt filigran,
das ohne Reue ringsumher erzählt,
dass Schwesterpharaonin dich im Kahn
in ihren dunkelschlanken Armen hält.

Des Augenblickes Fülle hier erhält
der Zeiten Tiefe und noch mehr
den ewiggleichen Gleichlauf aller Welt,
gemächliches Hinab und sanfte Wiederkehr.

In der Basarstraße tobte der Bär. Genau das, was
Sigrid hatte vermeiden wollen. Deshalb war es
gut, dass ich alleine ging, um hier wie auch später
in Luxor von unverhofften Orienteindrücken überrascht zu werden. Schon auf der Uferpromenade
war ein Weiterkommen wegen der zahlreichen
Händler, die einen ansprachen, schwierig.
„What can I do for you? "
Kutschenfahrer, die nicht aufhören wollten, einen
in ihre Kutsche zu bitten.
„Haschisch, Marihuana, Banane?"

Banane? Wohl kein Obst, was er da an den Mann bringen wollte! Verkäufer von Süßigkeiten, von Getränken, von Andenken. Gruppen von jungen Mädchen in Kopftüchern, die sich lachend von Jungen, die auf einer Bank saßen, anmachen ließen. Ein unsicheres Gefühl, vor Dieben etwa, hatte ich nie, wenn ich auch vorsorglich das Portemonnaie auf dem Schiff gelassen hatte.

An einer Stelle der Basarstraße führte ein enges Gässchen zur Seite, voll von jungen Männern, einigen wenigen jungen Frauen mit Kopftüchern. Als ich neugierig in die Gasse schaute, bot sich gleich ein junger Mann an, mich dort zu führen. Nein, nicht schon wieder ein Geschäft! Nicht schon wieder handeln! Ein Blick in sein intelligentes offenes Gesicht ließ mich hoffen, dass es reine Freundlichkeit sei. Und so war es auch. Die Gasse führte auf einen weiträumigen Hof, wo Hunderte von jungen Männern, weiße Turbane, dunkle Turbane, einige wenige junge Frauen mit gesichtverhüllender Burka, in Gruppen auf dem unasphaltierten Boden standen. Mein Führer stellte mich ein paar freundlich lächelnden jungen Männern vor, die sich als angehende Lehrer herausstellten. An mehreren Tischen mit arabisch beschriebenen Formularen konnte man sich für das neue Semester einschreiben. Es handelte sich um die „Lehrerakademie Hosni Mubarak". Eine ganz normale Angelegenheit wie bei uns, unter etwas anderen Bedingungen, die anderen Gewänder, die anderen Kopfbedeckungen, anders als bei uns aufgrund der klimatischen Bedingungen im Freien stattfindend.

Beim weiteren Gang durch die Basarstraße fesselten zwei Handwerker vor einem Ladenlokal mit offener Verkaufstheke meine Aufmerksamkeit. Der eine zerschnitt mit einer Blechschere große runde Dosen so von oben her in Streifen, dass man die Streifen anschließend wie einen Deckel herunterklappen und damit die Dose verschließen konnte. Vor dem anderen lagen längliche Streifen Metall. Mit einer Art Lötkolben, den er ab und zu an einem Bunsenbrenner erhitzte, berührte er die silberglänzenden Metallstreifen und anschließend die Blechlaschen an der Dose. Nun verstand ich. Hier wurde auf offener Straße etwas in Dosen verschweißt. Aber was? Ein Mann in einem vornehmen schwarzen Anzug stand neben mir und erklärte mir auf Englisch lächelnd:

„Das gibt es nur in Ägypten."

Ein höfliches Zugeständnis an meine Neugier? Oder so etwas wie Stolz? Er stand vor einer Reise nach Kairo und ließ sich eine Dose mit gesalzenem Fisch fertigmachen. Denn gesalzener Fisch war die Ware, die über die offene Theke hinter den Handwerkern ging. Den Fisch konnte man aussuchen, die Verpackung beobachten. Vor allem aber: Hier gab es was zu sehen. Ich hätte stundenlang solchen und ähnlichen Verrichtungen zuschauen können. Wie langweilig dagegen unsere deutschen Fußgängerzonen. Der Preis für Hygiene und soziale Arbeitsbedingungen?

Unter sozialen Arbeitsbedingungen lebte Ali, der Schuhputzerjunge, wohl kaum. Er gab sich als vierzehnjährig aus, als ich auf einem Stuhl vor einem anderen Geschäft Platz nahm, um mir dort von Ali meine Sandalen putzen zu lassen. Meine Bereitschaft dazu wurde von den Erwachsenen vor dem Textilwarenladen, wo die Stühle standen, mit einem freundlichen Lächeln quittiert. Sie schoben mir den Stuhl unter den Hintern, als ich Alis Bitte nachgab. Ein ägyptisches Pfund, das sind 13 Cent, sollte seine Arbeit kosten. Wie selbstverständlich verlangte er nachher zwei Pfund. Er hatte schließlich seine Arbeit gut gemacht. Die Riemchen der Sandalen blinkten voller Glanz, meine Füße teilweise auch. Und schließlich hatte ich ein Foto gemacht. Und außerdem war ich Ausländer, also Millionär, womit er nicht ganz Unrecht hatte. Lustige Worte flogen während des Schuhputzens hin und her. Alle, auch ich, waren zufrieden. Nur hinterher immer das Gefühl, als habe man irgendwie Unrecht getan. So ist das eben, wenn man in einem Drittweltland reist. Wenn die Leute erst wüssten, was wir auf dem Schiff aßen! Und wie teuer die für uns billige Reise für sie gewesen wäre! Auf der anderen Seite würde es den Leuten im Gegenteil schaden, wenn wir solche Reisen nicht machen würden. Eine der wichtigsten Einnahmequellen des Landes fiele weg. Aber immer wieder diese gemischten Gefühle. Später auf dem Basar in Luxor würde es mir wieder ähnlich gehen.

Von dem „Nubischen Abend", zu dem man auf dem Schiff nach dem Abendessen in die Lounge geladen wurde, bleibt mir im Wesentlichen nur Ringelpiez mit Anfassen in Erinnerung, zwar temperamentvolle Trommeln, die schlanken drahtigen Glieder der Tänzer und der auffallend zur Schau gebotene aufrecht feste Busen der einzigen Tänzerin, aber sonst schale künstliche Touristenanimation. Polonaise, mein Gott!

So gingen wir früh zu Bett, und durften am nächsten Morgen ausschlafen, in diesen herrlichen Betten, bis acht, zum ersten Mal. Hatten aus dem Bett heraus den Blick auf die sanft vorübergleitenden Ufer des Nil: Schilf, Schlafbäume voller weißer Reiher, hohe Ufer, niedrige Ufer, einmal felsig, einmal lehmig, dann lagunenartige Seitenarme, Inseln mit schwarzen Wasserbüffeln. Frachtschiffe sah man kaum, eigentlich nur solche mit Zuckerrohr, manchmal von einem Schlepper gezogen. Bizarre Yuccapalmen, eine floating pump station von frühindustriellem Blechcharme, ein Angler in langer schwarzer Galabea, einzelne Boote, Pumpen, Mangoplantagen, selten Industrieanlagen, die gelben oder ockerfarbenen Berge mal weit, mal nah. Später ein Palmenwald mit flachen Häusern dazwischen und Muezzinrufe, wieder ein wenig unheimliche Atmosphäre und fremdartig, wie es Cortez zumute war vor der großen Schlacht in Cholula, als er die Muschelhörner von den Pyramiden hörte.

Nilfahrt

60

Als Lebensgleichnis lässt der Fluss
Fast wie in alten Bibelzeiten
Ein Zauberbild vorübergleiten,
Aus Urgedächtnissen ein Gruß.

Und dunkel rufen Muezzine,
Als wenn sie fernen Auftrag hätten,
Uns auf suleikenschlanken Minaretten
Entführten aus der Tagroutine.

Und rohrbeladne Eselskarren
Vor Büffeln, die den Nacken beugen
Und dumpf und schwarz vom Dienen zeugen,
Am Ufer wie in Ewigkeit verharren.

Doch hinter den Adobekuben
Sieht hässlich man auch Industrie,
Und ohne diese gäb es nie
Ein Überleben in den Armutsstuben.

Das Zoom sieht sie im schieren
Überlebenskampf in Dreck,
Armut und Krankheitsschreck
Und fast wie Tiere vegetieren.

Ihr Schicksal und das eigne Glück
Beim langsamen Hinuntergleiten
Und Schaun in malerische Weiten
Lässt ratlos uns - ein Stück - zurück.

Alle genossen das gemächliche Dahingleiten in
der nicht zu prallen Sonne auf dem Oberdeck, die

meisten auf ihrem Liegestuhl, so der bedächtige Ostfriese mit seiner Frau, der Berlinerin mit den spitzbübisch blickenden hellen Augen, deren Keckheit aber offensichtlich durch die melancholische Zufriedenheit ihres Mannes gezügelt wurde. An ihrem Geburtstag vor ein paar Tagen saß sie zur Feier des Tages, in ihr Festtagsgewand gekleidet, mit Mann und Tischnachbarn beim Kartenspiel im Foyer.

Oder die Holländerin mit der genüsslich vorgeschobenen Oberlippe, deren Geheimnis (das der Oberlippe) sich mir ein wenig lüftete, als sie einmal in einem Gespräch äußerte, sie liebe ihr Land Holland sehr, weil dort alles in Maßen geschehe, auch der Genuss. Man dürfe im Leben nicht so eifrig hinter den Dingen hersein. Ob das ein Wink mit dem Zaunpfahl für mich sein sollte, der ja vielen Dingen mit fast hektischer Begeisterung hinterherlief? Ihr Mann erinnerte ein bisschen an einen etwas vertrockneten Asterix und sagte fast nie etwas. Ob ihre Weisheit da ihren Ursprung hatte? Mich faszinierte ihre Sprache, die wie ein extremer Aachener Akzent klang, mit seinem weichen gutturalen R, vorgetragen mit dieser genüsslichen Oberlippe. Es war dann nicht der Aachener, sondern der Akzent der Provinz Falkenburg.

Das junge Paar am Heck genoss sich vor allem gegenseitig, sie mit ihrer schnuckeligen Figur, die unübersehbar aus dem knappen Bikini herausquoll, und dem ebenso schnuckeligen Gesicht, allerdings ein wenig verruchten Mundwinkeln und wunderlich naiven Augen, und er mit seiner unglaublichen Größe und Wucht. Es finden sich halt immer wieder erstaunliche Gegensätze. Wie es auch bei dem jungen Paar aus Graz der Fall war. Sie mit ihrem träg fleischigen Körper und dem bemerkenswert wohlproportionierten Kopf, der nur eine enttäuschende Beeinträchtigung durch ihr Kettenrauchen erfuhr, und er mit seinem endlos massigen unförmigen Körper, der aber an Sympathie gewann, wenn man ihn reden hörte, wie er bescheiden von seiner wissenschaftlichen Tätigkeit an der Universität und seinem Fisch-hobby sprach. Eine unerschütterliche Ruhe einte beide.

Unsere Wiener Architekten schliefen hinter den weißen Leinenvorhängen in einem der Separees auf dem Sonnendeck, wenn unser Sunnyboy nicht gerade ein Fitnesstraining im Fitnessraum absolvierte. Und alle genossen sie die sanfte Talfahrt unseres Schiffs Alyssa, die beiden Männer aus dem Rheinland, die man nie ein Wort reden hörte, die rundliche kleine Dortmunderin, die immer ihren Mann suchte, wenn er direkt hinter ihr stand, und das war sehr oft der Fall, der Horus-falke mit seiner repräsentativen Frau, Rambo mit seiner zarten hinkenden Frau, die Frau des missmutigen Münsterländers mit ihrem westfälisch stockartigen, gespreizten Untergestell, vielleicht sogar ein wenig ihr griesgrämig grippekranker Mann, und Sigrid und manchmal sogar ich, wenn ich ein wenig vom Schauen ausruhte. Einer aber ruhte nie aus: der Leipziger Schlosser, der unablässig filmte mit seiner fuchsschwanzbehangenen Kamera. Und mir unter Ausstoßung ungewohnter sächsischer Laute seine Karte gab, als ich Interesse bekundete an seinem Film, wenn er denn in etwa einem Jahr fertig sein würde.

Es war schon dunkel und etwas frisch, als wir in Luxor anlegten. Anlegen wollten. Denn so einfach war das nicht. Eine energisch wütende Stimme hatte mich an die Reling gelockt. Im grellen Licht eines drehbaren Scheinwerfers sah ich einen schwarzgekleideten Matrosen, wie er dabei war, eine Trosse an einem Poller auf dem Kai zu befestigen. Wie er es aber auch anstellte, die wütende Stimme schien nie zufrieden zu sein. Es war der Kapitän in seiner schwarzen Galabea, seinem weißen Schal und seinem weißen Turban, der ihn drangsalierte. Er hielt den Scheinwerfer wie eine Peitsche auf ihn gerichtet. Und dann sah ich den Finger, den Zeigefinger. Ich hatte noch nie aus dieser Position auf einen Zeigefinger geschaut. Von oben, so dass er sich in seiner ganzen erregten Länge darbot. Gichtige Knoten der Erfahrung und des gesammelten Unwillens und zurückgebogen, so dass sich die volle Energie des Menschen in ihm konzentrierte. Dabei konnte der Matrose diesen furchterregenden Körperteil gar nicht sehen. Aber vielleicht kannte er ihn von anderen Gelegenheiten und war so konditioniert, dass bei der Stimme des Alten sofort der bedrohliche Finger vor seinem geistigen Auge auftauchte. Auf jeden Fall kam er widerspruchslos den Anweisungen nach, löste das Tau wieder von dem Poller, wand es erneut darum, weil es vielleicht vorher nicht straff genug gewesen war. Dann war der Alte nicht zufrieden mit dem Verlauf des zweiten Taus. Und wieder ging das demütigende Gezeter von vorne los. Warum diese wütende Strenge? War der Kapitän der Pädagoge, der keiner ist, und der klare und verständliche Anweisungen durch verärgertes Niedermachen ersetzt, oder vielmehr der Lehrherr, dem der erste Bestandteil des Wortes völlig fremd ist, und der sich nur auf den zweiten konzentriert? Oder war das Personal, das ihm zur Verfügung stand, unerfahren oder einfach strohdumm?

Doch plötzlich wurde mir schlagartig klar, was hier passierte. Hier wurde eine neue Religion zelebriert, eine Religion, die aus dem Westen importiert worden war und deren Priesterschaft dort aus Juristen und Versicherungsvertretern bestand, die Religion der Sicherheit. Eine Religion, die diesem Land fürchterlich wesensfremd ist, so wesensfremd dem Händler aus Passion eben das Bemühen um Sicherheit um jeden Preis ist. Beim Handeln ging es hier ja oft nicht alleine um den Profit, sondern um den gegenseitigen Austausch, der nur mit einer gehörigen Zeitinvestition zu erreichen war, dem gegenseitigen Durchdringen zweier Seelen, Ausdruck des I-Typs, wie es die Psychologie von Pfahler und Jensch ausdrückt, des Typs, der Abgrenzung nicht ausstehen kann. Dem steht der S-Typ gegenüber, der Separationstyp, der alles in geordneten Bahnen

65

streng voneinander trennen will. Er braucht deshalb unabdingbar Sicherheit. Sicherheit um jeden Preis. Die Macht der Rechtsanwälte und die Macht der Versicherungen. Und diese Religion hielt jetzt in diesem Land Einzug. Staatlich gebilligt und gefördert, weil das Land sonst nicht überlebensfähig war. Nicht überlebensfähig ohne Tourismus, der nach westlichen Standards betrieben wurde. Vor allem nach den blutigen Attentaten im Tal der Könige und in Sharm El Sheik. Da musste man Sicherheit garantieren oder zumindest in höchster Perfektion vorspielen. Wie bei dem Konvoi, in dem wir nach Abu Simbel gefahren waren. Wie in den allgegenwärtigen Sicherheitskräften und den allgegenwärtigen Kontrollen. Die tatsächlich wohl kaum zu etwas nütze waren, außer dazu, besorgte Touristen zu beschwichtigen. Denn hätte etwa der Konvoi potentiellen Terroristen nicht ein viel lohnenderes Ziel geboten als ein einzelner Bus?

So ging es also auch jetzt darum, die fremdartige Sicherheitsreligion zu zelebrieren,

vor den Passagieren, denen man ja in der Begrüßungsrede schon betont hatte, wie sehr man sich um solche bemühen werde. Deshalb tauchten auch bald nach sämtlichen vier Matrosen, auch dem Obermaat mit dem weißen Piratenturban, alle möglichen Chargen auf, der 2. Offizier in brauner Galabea mit weißem Turban, der 1. Offizier mit grauer Galabea und weißem Turban, alle wie der Kapitän mit einem malerischen Schal versehen, dann der Geschäftsführer mit Krawatte und schließlich der Manager in Anzug und Weste.

Das zweite Tau hatte der erste Matrose, der über eine Art Hühnerleiter an Land gelangt war, und der jetzt Verstärkung von einem zweiten bekommen hatte, über eine Pumpe hinweg an den nächsten Poller geschlungen, eine Pumpe, die wohl die dicken Schläuche mit Wasser füllte, die sich auf dem Kai entlangzogen. Wenn der Matrose jetzt das Tau erneut verlegte, diesmal unter der Pumpe her, erhöhte das wohl die Sicherheit der Pumpe, die der Passagiere aber kaum, oder? Wer weiß?

Aber dann die Gangway!

Unser Schiff konnte wohl nicht ganz genau an derselben Stelle anlegen, an der es vor der Abfahrt geankert hatte, weil das Nachbarschiff anders angelegt hatte oder etwas länger war als das frühere Nachbarschiff. Dadurch ragte die Gangway, nachdem sie ausgehievt worden war, ein Stück näher an einen der dicken Schläuche. Aber war das so problematisch, dass bestimmt zehn oder zwölf Versuche unternommen werden mussten, sie in eine bessere Position zu bringen? Dabei war das Positionieren keineswegs so einfach. Es gab zwar einen kleinen Kran an Bord, der die Gangway erstmal grob an die richtige Stelle hievte, dann aber musste die Feinarbeit per Hand, und zwar ohne Handschuhe und ohne Arbeitsschuhe, bewerkstelligt werden. Die Matrosen waren dabei immer in Gefahr, eine Hand oder einen Fuß nicht rechtzeitig unter der schweren Last wegzuziehen. Aber um ihre Sicherheit ging es offenbar überhaupt nicht. Nur um die tatsächliche oder gefühlte Sicherheit der Touristen. Auf dem roten Teppich, der die Gangway bedecken sollte, und der noch zusammengerollt am Ufer lag, nachdem er wie ein Sack mit Abfall dorthingefeuert worden war, würden die Ausländer sich noch wie in dem schwimmenden 5-Sterne-Hotel fühlen. Aber wenn dann ihr kostbarer Fuß auf den Schlauch treten oder über ihn hinübersteigen müsste, das ging einfach nicht an, obwohl das für einen normalen Menschen kein Problem war. Deshalb noch ein Versuch und noch ein Versuch, die Gangway wieder hochzuhieven, wieder runterzulassen, dabei den Winkel zum Kai ein wenig zu ändern, unter der Anleitung des 2. Offiziers, dann des 1. Offiziers, dem kritischen Beäugen des Managers und den Bedenken des Geschäftsführers. Als die Gangway in einer Position plötzlich schief lag, wurde die Waagerechte wiederhergestellt mit Hilfe eines Felsbrockens, den man einfach aus der Kaimauer entnahm. Zufrieden war man erst, als der baumartige Abstandsbalken, der das Schiff am hinteren Ende in der richtigen Distanz zum Kai halten sollte, etwas verlegt wurde und der 2. Offizier mit zwei Matrosen per Hand das Schiff herangezogen hatte. Gemeinsame Anstrengung und vielfache Mühe müssten nun als Opfer für den Gott der Sicherheit wohl ausreichend sein. Den Kapitän sah man schon seit einiger Zeit nicht mehr. Hatte er die Verantwortung an die Geschäftsführung abgegeben, oder hatte er vor Verzweiflung einen Herzinfarkt bekommen?

Über eine Brücke, die 9 km südlich von Luxor den zahlreichen Touristenbussen das Überqueren des Stroms ermöglicht, weil die Fähren dafür nicht mehr ausreichen, durch von Kanälen bewässertes Land mit Zuckerrohr- und Klee-, ja sogar Weinfeldern, an wachsenden Dörfern und einzelnen Ansiedlungen von Archäologenteams vorbei, gelangten wir am nächsten Morgen in die deutlich klarere Wüstenluft des höhergelegenen Tals der Könige. Und dann ging alles viel zu schnell. Klar, von den zahlreichen Gräbern durfte man sich nur drei aussuchen, die man anschauen wollte. Aladin hatte uns Ramses 1, Ramses 4 und Seth Nacht empfohlen. Wie gerne aber hätten wir uns die Einzelheiten auf den feinen Wandgemälden in Ramses 1 erklären lassen, den Balken mit dem Kuhkopf zum Beispiel, der von Gestalten mit abwechselnd braunen und weißen Gesichtern getragen wurde, die alle ein unten geschlossenes weißes Gewand trugen. Oder den widderköpfigen Gott mit Hirtenstab vor einer aufrecht stehenden Schlange, beide in einem weißen Feld zusammengefasst, das von einer Schlange umgeben war, und alles wiederum auf einem Boot mit vorne und hinten hochgezogener Spitze, auf dem zwei braune Männer stehen, die nur mit einem weißen Rock bekleidet sind. Und immer wieder Osiris mit seinem dunkelgrünen Gesicht, eigentlich mehr an Unterwelt als an Fruchtbarkeit erinnernd. Und der dunkle Skarabäus, manchmal anstelle eines ganzen Gesichts, manchmal als Geburtshelfer für die Sonne, die am Rande der Unterwelt den letzten Schubs benötigt, um wieder an die obere Welt gelangen zu können. Dunkelblaue Himmel an der Decke, von Sternen besät, und vielleicht die Göttin Nut, die mit ihrem Körper alles als Himmelsgewölbe überspannt, ihren Sohn, die Sonne, am Abend verschlingt und am Morgen neu gebiert.

An den grabenden Archäologen vorbei, die gerade auf ein neues Grab gestoßen waren, fuhr uns unser Bus in ein anderes Tal, zum Totentempel der Hatschepsut.

Erschlagen wird man von der Gewaltigkeit der Anlage, dem in mehreren Terrassen angelegten Tempel von grandioser Monumentalität, die aber gleichzeitig an Naziarchitektur gemahnt. Man kann sich gut vorstellen, dass einem Hitler-Speer solche Anlagen vor Augen standen. Dies hier noch erhöht in seiner Wirkung durch die Lage unmittelbar vor dem senkrechten goldgelben Felsenberg, der dieses Tal vom Tal der Könige trennt. Laut Aladin hatte Hatschepsut sogar vor, den Berg zu durchstechen, um eine Verbindung zwischen ihrem Totentempel und ihrem Grab herzustellen, welches allerdings bis heute nicht gefunden wurde. Weil ja das Andenken an sie nach ihrem Tod bewusst zerstört wurde, von ihrem Neffen Thutmosis dem Dritten. Die ganze Anlage stellt mit ihrer einzigartigen Einheit von Natur und Architektur eine neue Dimension ägyptischer Baukunst dar, später nur noch von Ramses dem Zweiten in Abu Simbel übertroffen oder erreicht.

Im obersten Hof vor dem Allerheiligsten sind polnische Restaurateure mit der Wiederherstellung oder Sicherung der Anlage beschäftigt, was unseren bayrischen Rambo prompt zu der Bemerkung veranlasste, dann würde das wohl noch hundert Jahre in Anspruch nehmen. Als ich ihn auf die äußerst qualitätvollen Arbeiten polnischer Restaurateure in der Kölner Jesuitenkirche und an den Lettnern in Maria im Kapitol und in St. Pantaleon hinwies, schwieg er.

Wer nicht schwieg, war der Horusfalke. Nach dem Besuch des Hatschepsuttempels stiegen wir im Dorf der Grabräuber aus. Seit Jahrhunderten, wenn nicht Jahrtausenden, leben die Menschen in diesem Dorf mit seinen bemalten Lehmziegelwänden auch von der Ausplünderung der Gräber, die sich teilweise sogar unter ihren Häusern befinden, so dass sie sich weigern, von dort wegzuziehen, obwohl von Regierungsseite mehrfach versucht wurde, sie dazu zu bewegen. Auch berühmte offizielle Ausgräber bzw. Archäologen sind aus ihnen hervorgegangen. Eine dieser Familien betreibt heute ein wohlhabendes Taxiunternehmen. Sonst aber scheint das Dorf vorwiegend von Armut geprägt zu sein, wie mich ein Blick bei der Einfahrt belehrte. Aladin hatte uns – wohl eine weitere Kaffeefahrt – zu einer der zahlreichen Alabastermanufakturen geführt. Vor dem

Laden wurde uns von auf dem Boden sitzenden Handwerkern vorgeführt, wie der weiche Stein mit Raspeln in eine grobe Form gebracht wurde, um dann in den Boden gesteckt und mit einem vorsintflutlichen Handbohrer ausgehöhlt zu werden. Im Laden selber erwarteten uns dann lange Regalreihen von hauchzarten Vasen, deren dünne Wände das Licht durchscheinen ließen. Da wir aber keinen Bedarf an weiteren Vasen in unserer Wohnung hatten, benutzte ich sofort die Gelegenheit, um einen weiteren Blick auf das urige Dorf zu werfen. Teils dezent, teils grell bemalte Hausfassaden, Wäsche aufhängende Frauen in Kopftüchern und starkfarbigen Gewändern, Eselskarren, herumstreunende Hunde, das malerische Bild der Armut. Und dann eine lange Kette von burnustragenden Männern, die Steine in einem Behälter auf den Schultern zu einem Wagen trugen, der von einem Traktor gezogen wurde. Wurde dort ausgeschachtet oder wurde hier neues Material für die Alabasterwerkstätten zutagegefördert?

Als ich im Bus davon erzählte, um auf die Rückständigkeit der Arbeitsform aufmerksam zu machen, fiel mir gleichzeitig meine eigene Arbeit als Jugendlicher und Student ein: „Allerdings habe ich in den 50er Jahren auch noch solche Behälter auf den Schultern getragen, als ich als Hilfsarbeiter bei Fliesenlegern arbeitete. Und Zementsäcke wurden auf der Schulter bis zur dritten Etage hinaufgetragen." Das aber war das Signal für den Horusfalken. „Ja, das habe ich auch gemacht."

72

Warum auch nicht? Aber dann kam es: „ Von 12 Jahren an habe ich jedes Jahr ein anderes Handwerk gelernt. Mit einer durchschnittlichen Intelligenz schafft man das in 3 Wochen." Es war klar, dass er sich selber diese außerordentliche Fähigkeit, die er mit durchschnittlich bezeichnete, besaß. Weil er aber ein leichtes Fragezeichen auf den Stirnen der Zuhörer zu ahnen schien, oder weil ihm plötzlich das Wort „mittelmäßig" im Zusammenhang mit seiner Person doch ein wenig untertrieben und unangemessen vorkam, fügte er hinzu: „Der eine lernt's, der andere lernt's nicht. So konnte ich später mein Haus ganz alleine bauen." Schon nahe an den Fähigkeiten eines Gottes wie des Horusfalken. Aber es würde noch mehr hinzukommen.

Vor den 20 m hohen Sitzfiguren von Amenophis dem Dritten, auch Memnonkolosse genannt, die den Abschluss des Besuchs von Westtheben bildeten, schlug uns noch einmal ein Tempel in seinen Bann, der Habutempel oder Totentempel von Ramses dem Dritten, in kriegerischen Zeiten gebaut, wie uns Aladin versicherte, deshalb auch ringsum von Mauern umgeben. Die kriegerischen Zeiten hatten mit Angriffen der Seevölker zu tun, zu denen auch Völker gehörten, die der Insel Sizilien und den Etruskern ihren Namen gaben. Und so waren an vielen Stellen kriegerische Darstellungen zu sehen. Natürlich auf dem Eingangspylon der Pharao, wie er die Feinde beim Schopf packt, aber dann auch in großen Reliefs in einem der Innenhöfe der Pharao auf seinem Streitwagen, viele Kampfszenen und das Einsammeln der Kriegstrophäen, abgeschlagene Hände und auf einem Bild abgetrennte Penisse der Feinde.

In einer Nebenkapelle sahen wir, leider ohne Kopf, das Bildnis eines Gottes mit

einem Stab, den er vor sich in der Mitte seines Körpers hält, das Vorbild für den Filmpreis Oscar. Und das ist auch kein Zufall, handelte es sich hier doch um den Schöpfergott Ptah, den Gott der Töpfer und überhaupt der Künstler. Im zweiten Innenhof sieht man auf Säulen und Reliefs noch beeindruckende Reste der ursprünglichen Bemalung in Rot, Blau, Türkis und Orange.

Am Nachmittag wollte ich das, was sonst auf der ganzen Reise, und wenn sie noch so schön war, kaum möglich war: etwas Ruhe, nichts regelrecht Neues, Wiederholung, Vertiefung. Deshalb packte ich einen kleinen Zeichenblock und einen Stift in meinen Rucksack und machte mich noch einmal auf den Weg zum Luxortempel. In Assuan hatte ich ja schon die Erfahrung gemacht, dass ich dauernd angesprochen wurde, wenn ich alleine unterwegs war, mehr noch, als man sonst angeredet wird. „High, moustache!" wurde ich immer wieder begrüßt. Dabei waren das teilweise selber Männer mit Schnurrbärten. Hatte hier das Wort eine etwas andere Bedeutung? Vielleicht ein besonderer Bartschnitt? Einmal wurde ich gefragt, warum ich diesen Bart trüge. „Weil ich Mullah werden will," erwiderte ich keck. Das Wort schien aber nicht verstanden zu werden. „Weil ich Imam werden will" löste dann Gelächter aus. Als ich mich auf der Rückseite der Moschee am Luxortempel befand, gab sich ein Mann in weißer Galabea als Imam aus und wollte mir unbedingt die Moschee zeigen. Wäre sicher interessant gewesen. Aber ich wollte ja zeichnen. Und Ruhe haben. Die Kutschenfahrer, die auf dem Bordstein neben ihren Kutschen Mittagspause machten, wollten mich unbedingt zum Tee einladen. Schwierig, da immer eine freundliche, aber überzeugende Ausrede zu finden, ohne die Leute zu beleidigen.

Und als ich vom Tempel zurückkehrte, begegnete ich auch wieder dem Bäcker von vor einer Woche. Ich hatte ein wenig ein schlechtes Gewissen ihm gegenüber. Hatte ich ihn doch in Verdacht gehabt, er habe mir zusammen mit einem Komplizen auf der Uferpromenade mein Portemonnaie entwendet. Auf jeden Fall vermisste ich es damals, als ich in unserer Kabine zurück war. Schließlich fand ich es, wo es sein musste, im Koffer. Die Konfusion der ersten Stunde! Aber jetzt hatte er schon wieder frei? Vielleicht war das mit dem Bäcker doch eine Lüge gewesen. Er wollte mich nun auch unbedingt durch Luxor führen. Kein Dieb zwar, doch ein Schlepper oder so was, zumindest ein „wilder" Fremdenführer. Die Notwendigkeit, zurück zu meiner Frau auf dem Schiff zu müssen, überzeugte ihn aber sofort. Er tauchte auch später nicht wieder auf.

Im Tempel hatte ich zwar ein ruhiges Plätzchen an einer Mauer gefunden, an der die Sphingenallee anfing, die ich zeichnen wollte, da ich aber den Wärter, der dort stand, dummerweise gegrüßt hatte, fing der sofort an, nachdem er anerkennend meine Tätigkeit gebilligt hatte, eine Unterlage für mein wertvolles touristisches Hinterteil zu suchen, welche er in Form einer Pappe herbeitrug, die das Sitzen eigentlich unbequemer machte. Und als ich fertig war, vergaß er natürlich nicht, zur freundlichen Erinnerung die Hand aufzuhalten, worauf ich gewitzterweise schon in Form von Kleingeld in meiner Hosentasche vorbereitet war. Das Publikum am Nachmittag war anders als in den Morgenstunden, in denen wir vorige Woche den Tempel besucht hatten. Viele Ägypter, darunter auffallend viele Frauen, viele Italiener, manche Japaner, einer davon mit einem Mundschutz. Seine Frau trug keinen. Merkwürdig! Eine der ägyptischen Frauengruppen wurde von einer auffallend hübschen und emanzipiert wirkenden jungen Frau geführt, in Jeans, roter Bluse und einem aparten grauroten Kopftuch, das ihre rotgefärbten Haar vorteilhaft zur Geltung kommen ließ. Als ich nach weiteren Zeichnungen in den Höfen der Gruppe erneut begegnete, in dem Umgang mit dem Relief, auf dem Alexander der Große aus seinem erigierten Penis seinen Heldensaft dem Gott Amun opfert, war ich gespannt, ob und mit welchen Gebärden die Führerin das Relief erklären und wie ihre Zuhörerinnen reagieren würden. Sie machte einen Bogen darum herum! So weit ging die Emanzipation also doch nicht.

Schade, dass es langsam dämmrig wurde. Ich hätte gerne noch länger die Zeit in diesem Tempel verbracht, hätte mir gerne die zahlreichen Reliefs von einem fachkundigen Führer oder einem entsprechenden Buch erläutern lassen. Dazu wäre aber nicht einmal der Dumont-Kunstführer imstande gewesen.

Es war fast wie im Theater. Ich saß in einem bequemen Sessel in der Lounge, ein paar Meter entfernt von Aladin, bei dem ich die CD-Roms mit Bildern der von uns besuchten Sehenswürdigkeiten erwerben wollte, die er dort in den letzten zwei Jahren angefertigt hatte, unter anderem mit Aufnahmen der Wandmalereien in den Königsgräbern, wo man nur mit besonderer Erlaubnis fotografieren darf. Ich musste noch warten, weil sich Aladin noch im Gespräch befand – mit dem Horusfalken, dessen letzte Aufführung ich hier erleben durfte. Deshalb war es auch kein wirkliches Gespräch, sondern ein Monolog, aber ein eindrucksvoller, der das ganze Bild abrundete. Vordergründig drehte es sich darum, sich als Helfer der Menschheit in Szene zu setzen. Oder der Pferdheit. Denn um die Pferde von Edfu ging es wieder. Eine Spende würde er machen, wenn Aladin es schaffen würde, dafür zu sorgen, dass alle Pferde beschlagen würden. Denn so könne man nicht mit Pferden umgehen. „Ein Pferd muss man entweder versorgen oder erschießen!" Irgendwie klang das nach kaiserlicher Kavalleriemoral. Und in diesem Sinne redete er heftig auf Aladin ein, der sich auf ein leichtes lächelndes

Nicken beschränkte, ab und zu, wenn es denn gar nicht anders ging, von einem undeutlichen Murmeln begleitet, das sein Gegenüber als Zustimmung auffassen konnte, wenn er wollte. Der Horusfalke, der ihn mittlerweile duzte, was keiner der anderen Touristen bisher getan hatte, irgendwie aus Hochachtung vor Aladin, reichte ihm seine Karte: „Wenn du das Einverständnis der Kutscher erreicht hast, ruf mich an!" So nebenbei floss bei diesem „Gespräch" ein, dass er schon mal eine Fabrik besessen habe und 100 Patente in Brasilien besitze. Außerdem hatte er zwei Bücher geschrieben und veröffentlicht. Und Ägypter hatte er natürlich auch schon mal trainiert, in was, blieb unklar. „Nach drei Tagen hatten sie alles wieder vergessen," fügte er verächtlich hinzu. Und dann zu Aladin plump vertraulich: „Aber du weißt ja, wie das ist." Als wären sie Komplizen im gemeinsamen Kampf gegen den ägyptischen Schlendrian. Wie sehr sich Aladin mit seinem Land identifiziert, hatte er wohl nicht bemerkt. Dass ich in meiner Theaterloge alles mitbekam, schien ihm ebenfalls nichts auszumachen. Als er dann endlich die Lounge verlassen hatte, konnte ich mir die Bemerkung nicht verkneifen: „Das haben Götter und manche Menschen gemeinsam, dass sie geboren werden und schon alles können." Aladin lächelte: „Ja, aber funktionieren tut es nur bei den Göttern." Nach dem Kauf der CDs übergab ich ihm noch ein Trinkgeld für seine qualifizierte und einfühlsame Führung, wofür er sich herzlich bedankte. Mein Versuch vor ein paar Tagen, unter den Mitgliedern der von ihm geführten Gruppe eine Sammlung zu veranstalten, war leider kläglich gescheitert. „Es wurde ja schon Trinkgeld eingesammelt!" „Der hat ja nur seine Pflicht getan" waren die ablehnenden Kommentare.

Nach problemlosem Geldwechsel in einem Hotel in der Nähe besuchten Sigrid und ich am Abend noch das nicht große, aber umso kostbarer ausgestattete Museum in Luxor. Nun hatten wir doch schon so viel gesehen an diesem Tag, waren aber hinterher froh, dass wir es uns noch angeschaut hatten. Kostbar und nicht vollgestopft! Schon die Grabbeigaben aus dem Grab von Tutanchamun: der vergoldete hölzerne Kuhkopf der Göttin Hathor, ein kompletter Streitwagen mit vergoldeten Teilen, sein Bogen und Pfeile und eine ganze Liege mit metallenen Füßen, Vorbild offensichtlich für die Empire-Möbel zu Napoleons Zeit. Dass alle diese Holzteile noch erhalten waren! Sehr feine Götter-, Pharaonen- und Wesirsfiguren. Und – nicht zu fassen! – der Krokodilgott Sobek zusammen mit dem Pharao überlebensgroß aus durchsichtig schimmerndem Alabaster!

Beim Abendessen ließen die Köche besonders beim Nachtisch noch einmal ihre ganze Kunst spielen, vor allem zur Freude von mir und Herbert. Heidemarie und Herbert boten zur Feier des letzten Tages einen neuen Höhepunkt ihrer dezenten Verkleidungskünste, er als Sonnenprinz in einem cremeweißen Anzug, sie als Göttin der Nacht natürlich wieder in Schwarz, aber in einem festlicheren, mit der unabdingbaren Steigerung durch Rot, diesmal einer feingliedrigen und reichhaltigen Korallenkette. Und wiederum verneigte sich die Unheimlichkeit der Nacht vor der hellen Sonne, indem sie liebevoll-bärbeißig darum besorgt war, dass Herbert nur ja keine Köstlichkeit von den angebotenen leckeren Nachtischen fehlte. Und auch die Kellner waren womöglich noch freundlicher als sonst, auch unser Tischkellner, den wir zusammen mit unseren Österreichern auf den Namen Walter Giller getauft hatten, weil er die gleichen hängenden Schultern und den leicht gebeugten Rücken hatte wie dieser Schauspieler, als er den Verkäufer in dem Uniformladen im „Hauptmann von Köpenick" darstellte. Nur einmal hatten wir ihn ganz anders erlebt. Als die Mannschaft der Kellner zur Feier des Geburtstags der keck blickenden Berlinerin einen Umzug durch den Speisesaal veranstaltete. Unser Walter Giller hatte dabei die Handtrommel geschlagen, in einem völlig unerwarteten energischen, fast aggressiven Rhythmus, als käme da sein eigentliches Wesen, vielleicht in einem nubischen Dorf geprägt, zum Ausdruck, das hier lediglich geknebelt und gefesselt seinen Dienst tat.

Da der Abflugtag keine weiteren Programmpunkte vorsah, erlaubte er uns Ausschlafen bis acht Uhr und ein geruhsames Frühstück. Ich nahm mir aber noch ein paar Stunden Basarbesuch vor, zum Schauen und zum Fotografieren. Zuerst hatte ich den Touristenmarkt mit seinen Andenkenständen zu passieren, unter anderem vollgestopft mit ägyptischen Göttern in allen Formen und Größen, dem schakalköpfigen Anubis, dem Krokodilgott Sobek, der löwenköpfigen Kriegsgöttin Sachmet, dem Horusfalken und dem Schöpfergott Ptah. Dann begann in einer schmalen Seitengasse der sich endlos hinziehende „echte" Basar. Der Anfang war offenbar den Fleischhändlern gewidmet, die gleichzeitig Metzger waren, da sie das Fleisch auch mit großen Messern zerschnitten. Einen sah ich zweimal damit beschäftigt, wie er Stücke Fleisch mit den Zähnen abtrennte. Ein anderer hielt mir einen schwarzen Ziegenkopf entgegen. Auf seinem Tisch lagen Füße, Schwanz, Darm und Magen, Lungenflügel und weniger delikat aussehende Teile nebeneinander. Ein Fischer döste hinter einer vorsintflutlichen Zinkwaage mit großen Gewichten und auf dem Boden gestapelten armlangen Fischen vor sich hin. Ein anderer, auch mit weißem Turban und einer verschmutzten grauen Galabea bekleidet, sortierte seine Fische appetitlicher auf einer Schicht grüner Kleeblätter auf dem Boden. Ein dritter präsentierte seinen Fang in einem Eimer. Und dann ging es Schlag auf Schlag: Etliche Stände mit aufeinandergestapelten Holzkäfigen mit Hühnern, vor denen sich vor allem die Hausfrauen drängten. Eine blau verhüllte alte Frau bot auf einem solchen Käfig seltsam lethargisch liegende Tauben an. Waren sie irgendwie betäubt? Händler mit Obst und Gewürzen jeder Art, die Gewürze in geflochtenen Säcken, in malerischen Farben. Ab und zu eine alte Singer-Nähmaschine, mit der Reparaturen durchgeführt wurden. Schuster mit riesigen Nähgeräten. Ab und an ein kleines Lokal, vor dem Männer mit Wasserpfeifen hockten, vor allem in den kleineren Nebengassen. Dampfende Garküchen drinnen und draußen, mit Bänken voller Essender. Plötzlich jemand, der mich ansprach: „Sie haben Ihren Pass verloren." Ich hatte aber gar keinen Pass dabei. Wohl ein Annäherungsversuch. Ein Bettler auf Beinstümpfen, der hinter mir herschimpfte, wohl weil ihm das Almosen, das ich ihm gegeben hatte, zu wenig war. Eine Art Schreinerei, in der auf primitive Art primitive Holzspielzeuge hergestellt und gleich an der Gasse feilgeboten wurden. Natürlich auch Läden aller Art, mit Geschirr und Eimern und bunten Textilien. Ein endloses Menschengedränge, aber nie aggressiv, oft freundlich, manchmal wieder der Gruß „High, moustache." Viele Frauen auch, immer mit Kopftuch, nur einmal allerdings eine Burka, die das Gesicht wie bei einem Fechter verdeckte.

Eine Mutter mit einem Kind auf dem Arm und einem anderen an der Hand war die einzige Bettlerin. Als ich dem Kind ein Almosen gegeben hatte, drehte die Frau sich nach mir um und schenkte mir ein dankbares Lächeln, das ich nie vergessen werde. Die ganze Armut des Landes wurde mir in diesem Moment noch einmal bewusst. Und ein ähnliches Gefühl beschlich mich auch bei den Augen eines 12- oder 13jährigen Mädchens, nicht unhübsch, aber mit tiefen Schatten unter den Augen, dem ich mehrmals begegnete, und das mich nur anschaute, um dann in der Menge zu verschwinden. Ich wurde das Gefühl nicht los, als seien die wiederholten Begegnungen kein Zufall, als sei es auf den Strich geschickt worden. Wie furchtbar!

Welche Mischung von Augenfreude, Neugier, Ekel, Scham, Entdeckerlust dieser Markt in einem hervorrief!

Das Mädchen mit den traurigen Augen

Wie ein trauriger Magnet so hatten
Unter deinen Augen, die mich trafen,
gleich berührt die seltsam tiefen Schatten
ohne Sonne, ohne einen Hafen,

der sie wärmen oder bergen könnte,
und unversehens spürte ich erschrocken,
als wenn zur gleichen Zeit es müde stöhnte,
ein mir zugedachtes mattes Locken,

das mich unbemerkt zu folgen hieß
ein Spiel von Stehn und wieder Weitergehn,
vor einem fremden Haus mich stehenließ
und unanständig offne Türen sehn.

Du blickst mich an. Da rührt mich deine Trauer,
ach so jung! Wer hat dich nur gesandt?
Steht um ihn eine große harte Mauer?
Hat er denn deine Schatten nicht erkannt?

Ein Platz vor ärmlichen Adobeziegeln:
Als dort sich lichtet kurz des Markts Gedränge,
siehst Du mein Auge deine Trauer spiegeln,

verschwindest unbemerkt nun in der Menge.

Zu allem Überfluss zwängten sich durch die dichtgedrängten Menschenmengen auch noch ab und zu ein Fahrrad oder ein vollbeladener Pickup, einmal sogar eine Kutsche mit auffallend hellhäutigen Touristen. Damit sie passieren konnte, schob ein Händler wie selbstverständlich seine Stoffballen ein wenig zur Seite, die er auf der staubigen Gasse gestapelt hatte. In einem Laden erblickte ich auf einmal zwei kitschige Jesusbilder an der Wand. Als ich interessiert darauf schaute, bat der Inhaber des Gewürzladens mich sogleich herein. „Sind Sie Christ?" fragte ich ihn auf Englisch. Ja, er sei Christ, erwiderte er und zeigte mir noch weitere Bilder an der Wand, auch mit Maria. „Katholisch?" „Nein." „Evangelisch?" „Nein." „Griechisch-orthodox?" „Ja." „Gibt es denn eine griechisch-orthodoxe Kirche in Luxor?" „Ja." „Eine katholische gibt es ja auch." Die hatte ich nämlich gestern auf dem Weg zum Luxortempel gesehen. „Ja, und es gibt noch eine dritte." „Und gibt es keine Probleme zwischen Christen und Moslems?" „Nein, keine Probleme."

Es war nicht viel weniger orientalisch auf diesem Basar als in Marokko in den Sechzigern. Das hatte ich vor dieser Reise nicht erwartet. Trotz der gefühlsmäßigen Gemengelage hätte ich noch Stunden und Tage dort verbringen können. Doch das Ende der Reise nahte mit Macht. Ich musste zurück zum Schiff, zum Bus, zum Flughafen, nach Deutschland.

Im Flugzeug noch einmal das grüne Band des Nils, die gelbliche Wüste, die Wasserfläche des Roten Meers und dann violett hintereinandergestaffelt die mächtigen Bergketten des Sinai. Gedanken an den Durchzug der Israeliten durchs Meer, Moses und die Zwölf Gebote. An Joseph und seine Brüder, die mir in Deutschland zum zweiten Mal in der Sprache Thomas Manns dieses Land begegnen lassen würden, das wir jetzt zum ersten Mal live erlebt hatten. Alles würde mir neu und gleichzeitig bekannt erscheinen. Vieles durch die Eindrücke dieser Reise deutlicher, farbiger, aber auch Unterschiede in der Vorstellung hervorrufend. Nun nur noch die Zwischenlandung in Sharm El Sheik. Ein blutiges Attentat voriges Jahr! Noch sind wir nicht zu Hause. Die Landung problemlos. Der Transitraum, in dem wir noch einmal die Münsteraner, die Dortmunder und andere sahen, die auch über München nach Hause flogen. Und dann musste Sigrid ihren Pass abgeben. Wieso? Weil sie eine Glastür des Transitraums passieren musste, um zur Toilette zu gelangen. Merkwürdiges Gefühl, so einfach den Pass abgeben zu müssen. Und der an der Tür Wachthabende hatte schon einen ganzen Stapel Pässe in der Hand. Würde er nachher die richtigen Pässe an die richtigen Leute zurückgeben? Und viel Zeit hatten wir nicht mehr bis zum Weiterflug.

Doch dann ging alles seinen ruhigen oder vielmehr gewöhnlichen Gang. Abflug. Ankunft in

München. Zwar mit einer Stunde Verspätung erst der Abflug nach Köln. Ankunft in Köln um Mitternacht. Regen. Eine Woche einer Vierfachreise vorbei: eine Woche in einem Luxushotel mit allen Annehmlichkeiten, eine Woche auf dem längsten Fluss der Welt, eine Reise in den farbigen Orient, eine Zeitreise 3500 Jahre zurück. Wunderbar!

Kreta 2007

Sa., 2.6.07
Die Wienerin

Ihr zierlicher linker Unterarm mit der langen Hand liegt in der Haltung des Adam auf Michelangelos Schöpfung zwischen dem flachen Busen, der Brustwarze von der Größe eines 1-Cent-Stücks und ihrem Hals. Auf ihrem Handtuch sieht man Handkes „Don Juan". Daneben ein anderes Taschenbuch, mit Gedichten. Ist sie Studienrätin? Oder Schauspielerin? Wer sonst liest so etwas? Nun ruht die rechte Hand auf dem rechten Oberschenkel, der Zeigefinger deutet in Richtung auf ihr aufgestelltes Knie. Ein dünner, langer, merkwürdig gerader Daumen zeigt in der Leiste nach unten. Dunkelblonde, leicht gelockte Haare sind mit einem orange Band zum Zopf geflochten. Ein fliehendes Kinn flüchtet sich zu mehreren Falten, die ihr ein biederes Aussehen verleihen. Sie ist wohl doch keine Schauspielerin. Jetzt schläft sie, schlaff ausgestreckt, die Sonnenbrille auf die Stirn geschoben. Der Mund ist ganz leicht geöffnet. Ungeformte Oberschenkel enden in knochigen Knien. Beide Hände deuten jetzt mit langen Fingern gelassen auf ihren Kehlkopf, jetzt auf den Schamhügel, der sich vorwölbt in olivgrüner Bikinihose. Jetzt hält sie beide Arme nach oben gewinkelt unter ihrem Kopf.

Sie kam am späten Morgen, mit langem Strandkleid und Rucksack, als ich am Wasser auf dem
Streifen mit den kleinen Kieseln lag und Sigrid im
Schatten unter der Tamariske, ging zielbewusst
auf den Platz neben Sigrid. Ich meinte von weitem zu spüren, wie Sigrid vor Empörung Luft holte. Nun stolziert sie mit einem Handtuch zum
Wasser. Ich sehe sie plötzlich aufrecht völlig
nackt, unter den Blicken der vier jungen Männer
unter dem gelben Sonnenschirm ins Wasser
schreiten. Von hinten wirkt ihre Figur nun doch
ausgeglichener, ein annehmbares Hinterteil.

Dyktikos-Strand

Der Himmel hat sich nun mit Schleierwolken bezogen, es ist nahezu windstill. Auf meinem kleinen Schattenbalkon unter dem Schattenbaum
mieft es etwas, uralt vergrabene Scheiße oberhalb vielleicht oder unter Steinen. Rostige Monie-
reisenstücke mit Monierdrähten ragen schräg aus
dem Sand oder aus Steinhaufen heraus. Vielleicht Reste eines alten Zauns. Neben mir erhebt
sich eine rostfarbene Abbruchkante. Daraus
streckt sich eine weißliche Tamariskenwurzel
hervor. Die Wand ist gespickt mit grauen oder
ockerfarbenen Schiefersplittern. Das schmutzige
Grün der Tamarisken beugt sich auf den grauen
Strand. Dahinter reckt sich der teuflische Zipfel-
berg mit Schrunden und unkeuschen Graten in
die Luft, am Wasser feucht befleckt. Doch hat er
scharfe Kanten und Zacken. Zusammen mit den
Blauabstufungen in Meer und Himmel, den nack-

ten Menschengestalten und zwei bunten Schirmen bietet er ein Bild von fotogener Ruhe, von Meeresrauschen, einer nachlässigen Brandung, ab und zu einem Vogel akustisch untermalt.

Gestalt in wabernder Luft

graugepunktet, weißgestreift
und marmoriert
geschichtet, Schiefer,
runde Würfel,

ameisenklein
die nächste Bank
mit feinem Sand
dann fingernagelgroß
dann faustgroß fast
gezoomt
den langgestreckten Strand entlang

verdickt Luft wabert,
Licht und Schatten,
Suppe aus Reflexen

und mittendrin
ein aufrecht Wesen,
Doppelknick, gebeugt,
ein Gummistöckchen,
nennt sich Mensch

die Mantisschrecke
Gottesanbeterin,
Astschrecke, Stabschrecke,

Stockschrecke nur,
gefüllt mit Wasser

Schatzsucher am Strand

verschränkt die Hände
auf dem Rücken
weil Nichtstun angesagt
und mit langsam
zögerlichem Schritt
beim Brüten von
Entscheidungen
das Augenteleskop
auf Kiesel leuchtet
und lustvoll dann
das Zugriffglück
wie graue Reiher

auf das Steinchen
das zum Schatz
man hat erwählt

Glücksuche
späte

Die Wienerin

Als sie nun ihre Sachen nahm und aus dem
Schatten ans Wasser zog, badete und sich nackt
auf den Bauch legte, erkannte ich die etwas flache Figur, den ebenfalls nicht sehr knackigen
Hintern, die vorher plötzlich neben mir gelegen

hatten, als ich aus einem kleinen Nickerchen im Feinkies am Wasser erwachte.

Nun, da sie, einmal angesprochen, auf unserem Schattenplatz, fast redselig, auf jeden Fall ohne jede Hemmung, antwortete, änderte sich ihr Gesicht. Ohne Sonnenbrille, zeigten sich muntere, fast liebe Augen, ein kleiner Mund, der sich manchmal zu einem selbstbewussten Fünfeck formte, ein paar -ganz wenige- helle Flaumhärchen am Kinn. Zuerst von mir auf den weichenden Schatten angesprochen, ergab sich dann ein Gespräch über diesen Urlaub, über Kreta.

Als ich noch eine Runde geschwommen war, wusste Sigrid nachher einiges: Im Winter war sie mal 3 Tage in Madrid gewesen. Sie kam aus Wien. Östlich von München also. Meine Vermutung „Rosenheim" war also nicht so ganz absurd gewesen. Und die zweite Vermutung, Schauspielerin oder Studienrätin, auch nicht ganz falsch, da sie im letzten Gespräch, über Literatur, erwähnte, dass sie einmal Theaterwissenschaften studiert, aber nicht beendet hatte. „Sie lesen Peter Handkes Don Juan. Ist das lesbar?" Dann ein langes Gespräch über Literatur. Carlos Fuentes sei teilweise unlesbar, meinte ich. Sie kennt ihn nicht. Martin Walser auch nicht. Wir kamen auf die aktuelle gesellschaftliche und politische Situation auf dem Theater zu sprechen. Angeblich nimmt das Theater in Wien darauf Bezug, wie in Berlin. Dann zeigte sich aber, dass sie doch nicht die Tagespolitik meinte, wie sie in dem Buch Colonia

Corrupta behandelt wird. Das fand sie wohl auch etwas unangemessen fürs Theater. Obwohl Jellinek das durchaus mache. Sie hat in Lentas ein Appartement mit Blick aufs Meer. Mit 18 war sie zum ersten Mal auf Kreta. Vor zwanzig Jahren. Also ist sie 38. Wir hatten auf 35 getippt. Unsere Berufe haben wir aber nicht „preisgegeben". Das scheint irgendwie tabu zu sein. Sie findet aber Kreta heute noch gut. Ist nicht enttäuscht. Schwärmt z.B. von Loutró im Westen, das man nur mit dem Schiff erreichen kann.

7 Welten am ersten Tag

Wie viele Welten wir schon am ersten Tag erlebten:

1. Mahmout, der pakistanische Taxiunternehmer, der in Gladbach 6-8 Taxen betreibt, schien total zuverlässig. Er war schon 5 Minuten vor dem vereinbarten Termin, also 1.30, da, kennt die kürzeste Strecke zum Flughafen genau. So kommt er auch dort schon vor der Zeit an, erzählt uns deshalb noch, von seinen Kindern, die in Deutschland geboren sind und sich hier natürlich wie zu Hause fühlen, weshalb ihm eine Rückkehr nach Pakistan fraglich erscheint.

2. Danach tauchen wir wieder in die aseptische Welt des Flughafens ein, mit den neuen verrückten Bestimmungen für die Kontrolle: max. 3 x 1oo ml Getränk, alles in einem durchsichtigen 1l – Plastikbeutel mit Reißverschluss vorzuzeigen. Wozu dient diese Vorschrift, wenn der Rucksack

sowieso durchleuchtet wird? Als ich mich auf die Bank hinter der Kontrolle gesetzt hatte, um zuzuschauen, durfte ich das nicht. Das Zuschauen im Stehen wagten sie offensichtlich nicht zu verbieten.

3. Welt: Der Flughafen von Heraklion erwies sich als nicht ganz so chaotisch, wie er von Eddi geschildert worden war, aber dennoch: Es war zum Beispiel unklar, zu welchem Gepäckband wir zu gehen hatten, die Mietwagenübergabe dauerte ewig, so dass wir gespannt sind, ob zum Schluss bei der Rückgabe alles reibungslos verlaufen wird. Während wir darauf warteten, dass uns der Wagen übergeben würde, saßen wir draußen neben zwei älteren Schweizern, die in Ruhe ihr Feuilleton im Zürcher Anzeiger lasen. Alte Kretahasen wohl. Vor uns reihten sich die Stände der Reisegesellschaften aneinander, wie billige Andenkenbuden wirkend. Im Hintergrund versuchten die hässliche Observatoriumskugel mit ihrem Wabenmuster und die ebenso hässlichen Peitschenlaternen uns jede Vorfreude auf diesen Kretaurlaub zu nehmen. Mit dem Autoschlüssel in der Hand mussten wir später selber auf einem großen Parkplatz gegenüber das entsprechende Fahrzeug suchen. Erleichtert stellten wir fest, dass wir mit dem preußischblauen Ford Fiesta auf jeden Fall eine höhere Kategorie erhielten, als wir zu Hause gebucht hatten.

4. Welt: Noch gesteigert wurde die Enttäuschung, als wir durch Heraklion fuhren: Beton, gesichtslose Architektur, nackt.

5. Welt: Die kleinen Ortschaften, die wir auf der Fahrt zur Südküste durchquerten, zwischendurch mal Weinplantagen und Apfelsinenbäume. Eigentlich wirkten die Orte ähnlich gesichtslos wie Heraklion, nur durch Kleinheit gemildert und weniger Verkehr, und die wenigen alten Männer, die an der Straße saßen. Sie waren einmal das Markenzeichen des alten Griechenlands.

6. Welt: Endlich die einsame Berglandschaft vor Lentas, in die uns schließlich lange Serpentinen führten. Lentas selbst schien nun doch am Ende der Welt zu liegen. Auf den letzten dreißig Kilometern war uns kaum ein Auto oder wirklich gar keins begegnet.

7. Welt: Der Dorfstrand von Lentas atmet große Ruhe. Das einzige Geräusch stammt von den Wellen, die auf den grauen Sand klatschen, die wenigen Häuser sind simpel. Gleich am Strand liegt auch unser Frühstücksrestaurant Elpida (griechisch- legasthenisch für Delphine?), mit einer offenen Terrasse zum Strand hin, die Wirtin, die uns mit ihren dicken Händen bediente, die Katze zu unseren Füßen.

Paralia Petraki (der nächste Strand noch Osten)

Am heutigen Sonntag fuhren wir mit dem Auto Richtung Osten, stellten es schon bald am Berg ab, liefen zu einem Kiesstrand runter und erlebten wieder einen herrlichen Badetag, obwohl uns zuerst der Müll und die Abfälle unter den Tamarisken abstießen. Der Himmel war am Anfang fast bedeckt, später blau, und es wehte ein angenehmes Lüftchen. Am Spätnachmittag fuhren wir weiter Richtung Osten, die Landschaft war gänzlich braun und verbrannt und kahl. Vor dem Hafen Loutró, der vor ein paar Jahren mit hässlichen Betonklötzen gebaut wurde, boten sich malerische Felsenblicke. In der Taverna Loutró tranken wir einen Sprudel (1 €), die Wirtin erklärte uns den Weg nach Tripti. Wir entschlossen uns, morgen über die Berge dorthin zu fahren (über Krotos) und zurück über Loutró. Vom Strand Petraki aus hatte ich schon die Taverna Ostria gesehen, mit einem kleinen Pferd und Tischen unter Tamarisken, und sie für gut gefunden. Deshalb nahmen wir auf der Rückfahrt dort unser Abendessen ein. Weil an der Wand ein Che Guevara- Bild prangte, gab es natürlich keine Speisekarte (katalogos), man nahm sich das Wasser selbst aus dem Kühlschrank, und den Wein durfte man selber aus einem Pappkarton abzapfen. Eine Art sozialistisches Restparadies? Es gab Briam und ein gekochtes Schweinefleischgericht und Tzatziki. Wir waren gespannt, wie teuer es sein würde. Ganz billig oder ganz teuer? Lange zögerte der Wirt mit dem Kassieren. Wusste er nicht, welchen Preis er machen sollte? 22 € empfanden wir als einen Schlag. Hatte das Che-Guevara-Bild überhaupt keine tiefere Bedeutung, oder waren wir als Kapitalisten eingeordnet worden, die es auszunehmen galt? Sigrid reagierte total sauer. Briam 6€, Fleischgemüse 7€, Wein 3€ (1/2 l), Tzatziki 3€, Brot 2€ (!), Wasser 1€. Das Brot hatte der Wirt selber gebacken, den Rest sollten wir einpacken. Es hatte keine Tischdecken gegeben und keine richtige Bedienung. Wenn man das mit dem edlen Restaurant El Greko verglich! Dort kostete der Wein (und es war ein guter!) 2,30€, das sehr gute Tzatziki 2,50 € , Schwertfischfilet allerdings 10 €. Den selbstgemachten Raki, der auf Kreta nicht wie in der Türkei Anisschnaps ist, sondern Trester, ähnlich dem italienischen Grappa (sehr lecker, fruchtig und rauchig), hatte man uns dort kostenlos in einer kleinen Flasche dazu serviert, und am ersten Tag tranken wir sie unverschämterweise leer, was als Strafe (oder Belohnung?) zu einer rauschenden Nacht führte.

El Greko

Am Freitag hatten wir zum ersten Mal das Restaurant El Greko besucht, das von drei Brüdern geführt wird, auf Empfehlung der Familie aus Bayern, die wir am Strand kennengelernt hatten, und die dort auch ein Zimmer hatte. Eine Holztreppe steigt vom Strand nach oben, an Blumen, Yuccas und hohem Schilf vorbei, so dass man sich fast wie in der Karibik fühlt. Unter uns hatte sich an einem langen Tisch eine Wandergruppe niedergelassen, die mit großer Sorgfalt ihre Speisen auswählte. Plötzlich ging orangerot der Vollmond auf. Wie schmeckten uns da die gebackenen Zucchini, der Tsatsiki und die Käsetaschen!

Gestern wollte ich auf jeden Fall peperies, gebackene längliche Paprika, Sigrid Schwertfisch, ich dann Moussaka. Auch das Kadaifi, der honigtriefende zigarrenförmige Nachtisch mit Nüssen in Blätterteig, war sehr gut, als Zugabe gab es Halvas und wieder Raki. Das war zuviel. Gestern auch schon, aber wohl wieder ein Aphrodisiakum.

Frühstück bei der Alten

Heute Morgen nahmen wir wieder unser Frühstück bei der Alten ein, der Mutter unserer Hotelwirtin. Eigentlich gab es Frühstück erst ab 9. Wir waren eine Viertelstunde vorher da. An den ersten Tagen war die Alte sehr freundlich, heute nicht so. Wegen unseres zu frühen Erscheinens? Weil wir noch kein Trinkgeld gegeben hatten? Oder weil sie registriert hat, dass Sigrid die servierten Tomaten- und Käsescheiben immer einpackt? Mit einem hinzugekauften kleinen Brot, einem Apfel für jeden und zwei dicken Pflaumen bilden sie das Rückgrat für unser Mittagessen am Strand. Ist sie also sauer, weil wir bisher bei ihr noch kein Mittagessen eingenommen haben? War nicht heute auch der Orangensaft weniger frisch? Die Alte, deren Mann schon seit vielen Jahren tot ist, stammte, wie die meisten Leute hier, aus Miamou, dem kleinen Ort, der neun Kilometer oberhalb von Lentas liegt. Schaut man die Alte an, fällt der Blick zuerst auf ihre riesigen Hände, die sie aussehen lässt, als trüge sie Boxhandschuhe. Mit ihrer waagerechten Mundspalte hängt sie, wenn nichts mehr zu tun ist, schräg nach links auf ihrem Holzstuhl und schläft.

Wirte

Überhaupt Wirte: Der Kellner im El Greko, der gleichzeitig einer der drei Besitzerbrüder ist, mit seinem freundlichen Lächeln, dezent und aufmerksam, ein völlig anderes Kaliber als die Alte. Am zweiten Tag schon begrüßte er uns mit Handschlag.

Dann der Wirt in dem Restaurant an der Platia. „Echete Baklawa?" fragte ich, bevor wir das Restaurant betraten. Ich wollte es unbedingt als Nachtisch. Gäbe es hier kein Baklawa, hätte ich wohl ein anderes Restaurant gewählt. Seine Antwort bestand lediglich in einem kurzen „Ne". Sodass ich im ersten Moment nicht wusste, hatte er nun bejaht oder verneint? Oder war er einfach zu stark beschäftigt? Die Stühle auf den Balkonen vor und neben dem Essraum waren nämlich nahezu alle besetzt. Oder fand er es unverschämt, dass ich einfach nach Baklawa gefragt hatte? Oder war er einfach so kurz angebunden, weil wir für ihn noch fremd waren? Und dann kamen, als wir Platz genommen hatten, einfach zwei Baklawa auf zwei Metalltellerchen an unserem Tisch an, obwohl wir lediglich danach gefragt, aber noch nicht bestellt hatten. Und was für Baklawa! Noch warm, lecker, mit Nüssen und Honig gefüllt. Und dazu jeder ein Glas Wasser. Wie in den 80er Jahren!

Jedes Mal, wenn der Wirt mit seinem schönen männlichen Kopf an uns vorbeikam, hinterließ er eine Wolke von Schweiß. Seine hochgewachsene dunkelhaarige Ehefrau trat unauffällig auf die Terrasse, wohl nur um von mir zu hören: „Did you make it yourself?", während ich auf die Baklawa-Tellerchen wies. Sie antwortete mit einem ebenso kurzen, und offensichtlich stolzen, Bejahen. „Very good!" Die Flasche Bier, die ich für Sigrid bestellte, wurde natürlich an meinen Platz gestellt, dazu zwei Gläser. Ich hatte einen Raki bestellt. Der kam mit einem Teller mit Wassermelonenstücken, die man mit einem flachen Holzstäbchen aufpickte. Dass es nur ein Glas für das Bier zu sein brauchte, und das an Sigrids Platz, konnte der Wirt nicht fassen. Ich hatte nach dem Bestellen des Baklawas nach der Karte gefragt, worauf er mich aufforderte, doch in die Küche zu kommen. Als ich ihm erklärte, dass ich nur mal in die Karte reinschauen wollte, vielleicht für morgen, tat er so, als wolle er die Karte bringen. Sie kam nie. Ich glaube mittlerweile, dass viele Griechen es als Misstrauen und unanständig empfinden, wenn man sich vorab vergewissern will. Das unbestrittene Recht darauf, selber zu entscheiden, ob man betrügt oder ehrlich sein will, lässt man sich nicht nehmen. Dabei hatten wir heute Mittag mit Sicherheit mindestens 6 € zu viel bezahlt.

GEW-Traum

Der GEW-Traum der letzten Nacht: In der Lever-
kusener GEW- Altengruppe, wo ich noch Frau
Mohr mit Handschlag begrüßt hatte, wurde mir
auf einmal die Frage gestellt, wie ich das fände,
dass die Gruppe den USA zum 50jährigen Bestehen 50 Rosen schenkte. Wessen Idee das war,
wurde nicht erwähnt. Als ich -etwas zögerlich im-
merhin- die Idee guthieß, warum nicht, und so
wichtig ist das ja nicht, fielen sie gemeinsam über
mich her. Auch als ich meinte, ich sei ja nicht besonders amerikafreundlich eingestellt, aber trotzdem, warum nicht, hatten sie kein Verständnis für
meine Meinung. Paradoxerweise hatten sich aber
auf der Namensliste, die dann rumging, etliche für
die Rosen ausgesprochen, vielleicht eine knappe
Mehrheit dagegen. Wozu also mich fragen? Und
dann „zur Schnecke machen"?

Frühstück

Als wir heute vor halb neun auf der offenen,
überdachten Terrasse am Meer standen, mit ihren hellblau mit Ölfarbe gestrichenen Tischen und
Stühlen, die Tische mit den blauweiß karierten
Decken gedeckt, darüber die durchsichtige Plas-
tiktischdecke, die von einem weißen Gummi an
den Tisch geklemmt wurde und oben drauf die
weiße Papierdecke mit einer blauen Zeichnung,
die die Insel Kreta darstellte, die Ecken von den
obligaten Blechklammern gehalten, wurden wir

von der Alten mit einer wütenden Schimpfkano-
nade empfangen, aus der nur der Ausdruck „nine
o'clock" zu verstehen war. Auch mein mehrmali-
ger Besänftigungsversuch mit dem Wort siga (=
langsam, ruhig) und der Erklärung, dass wir nur
hier sitzen wollten, bis um 9.oo das Frühstück
serviert würde, fruchtete nichts, nicht einmal mein
probates Mittel des Handauflegens. Es war aber
dann auch nicht möglich, uns erst um 9.00 zu
bedienen. Als die bulgarische Angestellte mit den
goldenen Augen den ausgepressten Saft auf den
Tisch stellte und ich noch einmal siga, siga von
mir gab, gab mir ihr Augenaufschlag mit ironi-
schen Blicken auf die Alte zu verstehen, dass das
Ganze nur mit deren Halsstarrigkeit oder so zu
erklären sei. Sie habe mit dem früheren Termin
keine Probleme. Ein englisches Paar, das kurz
darauf auftauchte und Rührei mit Schinken bestellte, wurde von der Alten freundlich bedient.
Sie waren halt keine Pensionsgäste, sondern
sozusagen zahlende Gäste, gehörten nicht wie
wir zur Familie, die sich gefälligst an die Regeln
des Hauses zu halten hatten.

Tripti

Den Ort Krotos fand man nur, wenn man die griechische Inschrift über dem Brunnen an der Straße
studierte: Krotou (der Ort im Genetiv). In dem
Winzlingsort saßen schwarzgekleideten Frauen
auf der Türschwelle. Am Ortsausgang wies uns
ein Mann in einer kretischen Hose, wie man sie
von irgendwelchen Abbildungen oder Filmen

kennt, den Weg nach Vassiliki. Eine Art Reithose, oben breit, an den Beinen eng anliegend, aber ziehharmonikaartig gefaltet. Brauner Schotter in braunen Bergen, hier allerdings häufig unterbrochen von abgeernteten Kornfeldern oder Vertiefungen mit Olivenbäumen und rosa blühendem Oleander. Mit Wässern beschäftigt, eine Frau in weißem, halb ums Gesicht geschlungenen Kopftuch, schwarzer Bluse, einer, wenn wir uns nicht täuschten, roter Schärpe um den Bauch und einer grauen langen Hose mit helleren Streifen an der Seite. Ziegen und Schafe überall. An einer Anhöhe ausgedehnte Stallungen, wieder Ziegen allenthalben, sogar zwei auf einem alten PKW.

Vor einer alten Kapelle tauchte plötzlich eine Art Fabrik auf, dem Geruch nach zu urteilen wohl eine Käserei. Und dann erschien rechts monumental die Tripti- Schlucht, Ziegen an halsbrecherischen Vorsprüngen, als wären sie als Figuren an eine Kathedralfassade gestellt. Weiter unten öffnete sich der Blick auf eine weite Landschaft, in die sich die Schlucht öffnete, an einer weiteren Kapelle vorbei zu einer engen Durchfahrt durch die Felsen, wo uns kein Fahrzeug hätte entgegenkommen dürfen. Es kam auch keins. Nur endlose Mengen von Ziegen allenthalben, vor einem einfach in der Landschaft abgestellten Bus mit weißgestrichenen blinden Scheiben, in einer Grotte, neben dem Weg. Kurz vorher lagen sogar ein paar Schafe mitten auf der Straße. Erst als sie merkten, dass sie fotografiert werden sollten, schlugen sie sich seitlich in die Büsche. In dieser urigen Landschaft wurden wir nun für alle enttäuschenden Anblicke von Heraklion und seiner Umgebung entschädigt.

Der Strand von Tripiti öffnete sich breit hinter der Taverna, einigen Bäumen und einer Reihe von Wohnmobilen. Aber war er nicht ohne Schatten? Doch, ganz am linken Ende konnte man intime Abschnitte hinter Felsen ahnen. Beim Näherkommen zeigten sich sogar Sandstücke, teilweise mit „überbackenem" Sand, durch Wind verharscht. Fast keine Fußspuren waren zu sehen. Am Fuß eines Steiluferfelsens mit interessanten Schichtungen in Gelb ließen wir uns nieder.

Am Kiesstrand zwischen Felsen

Dort werd' ich selbst
zu einem Stein,
ein Steinchen zwischen
tausend Steinen,
kleine, große, rote,
schwarze, weiße.

Nur eine Ziege schaut verwundert.

Fremdkörper, der ich bin,
in dieser Welt
des bloßen Seins,
mit ihrem scheinbar
ewig gleichen
Rhythmus,

den die Brandung singt.

Doch unvermerkt,
mit langem Atem,
geht alles über
in Veränderung,
verschieden lang
die Phasen sind.

Ich trink' den Atem dieser Zeit
und der Unendlichkeit,
der macht mich satt,
bedürfnislos.

Und den ganzen Tag, bzw. 5 Stunden verbrachten wir dort alleine, bis einmal im Wasser und später nach erfolgreichem Fang am Ufer der Bulgare in seinem schwarzen Taucheranzug auftauchte. Als er mir im Wasser begegnete, fragte er merkwürdigerweise: „Are you o.k.?", als wenn ich so aussähe, dass er sich irgendwie Sorgen um mich machen müsste. Vielleicht war es aber nur sprachliche Ungeschicklichkeit. Als er nach mehreren Stunden auftauchte, hingen die aufgereihten Fische wie ein Gürtel um seine Taille.

Bei unserer Ankunft in der Taverne hatte er für uns bei dem kompakten stiernackigen Wirt gedolmetscht. An einem Baum hing nämlich ein Doppelhaken, auf dem die beiden Hinterläufe einer Ziege aufgespießt waren. Eine schwarzgekleidete Frau, nicht gerade hässlich, schnitt mit einem Messer das Fell herunter, säuberlich, leicht, schnell. Als hätte die Natur eine Ziege so konstruiert, dass das Fell wie ein Kleidungsstück oder eine Plastikhülle abgezogen werden kann und aus dem verbleibenden weißlichen Rest wie aus einem Sack oder einer tiefen Tasche zuerst der Magen und was dazugehört, in einen wirklichen weißen Plastiksack geworfen und einige feinere Teile, vielleicht Herz und Leber, vorsichtiger und liebevoller aufbewahrt werden konnten. Als ich fragte, ob ich ein Foto machen könne, gab es zuerst misstrauische Zweifel. Hatte ich hier einen illegalen Vorgang vor mir? Da ich aber einfach meinen Apparat draufhielt, waren plötzlich alle Probleme gelöst.

Ziege am Abend

Von ihrer Herde losgelöst,
will am Rand der Klippen
auch zu Stein sie werden,
sucht als Plastik an der Kathedrale
den gewohnten Platz,
wo sie im Felsen
Ewigkeit gewinnt.

Ein Mensch am Strand!
Verwunderung:
Der ist doch artverwandt.
Und doch strahlt er
ganz andres aus:
ein Seltsamsein,
das niemals ruht.

Frühstück

Die Rosse des Poseidon klatschen wütend an den kleingewordenen Strand, der in der Nacht wohl vollständig von Wasser bedeckt war, während sich die dünne orangeweiße Katze Wärme suchend abwechselnd an das Bein des Tischs und mein Bein drückt. Der selbstbewusste Bäcker taucht auf, mit einem Plastikbeutel voller Brot, bekommt von der Alten, die heute noch mieser scheint als sonst, einen 5 €- Schein in die Hand gedrückt, den er missachtungsvoll entgegennimmt. Während Sigrid Käse, Wurst und Tomaten in den Rucksack packt, drückt sich die Katze auf dem linken Stuhl immer näher an mein Knie, bis sie schließlich übersteigt und sich auf meinem Schoß niederlässt. Am Tisch der Alten sitzt nun auch die Tochter, die eine ähnlich breite Gesichtsform hat, mit geradem Mund und nach unten strebenden Mundwinkeln, während die Augenbrauen hochgewölbt sind wie bei Marias Claudia. Neben ihr mit kurzem lockigen Haar und martialischem Schnurrbart ihr Mann in blauweiß gestreiftem Hemd mit schwarzen Hosenträgern. Um Bauch und Tatze des weinenden Löwen herum, diesem Felsenklotz, der den Ort nach Westen von der Welt abschließt und nach dem er angeblich seinen Namen hat, spritzende Gischt, die sich den Stützen des letzten Hauses und der Terrasse des gelbgestrichenen Cafes bedrohlich nähert. Trägt es deshalb den Namen „Blue Cafe" ?

Wirte

Die Gallenbittermiene der Alten mit struppigen kleinen Härchen auf Kinn und Oberlippe finden ein Pendant in der galligen, wütenden Art, in der der massige Wirt von gestern in Tripiti losbrüllte, als der Bulgare, der wohl neben seinem Fischen dort eine Art Angestellter ist, das Wasser kurz abgedreht hatte, mit dem der Alte die abgezogene Ziege von Blutspuren säuberte. Die schwarzgekleidete Frau grinste dazu, während der Dicke bei diesem nichtigen Anlass außer sich geriet. Weil es sich um einen – in seinen Augen unbotmäßigen – Ausländer handelte? Auffallend der Kontrast zwischen diesem Wutausbruch und der fast zierlichen Sorgfalt, mit der er nach der Ziege auch die weiß aus der schwarzen Hose herausragenden Unterschenkel und die Füße in den schwarzen Badelatschen der nicht unhübschen Frau abspritzte. Vielleicht war er auch nur brutal unterbrochen worden in seiner Vorfreude auf dieses Abspritzen. Ein Kontrast auch sein Verhalten dem Bulgaren gegenüber zu der Schnelligkeit und Sorgfalt, mit der er am Nachmittag unser Ziegenfleisch und den griechischen Salat zubereitete, und die Korrektheit, mit der er vor unseren Augen die 17 € auf seinem riesigen Taschenrechner berechnete.

Nun sitzt die Alte mir gegenüber. Aber vielleicht hat sie gemerkt, dass ich ihr Gesicht mit den gelbgrauen Haaren, die wikingerhaft seitlich abstehen, genauer beschreiben will, ihr Gesicht, das sich breit lagert wie der weinende Löwenfelsen hinter mir, die dicken Finger gefaltet, mit griesgrämigem Blick aus waagerechten Schlitzaugen.

Sigrids Unfall und Ortstrand Lentas

Durch Sigrids Unfall oder Missgeschick von gestern wurden wir heute dazu verdammt, den Tag am Ortstrand zu verbringen. Doch stellte sich die Verdammnis als Glücksfall der Beruhigung und Entschleunigung heraus. Während außer uns nur noch ein glatzköpfiger alter Mann und ein lesender mittelalterlicher mit seiner 6jährigen Tochter, die emsig spielt und mit sich selber redet, längere Zeit am Strand verbringen, tauchen nur hin und wieder mal ein paar Personen auf, die den vom Unwetter erfrischten Strand langsam und beschaulich in Augenschein nehmen oder sich auf der Terrasse mit den weißen Säulen im Elpida einen Yoghurtbecher mit Honig von der Alten oder der Angestellten mit den lieben Augen auf den Tisch stellen lassen. Der Himmel zeigt nur nach Süden einen niedrigen Streifen Gutelaunewölkchen, sonst ist er transparent und blau, was wohl dem frischen, aber angenehmen Wind zu verdanken ist, der hier, anders als gestern in Kalamaki, noch breite Wellen mit Kraft auf den Strand wirft, so dass man in dem rutschenden, saugenden, manchmal wütenden Kiesstreifen da, wo die Welle sich bricht, Mühe hat, nach dem Schwimmen Land zu gewinnen. Dass man an Land gewonnen hat, wird dabei endgültig klar.

Das orange Kätzchen schaut wie das schwarz-
weiße aus dem Schatten der Terrasse philoso-
phisch aufs Meer, fasziniert von dem silber-
goldenen zitternden Streifen, der sich oft zwischen dem Bierschaum der Brandung und dem
dunklen Streifen am Horizont bildet. Das gelborange Kätzchen ruht nun schläfrig blinzelnd aus
von seiner grausam- spielerischen Jagd auf eine
Heuschrecke, die es geduldig im Sand beobachtete, in Vorfreude allerdings mit dem Schwanz
wedelnd, wenn die Schrecke sich regte, auf-
sprang, das Insekt, in niedriger Höhe fliegend, vor
sich hertrieb, beim Aufsteigen danach haschte
und es schließlich nach mehrfacher Wiederholung des Spiels in der Gasse hinter dem Restaurant verlor.

Wirte

Die rechte Hand in der blauweißen, kleingemus-
terten Schürze, die linke mit ausgestreckten Fingern auf dem Tisch liegend, sitzt die Alte nun in
der Sonne, den Kopf nach links unten geneigt, wo
sie in ruhigen Träumen der Vergangenheit versunken ist. Während der linke Fuß fest in der
schwarzen Sandale mit den zwei breiten Quer-
streifen ruht, hängt der rechte Fuß, als ob das
Bein zu kurz wäre, über der Sandale.

Der Unfall

Welch ein Kontrast zu gestern Abend, als Sigrid
plötzlich im Badezimmer anfing zu schimpfen,

was ich mir zuerst mit der üblichen Verärgerung über mangelnde Perfektion in alltäglichen technischen Gegenständen oder Einrichtungen wie Fön, Dusche, Wasserhahn, der Hängung des Spiegels, der Lokalisierung des Hockers oder dem Kampf mit der eigenen Frisur erklärte. Dann zeigte sich aber, dass sie aus Versehen ein Anti-Sweat-Spray in ihr linkes Auge gesprüht hatte, es vergeblich mit Wasser ausspülen wollte und im Gegenteil das Spray mit dem Wasser verklumpte. Das Auge schwoll an, schmerzte und Panik kam auf. Was tun? Schließlich doch der Entschluss: Wir müssen zum Arzt. Aber wo und wie? Sachen gepackt, 150 € eingesteckt, die Telefonnummer von Attika-Reisen, zur Rezeption gegangen zum Telefonieren. Keiner da. Zum Restaurant Elpida. Die Alte ungerührt, wollte oder konnte das Wort Telefon nicht verstehen. Die Angestellte mit den lieben Augen aber Gottseidank bereit, Maria von der Rezeption, die Besitzerin, anzurufen. Die erklärte mir auf Englisch, dass wir 30 km zum Krankenhaus nach Moires müssten. In der Dunkelheit die Serpentinenstraße bereitete keine allzu großen Schwierigkeiten, nur die Unsicherheit, wie alles ausgehen würde. In Mires das Krankenhaus relativ leicht gefunden, innen durch Patienten, die den Weg wiesen wie auch später in Heraklion, wo uns der Weg zum Augenarzt schon gewiesen wurde aufgrund der Tatsache, dass Sigrid sich das Auge hielt. Die brutale Krankenschwester, die nicht verstehen wollte, dass das Auswaschen des Auges zwar sehr angenehm, das feste anschließende Wischen aber das genaue Gegenteil bedeutete. Und dann der Schock: Wir müssten aber ins Krankenhaus in Heraklion, da nur dort sich ein oftalmologo befinde. Dann in der Dunkelheit doch vielleicht besser Taxi? Aber nein, wenn Sie mit dem eigenen Wagen hier sind. Es kostete nichts, wohl weil staatlicher Gesundheitsdienst. Sollte da hier ein Taxi auf Staatskosten gespart werden? Also nach Heraklion! Tanken? Später! Nebel im Gebirge. Äußerste Konzentration. Erste Müdigkeit. Mittlerweile war es ja ca. 23.30 Uhr. Gottseidank nicht viel Verkehr. Die Bedienung der Fernleuchte beherrschte ich mittlerweile. Dann bei der Einfahrt nach Heraklion ein Schild „Hospital", das nach links zeigte. Der Weg entsprach nicht der groben Zeichnung, die uns die Krankenschwester in Mires angefertigt hatte. Das falsche Krankenhaus? Egal! Hauptsache Krankenhaus! Kein Mensch in der Rezeption. Durchgefragt. Das Schild Οφθαλμολογία entziffert, auf der Station kein Ansprechpartner. Patientin: Schwester kommt gleich. Kam dann. Arzt in blauem Kittel dann auch. Ergebnis: Hier jetzt kein Augenarzt, im anderen Krankenhaus, ca. 2 km entfernt, die sich später als ca. 15 km erwiesen. Zögert, ein Taxi zu bestellen. Wieder weil die Staatskosten geschont werden sollten? Unten stände ja vielleicht eins. Weg raus schlecht zu finden. An vielen Stellen Έξοδος. Taxi dann doch da. In Wien gearbeitet. „Alles Gute, Madame!" 9€. Zurück gab ich ihm 10 €. Überschwänglicher Dank.

Dann endlich ein Fachmann. Fall erklärt. Aus Lentas? Welches Hotel? Lentas Bungalows. Ich bin der Neffe. Auge gewaschen. Gespült. sofort deutliche Besserung. Auskünfte aber wieder schmal. Schmerzmittel, dann mit flachem Holzstäbchen etwas entfernt, was er abschüttelte. Ein Klümpchen? Schauen Sie selber. Ein farbiger Filmfleck zu sehen. „Very bad! " Und trotzdem: "Zwei Tage geschlossen halten. Am Donnerstag dann alles O.K." Wir sind gespannt und besorgt. Die Rückfahrt natürlich schrecklich. Diese gespannte Aufmerksamkeit! Und zunehmende Müdigkeit. Vor Mires abbiegen. Erstmal geschafft. Aber keine Tankstelle mehr offen. Das letzte Stück jetzt wegen der Müdigkeit auch anstrengender. Wie ist der weitere Verlauf der Straße? Allerdings kein Verkehr. Schafe liegen auf der Straße. Endlich zu Hause. Dann zu guter Letzt noch Sigrids Sturz auf der Treppe. Aber immer noch Glück gehabt. Hoffentlich wird morgen alles in Ordnung sein!

Petraki

Ist es die Vielfalt der unterschiedlichen Inseln und der immer anders sich präsentierenden Buchten und Strände, die es einem leicht machen, nicht mehr nach dem Besten und Schönsten zu suchen, sondern einen in die Lage versetzen, alles schön und zumindest interessant zu finden? Oder ist es das Schreiben – oder das Alter? Jeder zunächst scheinbare Nachteil lässt nach kurzer Zeit seine Vorzüge zum Vorschein kommen. Die Tatsache, dass in unserem Hotel selber kein Frühstück serviert wird, sondern nach einem Weg von

3-4 Minuten in dem kleinen Restaurant Elpida – was Hoffnung und nicht Delphin heißt, wie ich gestern erfuhr- bescherte uns den schönsten Frühstücksplatz, den man sich überhaupt denken kann. Wie als Anerkennung dieser unserer inneren Einstellung trug die Alte heute ein edles Schwarz, das ihr gut stand, und setzte sogar ein freundliches Gesicht auf. Und da Sigrid zwar Gottseidank heute ihr ungetrübtes Augenlicht wiederfand, aber sich lieber noch etwas schonen wollte, verschoben wir die Fahrt nach Matala auf morgen und lagen noch einmal unter der Tamariske am Petraki-Strand, wo wir jetzt auf der Terrasse an einem Tisch mit Marmorplatte im Tamariskenschatten sitzen und frisch ausgepressten Orangensaft schlürfen. Der Wellengang und die Bewegung des Kiesstreifens im Wasser sind heute so stark, dass ich Schwierigkeiten hatte, ins Wasser zu gelangen und vor allem, unverletzt wieder herauszukommen. Deshalb wollen wir gleich noch mal am Ortstrand schwimmen.

Heidelberger

Es gab viel Anteilnahme an Sigrids Unfall: Sogar die Alte, aber vor allem Maria, die Chefin, und ihr Mann mit den Hosenträgern, das Regensburger Ehepaar, das sich als Besitzer eines Geschäfts für Baufahrzeuge entpuppte, und vor allem Matthias und Silvia, der rotgesichtige Heidelberger mit seiner wesentlich jünger aussehenden italienischen Frau mit den eigenartigen kantig sinnlichen Lippen und den suchenden Augen, die

113

ihren Mann ermahnen musste, wenn er schon wieder auf die Raki- Avancen des schwitzenden und saufenden Manouvrakis- Wirts einging. Die ihn auch ermahnte, als ich von Cross- Boarder-Leasing in Bergisch Gladbach erzählte und unserer Bürgerinitiative. „Mach doch auch mal so was!"

Erstaunlich und höchst angenehm ist bei beiden das Interesse an anderen Menschen, zumindest was uns anging. Was fast immer entgegengesetzt ist, war hier mal andersherum: Sie gingen auf uns zu. Und zwar sehr herzlich und mit vielen Entschuldigungen, dass sie auf einem der weißen Plastikstühle auf unserer Terrasse ihre Zeitungen hatten liegengelassen. Dann intensive Fragen nach Homöopathie, meinem Lehrerberuf und Chile und Mexiko. Die meisten Leute beißen nicht mal auf Köder an, die man ihnen auswirft, „Leute in kretischen Trachten, die Schlucht bei Tripiti, die geschlachtete Ziege", obwohl doch alle, würde ich sagen, die den Weg nach Lentas finden, typische Individualtouristen sind, die die Einzelheiten von Landschaft und Leuten interessieren dürften. Oder wollen sie lieber alles selber entdecken?

Er redet schnell und manchmal recht witzig, über seinen Beruf als selbstständiger Medizingeräte-Händler, spezialisiert auf Diabetes. Dabei muss er lange erklären, warum er sein Medizinstudium abgebrochen hat und diesen Beruf, den er schon als Student kennengelernt hatte, ergriff: Weil er sich schämt, vielleicht vor sich selber? Eigentlich macht er nicht den Eindruck, als hätte er das nötig. Aber dieser immer wieder auftauchende Tadel von Seiten der hübschen, gestern in ein orange T-Shirt gekleideten drahtig schlanken Frau, die über diesem T-Shirt ein langes blaues Jeanskleid mit Trägern trug. Gestern waren allerdings beide in Eile, da sie noch zu arbeiten hatten, er mit seinem Laptop, sie wohl auf dem Computer des Hotels. Sie ist Dolmetscherin, macht aber im Augenblick Übersetzungen, für das Arbeitsministerium. Das italienische?

Frühstück

Noch einmal der Versuch, sich schon vor 9 auf die Terrasse im Elpida zu setzen, zumal die Nachbarn aus Regensburg schon da saßen und gefrühstückt hatten, weil sie heute abreisen. Aber wieder finstere Mienen, diesmal auch von der Bulgarin. Und mein Σιγά, Σιγά (langsam, langsam), das beruhigend wirken sollte, konnte genauso wenig wie der Hinweis, dass meine Frau erst in 10-15 Minuten komme, verhindern, dass ich zwar mürrisch, aber dafür sofort bedient wurde. Läuft das ab wie ein bedingter Reflex? Sobald der Gast da sitzt, muss ihm sofort aufgetragen werden. Was dazu führt, dass das Teewasser, wenn Sigrid gleich kommt, schon kalt ist.

Matala

Oben auf der Terrasse der Taverne Alexis Sorbas am Strand von Matala. Uns gegenüber die goldgelben Felsen mit den Höhlen, in denen in der Römerzeit Grabkammern angelegt wurden und in den 60er/70er Jahren unseres Jahrhunderts Hippies ihr Paradiesleben führten, bis sie von den Behörden vertrieben wurden, um dem zunehmenden Massentourismus Platz zu machen. Als sie 76 nach dem Ende ihres Sozialpädagogik-Studiums wieder nach Matala zurückkehrte, war sie entsetzt, die große schlanke Frau mit der stumpfen gelockten Blondmähne, die uns in dem Restaurant Eleni unseren Ziegenfleischeintopf servierte. Und vorher hatte man sie mit Gewalt in den Bus geschoben, da sie sich nicht von ihrem griechischen Freund trennen konnte. Wer sie schob, erfuhren wir nicht. Nun, als Rentnerin, kommt sie nur jedes Jahr zwei Monate in die Bucht, ohne die sie offensichtlich nicht leben kann. Hier bedient sie vor allem die deutschsprachigen Gäste, langsam, sanft, mit lieben Augen, aber einem verlebten Gesicht. Ob es noch mehr Zurückgekehrte oder sogar Hängengebliebene gibt? „Welcome to Matala's George. Today is life. Tomorrow never comes" steht in großen blauen Schriftzügen an der Kaimauer, vor der 6-7 Boote neben der Treppe liegen, die zum Wasser führt. Allerdings Boote ohne Fischernetze. Der Ort scheint ausnahmslos vom Tourismus zu leben. Der Strand ist trotzdem herrlich: Sand mit Tamariskenbäumen auf der sich anschließenden Düne, so dass man nicht auf die Liegestühle mit Schirm angewiesen ist, die auch hier die Landschaft verunzieren.

Die Bucht ist tief eingeschnitten und lädt vom Meer aus zum sanften Landen ein, so auch Zeus, als er als weißer Stier mit der geraubten Europa aus Phönizien hier ankam, um sie dann, einige Kilometer weiter, unter der Platane in Gortys zu vernaschen, was Minos, den Stammvater der Minoer, zur Folge hatte. Auf jeden Fall kann man sagen, dass wir uns hier auf dem Fleck befinden, wo Europa dem Namen nach und als kultureller Ausgangspunkt seinen Anfang nahm. Weiß das die EU, die unter anderem überdimensionierte und unnötige Straßen in Extremadura finanziert, statt aus diesem Ort ein Schmuckkästchen zu machen, indem auf das Eindämmen unpassender Neubauten geachtet würde? Es geht aber alles noch einigermaßen.

Drakoulas

Auf einer weißen Marmorfläche, schräg zum Meer hin stehend, schreibe ich, kostbar, aber nicht ganz bequem, da ich schief auf den Felsen gelehnt stehe. Die Brandung rauscht in den Felsenwinkeln am Ende der ungefähr 1 km breiten Bucht, erstaunlich groß dafür, dass sie auf keiner unserer drei Karten verzeichnet und nicht einmal im Michael Müller erwähnt ist. Nach dem etwas mühseligen Abstieg von der Höhe hinter dem Hafen von Lentas, Loutro genannt, wo heute etliche Fischerboote in dem neu angelegten, noch kahl und nackt aussehenden Becken lagen, am Auto des Eremiten vorbei, das dort oben maschendrahtumzäunt in der Landschaft steht, mit

117

der Bitte, ihm nicht die Ausfahrt zu versperren, gelangten wir in eine imposante Schlucht, wo wieder die Ziegen von den Wänden grüßten, an rosa Oleanderbüschen und zum Schluss an einem riesigen Johannisbrotbaum vorbei zu der unerwartet weit sich öffnenden Bucht, zunächst ohne eine Menschenseele. Unsere Bucht! Am linken Ende in der Ferne erblickte man große Felsbrocken und Höhlen, die Schatten geben müssten. Doch da sah ich vier Gestalten zu den Höhlen heruntersteigen, schon nahe an der ersten. Etwas schneller also, damit ich vor ihnen die große Grotte erreichte, die ausreichend Schatten und ein verlockendes Sandfeld davor versprach. Hoffentlich mussten wir keine Ziegen von dort vertreiben! Nein, wir erreichten die Grotte ungestört und hatten den Platz, den wir suchten. Die 4 Gestalten, die wir gesehen hatten, fanden Raum in der nächsten, oberhalb gelegenen Höhle, vor deren Öffnung eine große Hängematte hing.

Eine großartige Szenerie umgab uns. Romanische und gotische Kathedralen, die später von lebenden Kathedralplastiken besiedelt werden sollten, hier 10 Ziegen, dort 20 Ziegen, die vorher in langen, gelassenen Prozessionen den Strand entlanggezogen kamen, einige winzige meckernde Zicklein dabei, schwarz, braun, einige gelblichweiße, alle mit zottigem Fell. Sie liefen wie wir über die glatten Streifen am Ufer, die wie feiner Beton aussahen, Terrazzofußböden aus Venedig, über das Feld von grauen Marmorkuhlen, von Henry Moore entworfen, das in der Mitte daraus

118

hervorragte. In unserer näheren Umgebung auch riesige Elefantenfüße, Dinosaurierrücken, Oster- inselköpfe und archaische Gesichter mit Hasen- scharten. Und dann links von uns zwischen weiß- geäderten grauen Marmorblöcken die Krönung: im noch seichten Wasser die königliche Mar- morbadewanne, aus glattgeschliffenem schwar- zen Marmor, auf deren breitem Rand die Hände feudale Ruhestellung fanden, während man vom Meer aus hin und wieder eine unerwartete Du- sche über den Kopf gesprüht bekam.

einsamer Strand (Drakoulas)

kein Hunger mehr
und kein Bedürfnis
einfach sein
ist das denn einzig nicht
real
und große Städte und Verkehr
ein böser Traum nur
der Wiederholung
nicht verdient

Kiesel

vor mir ohne Zahl

Wer gebietet mir denn,
sie zu unterscheiden,
nach Größe, Farbe, Form?

Wenn ich sachte grabe mit der Hand,

endlos neue Haufen mir erscheinen.

Wollen sie, dass ich dazugehöre?

Ohne mich wärn sie
als Einzelwesen nie gesehen.

Wenn ich fort bin, schlafen,
rollen, rutschen sie
zu weiteren Äonen hin.

In der Nähe der drei jungen Männer mit schwarzen Badehosen und kurzen schwarzen Vollbärten mit dem jungen Mädchen im gelben Bikini – irgendwie griechisch wirkend – schwamm ich in eine Höhle, mit Vogelgezwitscher, in der man innen sanft auf Sandboden landen konnte, und wo links und rechts in Hüfthöhe sich lange Galerien aus grauem Marmor hinzogen, mit kleinen Mulden versehen, wie die Decken in der Alhambra. Hoch oben fiel gedämpftes Licht in den hinteren Teil der Höhle, der Öffnungsspalt von zwei Brückchen überspannt. Hier ist keine Kunst vonnöten. Und Gottseidank ringsum nichts von Menschenhand Verfertigtes zu sehen. Zumindest im Großen gesehen. In unserer Grotte ganz hinten stand nämlich ein schwarzer Plastikkasten mit einer vollen Colaflasche, darüber ein rosa Styropordeckel, und am Eingang der Grotte hing ein geschwärzter Kessel und ein kleiner flacher Grill. Auf dem Rückweg wurde mir klar, dass hier doch immer mal Leute hausen. Fischer oder Touristen? An einer Stelle sah man in einer Höhle hoch am

Hang sogar einen blauen Stuhl hinter der Steinmauer hervorragen, die die Höhle nach vorne abschloss. Trotzdem: Mehr als 10 Leute insgesamt tummelten sich an diesem Paradiesstrand nicht. So dass wir mehrmals schwammen, einmal so weit hinaus, dass ich in der Ferne winzig klein die letzten Häuser von Lentas am westlichen Ende des Ortes liegen sah.

In der Sonne liegen auf der flachen Steinplatte, halb im Wasser, Trocknen im groben Sand, Trocknen im feinen Sand, Trocknen auf weißem Fels, nach dem frischen Wasser im Meer Sitzen im warmen Wasser der schwarzen Marmorbadewanne. Beobachten, wie die Ziegen halsbrecherisch an senkrechten Wänden balancieren. Schlafen im verharschten Sand, dessen Krusten unter dem Körpergewicht zerbrachen und etwas kühlere Schichten freigaben. Die Geräusche von Wind, Brandung und zirpenden Spatzen, ab und an der Klang einer kleinen meckernden Ziege, die ihre Mutter herbeirief.

Das Zicklein

Sein grundsätzlich
zufriedener Kindermund
schreit unablässig
meckernd
nach der großen Mutter,

die davonzieht,
ungerührt.

Die Heidelberger

Zuerst hatte uns ja die freundliche Wirtin in der Taverne von Loutró auf Schlucht und Strand aufmerksam gemacht. Matthias, der Heilapparatevertreiber und seine italienische Frau mit den lebhaften Augen und der plastischen Oberlippe, kannten den Strand auch, hatten aber, als sie da waren, alle Höhlen bewohnt gefunden, so dass sie keinen Schatten fanden. Das erklärten sie uns gestern beim Abschied in der Veranda von Elpida und hinterher in ihrem Zimmer, unserem Nachbarzimmer B5, das zusätzlich zur Terrasse über einen kleinen Balkon verfügt. Während er packte, der anscheinend auch zu Hause die Hausfrau darstellt, die die Spülmaschine einräumt, was sie nicht darf, weil er ganz bestimmte Vorstellungen von der darin befindlichen Ordnung hat, und auch derjenige war, der uns nach Heidelberg einlud, „falls uns eine unaufgeräumte Wohnung nicht stört" –die typische Hausfrauenhemmung oder – koketterie, redete sie ununterbrochen, diesmal über ihren Beruf. Ich hatte bis dahin gar nicht gewusst, dass sie hauptsächlich als Simultandolmetscherin bei der EU in Brüssel und in Straßburg arbeitet. Und je länger sie redete, umso intelligenter wirkte sie. Erstaunlich, was diese Frau so alles macht. Sie dolmetscht aus vier Sprachen, Französisch, Deutsch, Holländisch und Portugiesisch, ins Italienische. Zwanzig Minuten dauern zwar meist die Phasen, doch kann es, wenn es sich ergibt, auch mal zu 2 Stunden kommen. Am schwierigsten sind die Politiker der französischen Rechten, weil die aufgrund ihrer geringen Sitzzahl soviel wie möglich in die ihnen zugestandene Redezeit reinpacken wollen. Deshalb sind ihre Reden meist schriftlich verfasst, was sie dann in einem Affenzahn vortragen. Als ich bewundernd und fast mitleidig fragte, bis zu welchem Alter sie denn diesen stressigen Job ausführen wolle, meinte sie beschwichtigend, es gebe ja auch viele Wiederholungen typischer Redewendungen und gerade eben hätte es eine Initiative von Dolmetschern gegeben, die über ihr 65. Lebensjahr hinaus in diesem Beruf tätig sein wollten. Sie hielt das also alles für machbar, obwohl zu der eigentlichen Dolmetschertätigkeit noch eine ständige Zeitungslektüre in verschiedenen Sprachen hinzukommt, ohne die man manche Ausführungen der Politiker nicht verstehen und also auch nicht dolmetsche könne. Als ich Sigrid von dieser erstaunlichen Leistung erzählte, meinte sie: „Aber hast du nicht gesehen, wie sie nervös mit den Augen zwinkert?" Es stimmte. So dass man vielleicht doch den Verdacht haben muss, dass sie sich übernehmen, die beiden. Daher vielleicht auch sein gerötetes Gesicht? Und trotzdem immer Zeit für Gespräche – und diese ständige Offenheit. Wie wohl die Kinder sind? Sie haben zwei: 7jährig und 11jährig, befinden sich im Moment bei seiner Mutter in München, kommen aber mit ihnen im August wieder nach Lentas. Sein Vater ist Rechtsanwalt, ihr Vater war Schulleiter an einem altsprachlichen

Gymnasium, an einem oberitalienischen See. Wie sich Silvia und Matthias kennengelernt haben, wissen wir nicht.

Einmal fragte mich Silvia nach dem spanischen Wort jadeaba, das ihr in einem Isabel Allende-Roman begegnet war, El retrato de sepia, den sie gerade las. Spanisch also auch noch! Ich wusste die Bedeutung des Wortes nicht, obwohl ich es schon einmal gelesen hatte, schämte mich dafür. Zu ihrer Vertiefung in Portugiesisch gehörte auch eine deutsch-brasilianische Freundin, die in endlosen Versuchen, aber erfolgreich, brasilianische Lyrik ins Deutsche übersetzt, und ein Lissabon-Besuch. Deshalb interessiert sie sich auch für meinen Lissabon-Roman, den ich ihr schicken soll. Wir tauschten die Adressen aus.

Agios Giannis

Diesmal irrte Michael Müller. Von Krotos waren wir wieder auf staubiger Piste durch das Reich der Ziegen gefahren. Die Hirtin trug heute schwarze Kleidung aus feinem Sonntagsstoff und hielt ein Walkie-Talkie in der Hand. In Vassiliki begann wieder Asphalt, dann auf Serpentinen immer höher hinauf, über den Kamm bei Capetania, von wo man tief unten wieder Küste sah. Bis Agios Giannis 8 km. Laut Michael Müller eine breite, gut befahrbare Schotterpiste. Von wegen! Im 1. Gang auf engen Serpentinen nach unten. Und da schon einige Stellen, an denen ich grübelte: Kommen wir da nachher wieder hinauf? Der

Ort und auch der Strand aus groben Kieseln nicht sehr einladend. „2 Tavernen" stimmte. Wir wählten die etwas malerischer ausschauende mit einer Tamariske direkt oberhalb der Mauer, die vom Strand aufstieg.

Kein Tourist, keine Ausländer, nur Griechen, auch die Kinder am Strand, von denen auch Michael Müller geschrieben hatte. Aber auch kein Englisch mehr. Frischen Orangensaft hatte ich bisher auf Englisch bestellt oder mit dem Wort portokalada. Hier brachte es uns nur Fanta- Orangeade aus der Dose ein. Dazu wurden allerdings gesalzene Tomatenstücke gereicht, dann 6 oder 8 Schnecken, als reine Beilage! Dann noch Zuckermelonenstückchen, die man wie die Schnecken mit hölzernen Zahnstochern aufpickte. Waren wir doch tatsächlich im echten Griechenland gelandet!? Da es schon nach 12 war, entschlossen wir uns, gleich unser Mittagessen hier einzunehmen. Ein Blick in die Küche: Fertig war nichts. Der ein wenig an einen Chou-Chou erinnernde Wirt zeigte uns im Kühlschrank so eine Art Koteletts und 2 Fische- dachten wir. Also Fisch. Und Choriatiki dazu und zwei Glas Wein. Ἔχετε κρασί Κρήτης? (Haben Sie Wein aus Kreta?)"   „Νή. (Ja.)" Kretischen Wein, damit wir keinen Retsina und keinen aus dem Pappkarton gezapften bekämen.

Das Mädchen, das bediente, trug einen schweren langen Pferdeschwanz und in seinen verhangenen Augen und den runden Lippen schlief ein dunkles schweres Blut. Es stellte den Fisch oder nun vielmehr die Fische auf den Tisch. Nun sah es aus wie eine Portion Sardinen. Auch in Ordnung. Mehrere kleine, 1 oder zwei größere. Und ein ganz platter, schwärzlicher. Doch keine Sardinen? Sigrid meinte, es sei eine Scholle. Sie schmeckte gut, war aber für eine Scholle sehr klein. Die anderen hatten diesen schlammigen Geschmack, von dem man nie weiß: das Alter oder unsauber oder Jodgeruch? Wie es in manchen engen Winkeln einer Höhle im Meerwasser riecht. Hoffentlich verderben wir uns nicht den Magen! Der griechische Salat schwamm im Öl, zum Schluss fischte man die Tomaten, Fetastücke, Gurken und die Ringe der länglichen grünen Paprika aus einer Ölsuppe mit Essigschlieren. Den Wein schenkte der Wirt in zwei große Wassergläser ein, viel zu viel, aus einer Liter-Wasserflasche, in die er abgefüllt worden war, ein sehr süßer, für uns als Tischwein viel zu starker Südwein. Hatte er das unter kretischem Wein verstanden? Natürlich standen auch die zwei unvermeidlichen Rakigläser auf dem Tisch. Meinen schüttete Sigrid vorsorglich in die Blumen. Was wird das alles kosten? Billiger als sonst? Oder teurer? Wie in der Taverne am abgelegenen Petraki-Strand stellte sich wieder die zweite Version heraus. Ich hatte auf 16 € getippt. Es waren 18. Ist ja alles kein Beinbruch. Aber schon wieder dieses Erlebnis an einsamer Stelle, das ganz im Gegensatz zu den Erwartungen stand. Auf der anderen Seite: Wieso hatten wir eigentlich solche Erwartungen? Allzu viel selber anbauen konnte man in dieser Landschaft wohl kaum. Und warum sollten die schwierigen Transporte hierhin Waren und Speisen billiger machen?

Da ein leichter warmer Nordwind merkwürdige Federwolken herantrieb, wurde ich unruhig. Nun doch bitte kein Regen! Was würde der aus dem Weg machen? Deshalb schwammen wir nicht allzu lange, zumal ja alles nicht so fürchterlich malerisch und schon gar nicht anheimelnd aussah. Die unordentlich teuflischen Felsen links zeigten einen Widder, in dessen Maul sich von rechts eine riesige Eidechse biss. Auf dem kleinen Inselchen vor dem Strand mit groben Kieseln streckten sich ein Frosch, eine Kaulquappe und der Kopf eines Warans in die Luft, alles in Anthrazit-Schwarz.

Und in der Höhle, die uns Schatten bot, war es erstaunlich warm. Und wenn man lag und an die Decke schaute, hingen dort bedrohliche Kiesel von Faustgröße an aufwärts in der Lehmdecke eingebacken.

Die Höhlendecke

Mit ihrer wilden Musterung
wölbt sie sich gnädig über mir,
noch Schonfrist während,
ein Planet von Tonnen,
über der Zerbrechlichkeit
insektengleichen Wesens,
winzige Portion aus

Wasser und Gewebe,

das doch Schmerz empfinden kann
- und Liebe.

Es kamen einem Gedanken an Erdbeben. Also
früher zurück. 8 km. Einer geschafft, im ersten
Gang natürlich. Zwei geschafft. Dann begannen
die gefährlichen engen Kurven, wo man die Wahl
hatte: auf losem Schotter, auf dem man ins Rutschen käme, oder über herausragende Felsbrocken, hinter denen sich häufig ein Loch verbarg?
Oder mal so, mal so, aber dafür hin und her len-
kend?

Motor abgewürgt. Langsam zurück. Zweiter Versuch. Wieder abgewürgt. Ein Auto kommt von
unten. Unter Schwierigkeiten Platz zum Vorbeifahren gemacht. Dritter Versuch: abgewürgt. Pla-
nungsgespräch mit Schweiß auf der Stirn. Nicht
mehr sehr gelassen. Ein Pickup kommt. Wieder
gefährlich zur Seite am Abhang? Ein Grieche
steigt aus. „Can I drive the car?" Aufatmend,
lachend:"Yes, please. Don't you want to have a
look at the way first?" "I know the way. I'm from
here." Setzt sich rein, fährt los, mit mehr Schma-
ckes, als ich es gewagt hätte. Kurve geschafft.
Nicht mal aufgesetzt. Glück gehabt. Aber unbedingt an Michael Müller schreiben.

Agiofarango

Als wir heute durch das Obst- und Gemüseland in der Messara-Ebene fuhren, bekamen wir keine Wassermelone geschenkt wie vor ein paar Tagen, als wir neben Erntearbeitern stehenblieben, um ein wenig zuzuschauen, sondern einen Kaffee angeboten (ένα καφέ?), als wir in einem Ort bei der Durchfahrt drei Männer nach dem Weg fragten, die auf einem Mäuerchen saßen und beim Kaffee plauderten. Wir mussten leider ablehnen, weil wir aus homöopathischen Gründen keinen Kaffee trinken, aber noch mehr, weil wir durch die Agiofarangoschlucht wandern wollten und wir vor 11 nicht da sein würden, weil unsere Alte uns ja vor 9 kein Frühstück machen will. Und wir fürchteten bei der Wanderung, die ca. eine Stunde dauern sollte, zu große Hitze. Es ging dann allerdings, da in der von rosa Oleander bestandenen Schlucht mit senkrechten gelborange Wänden doch ein leichtes Lüftchen ging. Außerdem gab es diesmal keine steilen Stellen, ein regelrecht bequemer Weg an vielen Höhlen vorbei, in denen früher Eremiten lebten, einem wunderschönen Kirchlein aus dem 14. oder 15. Jahrhundert, an den Felsen gebaut, mitten in der für Autos unzugänglichen Natur. Und dann die dramatische Öffnung zum Meer: ein von riesigen vielgestaltigen Felswänden umstandenes Amphitheater, das sich zum klaren türkisfarbenen Wasser einer Bucht öffnete, in der über feinkörnigen Kies ein angenehmer Zugang in die ruhigen Wellen möglich war. Da wir an der Stelle, wo man sein Auto abstellte, 4 Pkws und später noch einmal 2 Jeeps gesehen hatten, mussten wir mit 12 Leuten am

Strand rechnen. So war es auch, die meisten angenehmerweise ohne Textilien am Leib. Auch das griechische Paar, das ich beim Schwimmen auf dem Strand liegen sah. Er mit wilder Mähne und einem braungebrannten mächtigen Körper, der über und über mit schwarzen Haaren bedeckt war, sie mit spitzem Busen und dunkelbraunen Brustwarzen, biegsam in der zierlichen Hüfte. Wie kam dieser Berserker an diese Schönheit? So schienen sie mir. Später zogen sie sich zu einem Zelt zurück, das sie neben der Felswand aufgeschlagen hatten, kamen aber gleich darauf zu der Höhle, in deren Eingang wir lagen, wie es schien, mit etwas verärgerter oder zumindest verschlossener Miene. Er hatte sich eine ochsenblutfarbene weite Hose angezogen, sie eine Bikinihose, ich durfte als einziger dirty old man nackt neben ihnen sitzen. Nun fiel auf einmal bei ihm eine schwächere, fast quäkende Stimme auf, sein Gesicht mit der riesigen Stirnglatze und der Tonsur oben auf dem Kopf ließen seine vorher mir erschienene Kraft zusammenschrumpfen, auch als er bei zunehmendem Weinkonsum aus den Chromargantassen immer wieder ein meckerndes Lachen ertönen ließ. Ihr Gesicht zeigte jetzt eine hagere, leicht gebogene Nase und einen frechen Mund. Die Gesichtshaut schien irgendwie zerstört, durch mehrere Narben entstellt. Einen Moment dachte ich an eine Hure. Plötzlich änderte sich die Situation, als sie uns Wein anboten, guten, ein wenig süßen kretischen Wein, nachdem sie eine Tasse im Meer gespült hatten. „Giamas!" „Giamas!" Wir versuchten uns ein wenig zu revanchieren, mit Pistazien. Darauf folgten von ihrer Seite Käsestückchen, Rosinen, eine Art Knäckebrot. Und dann ein Stunden andauerndes Gespräch, in holprigem Englisch, das zunehmend von ihr übernommen wurde, die sich sogar über seine kläglichen Englischkenntnisse lustig machte. Nun änderten sich abermals die Gesichter von beiden. Er wurde zunehmend zum lieben Kerl, der sich dann immer mehr zum Spinner entwickelte, sie erhielt auch einen immer lieberen Gesichtsausdruck, der zusätzlich durch eine gewisse Intelligenz glänzte. Auf einmal wusste ich es: die schlanke Gestalt mit der überquellenden Lockenpracht: eine Minoerin. Sie lebte in Heraklion als Keramikerin. Sie bemalt ihre Keramik, nicht in antikisierendem Stil, über den sie lachte.

Einmal wurde er regelrecht ernst, hatte fast Tränen in den Augen. Als er von seinen Freunden sprach. Seine Freunde seien für ihn das Wichtigste in seinem Leben. „Für mich sind Freunde auch wichtig. Aber das Wichtigste ist für mich meine Frau." „That's very nice. If it is true," entgegnete sie mir. Mit einer gewissen Skepsis. Oder sprach so etwas wie eine geheime Sehnsucht aus ihrer Stimme?

Er arbeitet – nichts. Besucht seine Freunde. Will demnächst nach Mexiko zu den Zapatisten. Hat wohl so etwas im Sinn wie die internationalen Brigaden, die 1936 nach Spanien kamen, um, wie er meinte, die Revolution zu unterstützen. Dass da schon eine funktionierende republikanische

Regierung gewesen war, die von Franco be-
kämpft wurde, schien er nicht zu wissen. Er will
so etwas wie Revolution, aber anarchisch. Von
Regierungen hält er nichts. Da wird er sich sicher
in Mexiko mit seiner chaotischen Haltung eine
blutige Nase holen. Vielleicht die Enttäuschung
seines Lebens. Als Sigrid sich an die gegenüber-
liegende Felswand zurückzog, um im Sand im
Schatten liegen zu können, fragten sie, warum.
„Wenn ihr bald 70 seid, wollt ihr auch ab und zu
mal liegen." Sie staunten und kamen doch ein
wenig ins Grübeln, als sie von Kindern und Enkelkindern hörten. Als wir uns später von ihr verabschiedeten, schlief er neben ihr, wurde nicht
wach, obwohl wir uns unterhielten.

Drakoulas

An zwei weiteren Tagen umfing uns die reine
Natur am Drakoulas-Strand, dessen Name, wie
ich heute von der zweiten Dolmetscherin hörte,
die wir hier kennenlernten, weder etwas mit Dra-
kula noch mit Drachen zu tun hat, sondern so
etwas wie schlechter Weg oder Schlucht bedeu-
tet. Und anstrengend ist der Serpentinenpfad
durch Geröll auf jeden Fall, vor allem bei der Hitze auf dem Rückweg. Wir hatten ja von dem
Eremiten gehört, der oberhalb lebt und den Leuten aus Baden-Baden ein Buch über Askese von
Katzantzakis empfohlen hatte. Katzantzakis und
Askese? Merkwürdig!

Welche Leute bewohnten wohl die Höhlen am Strand? Beim ersten Mal nur die vier jungen Griechen. Aber die sahen nicht so aus, als wenn sie die Hängematten-Höhle länger als einen Tag benutzen würden. Gestern ging vor uns ein schlanker Mann mit Schäferhund den Steilhang hinunter. Später sahen wir ihn in der ersten großen Höhle hinter der Mauer stehen und sich die Zähne putzen. Zähne putzen! Und von unserer Grotte aus sahen wir ihn mit seinem Schäferhund und einem Spaten in der Hand im Sand graben. Nach was grub man dort im Sand? Ein Verrückter auf der Suche nach Schätzen? Ein Paar in die Luft gestreckte Beine dann. Was ist jetzt los? Wirklich ein Verrückter? Dann verschiedene Körperhaltungen, die nun deutlich zeigten: Yoga. Aber stundenlang. Heute lag er wieder an der gleichen Stelle, in einem sandgefüllten Spalt zwischen den weißen Marmorplastiken von Henry Moore. Er trug wie gestern eine schwarze Badehose, obwohl sonst alle acht oder zehn Leute an diesem Strand sich in voller Nacktheit zeigten. Und eine Sonnenbrille mit Sicherheitsbändchen an den Bügeln. Wie im Büro. Eremiten und Alternative mit allem Komfort. Aussteiger de luxe?

Die Höhle hinter unserer schwarzen Marmorbadewanne verriet sich ja von weitem durch ihre querhängende Hängematte. Als ich einmal hinaufstieg, stand ich zuerst auf einer Art Veranda, auf der der Holzvorrat gestapelt wurde. Dann folgte der Wohn-Ess-Küchenraum, rechts eine Feuerstelle mit Grill, von der aus die Wand dahinter geschwärzt war, daneben ein flacher Tisch aus großen Steinplatten und zwei Sitze, die mit Flickenteppichen belegt waren. Von der Decke, dort mit einer ausgeklügelten Konstruktion aus Draht und Kordel befestigt, hing eine umgedrehte halbe Wasserplastikflasche, die mit Sand gefüllt war. Auf dem Sand ein Teelicht. Der Kronleuchter des Palasts. In einer Nische an der Decke eine Küchenrolle und zwei Rollen Klopapier. Eine niedrige Stufe führte in das Schlafzimmer. Dort hing ein roter Beutel von der Decke, dessen Inhalt ich aus Pietätsgründen nicht untersuchen wollte. Auf der Rückseite stand in großen Buchstaben: Reichenauer Apotheke. Und ganz hinten, wo die Höhle zum finsteren Spalt wurde: ein Thermobeutel mit der Aufschrift „freezer". Das konnten doch nur Deutsche sein.

einsamer Strand

aller Luxus dieser Welt
Kathedralen hier von Felsgebilden
der Ziegenzug zeigt Prozessionen
im Amphitheater
Sand und Kiesel bilden Betten
jeder Art
jedweder Wärm' und Kälte
Höhlen bieten Schattenblick
wie auf Terrassen
und eine Marmorbadewanne
aus Marmor schwarz und glänzend
wie von Henry Moore
geschaffen

Die Berliner

Der Berliner Journalist, der mit seiner Freundin und seiner Tochter Anna heute in das Zimmer neben uns zog, meinte, in dieser Höhle wohnten Deutsche, die zuerst in einem Wohnmobil gelebt hatten und ein großes Grundstück von 4000 m² oder so in der Nähe von Miamou gekauft haben, auf dem sich einmal ein Lepradorf befand.

Seine Frau oder Freundin ist wieder eine Dolmetscherin, eine Wienerin diesmal, die Byzantinistik studiert hat und wegen der geringen beruflichen Aussichten und der bestehenden Seilschaften an der FU Berlin jetzt als Dolmetscherin arbeitet, beim Gericht. Sie spricht natürlich fließend Griechisch. Sie präsentierte uns stolz und unterkühlt ein Bändchen über Kreta, das sie verfasst hat. Ein Reisebegleiter im Insel-Verlag, hübsch aufgemacht. Ich las das Kapitel über Gortys. Schon interessant, obwohl mir manches abgeschrieben vorkommt. Michael Müller kann wohl nicht von ihr abgeschrieben haben, da ihr Buch erst kürzlich auf den Markt kam. Verkauft hat sie bisher nicht einmal tausend Exemplare. Sie vergleicht in ihrem Buch vor allem die heutige Wirklichkeit mit literarischen Zeugnissen der Vergangenheit, Kästner z.B. und Henry Miller.

Bei den beiden hatte ich mich bei meiner ersten Einschätzung wieder einmal gründlich vertan. Sie hatte ich als total zurückhaltend bis neurotisch eingeschätzt, ihn als mundfaul und skeptisch, nachdem er mir angedeutet hatte, dass er in Lentas einmal gearbeitet hatte, hatte ich auf Techniker oder Ingenieur getippt, Sigrid wegen seiner herabhängenden schiefen Mundwinkel auf Arbeitslosigkeit, jedenfalls irgendeine große Enttäuschung. Arbeitslos war er dann keineswegs. Er hat eine Reisekolumne in der Frankfurter Rundschau und macht auch sonst Reisejournalismus. „Ich bin Journalist. Aber einer von den lieben," hatte er sich vorgestellt. Reisejournalismus irgendwie der gehobenen Art, ließ er durchblicken. So wie sie betonte, dass Lentas ein Ort für qualitativen Tourismus sei. Und tatsächlich bekamen wir in den nächsten Tagen immer mehr den Eindruck, dass hier ein „gehobenes" Publikum verkehrte, dem es nicht nur um die einsamen Strände und die noch nicht zersiedelte Landschaft ging, sondern auch darum, unter seinesgleichen zu sein, wie in einem kretischen Ableger vom Prenzlauer Berg. Dazu gehörte auch die Alternativmedizinerin, den chinesischen Namen der Richtung habe ich vergessen, die in Christinas Laden auf einem Aushang von der Frau angeboten wurde, die Sigrid ihre Augentropfen überlassen hatte. Und vielleicht gehörte auch die Bar Pink Panther dazu, in die wir um 21 Uhr kommen sollten, wenn wir wollten.

Dort wollten wir uns ja eigentlich nicht mit dem großen, freundlichen, glattrasierten Barbesitzer unterhalten, der im Goethe in Athen und in Münster gutes Deutsch gelernt hatte und uns ein Album mit seinen karikaturenartigen Zeichnungen und Comics zeigte, sondern eben mit den Berlinern. Er aber war die ganze Zeit verschwunden, unterhielt sich mit einem anderen deutschen Journalisten. Sie erzählte uns zwar allerlei Interessantes über griechische Literatur, unter anderem über einen neuen Krimiautor, der die griechische Gesellschaft aus einem kritischen Blickwinkel schildert, aber insgesamt war uns die Bar, in der die 5jährige lebendige Anna unentwegt tanzte, wenn sie nicht an ihrem Riesencocktail, der mit bunten Plastiktierchen drapiert war, nippte, einfach zu laut, auch für unseren Geschmack in Lentas unnötig. Warum brauchten diese Leute so was, statt mit uns gemütlich auf unserer gemeinsamen Terrasse zu sitzen und leckeren Lentas-Weißwein zu trinken? Flucht vor einem wirklichen Gespräch?

Vielleicht waren sie aber auch einfach zu beschäftigt, mussten auch in ihrem Urlaub beruflich tätig sein, wie das heute bei vielen jungen Leuten der Fall ist. Zu Hause sollte ich nämlich im Internet feststellen, dass die Artikel des Journalisten in der Zeit oder in der FAZ ausgesprochen sprachlich und inhaltlich hochwertig waren, keine billige Reisejournaille, sondern richtig literarisch, wie er zum Beispiel in einem Artikel die besondere Beziehung der beiden Inhaberinnen der Minisupermärkte in Lentas schilderte, Christina und Marina, dieser Beziehung zwischen menschlicher Toleranz und Konkurrenz. Und als ich den griechischen Krimiautor, von dem sie gesprochen hatte, ausfindig machte, herausfand, dass er mehrfach in unserer Stadtbücherei vorhanden ist, Petros Markaris, stand unter allen Titeln ihr Name, Dr. Michaela Prinzinger, als Übersetzerin. Ich hatte sie also, vor allem beim ersten Kennenlernen, total unterschätzt.

Zum Schluss, nachdem wir die Floskeln über die Freundlichkeit der Griechen schon hinter uns hatten, erschien plötzlich die fratzenhafte Kehrseite dieser Freundlichkeit: das Gefühl, immer den Nabel der Welt zu bilden, was Dr. Prinzinger auch schon in ihrem Buch –vorsichtig- andeutet, und dann, als wir erzählten, dass wir auf dem Peloponnes einmal Deutsche getroffen hatten, deren neu aufgebaute Schreinerwerkstatt aus Neid in Brand gesteckt worden war, vielleicht die Lösung für des Journalisten schiefen, von leidvoller Prüfung zeugenden Mundwinkel: Man hatte ihm sein Haus, das er wohl in der Nähe von Lentas gebaut hatte, in Brand gesteckt. Mehr erfuhren wir nicht, da wir unseren ehemals dunkelblauen, jetzt durch Staub und Schmier eher grauen Ford Fiesta schon gepackt hatten.

Makrigialos

Dann der Nach-Lentas-Schock: Klar, wir wussten, dass Makrigialos ganz anders sein würde, nicht am Ende der Welt, sondern schon eher städtisch, aber mit dieser Zersiedelung der Landschaft, diesen Bauruinen an vielen Stellen und dem allgegenwärtigen Bauschutt, auch schon in der Nähe unserer Unterkunft, hatten wir nicht gerechnet. Ich überlegte schon, ob wir bei Attika versuchen sollten, eine Unterkunft in einem anderen Ort zu bekommen, als wir von Yannis freundlich begrüßt wurden.

Yannis

Etwa 40 Jahre alt, aber wesentlich jünger aussehend, groß und schlank, führt er im Sommer diese kleine Pension mit 8 Zimmern, während er im Winter in Athen in der Rechtsanwaltspraxis seines Vaters aushilft, obwohl er selber Betriebswirtschaft studiert hat. Er spricht ausgezeichnetes Deutsch, das er in der Grundschule in der deutschen Schule in Athen und später im dortigen Goethe-Institut und in Murnau in Bayern aufgefrischt und vervollkommnet hat. „Sie haben schon zu Mittag gegessen? Das ist schade. Ich habe nämlich Essen für Sie, das meine Mutter gekocht hat. Dann lade ich Sie für heute Abend ein. Möchten Sie?" Gerne wollten wir.

Das Essen am Abend war dann nur für uns, nicht für ihn, ein besonders leichtes und wohlschmeckendes Moussaka, das statt mit Auberginen mit Artischocken zubereitet war, und eine Art Rindfleisch-Gulasch, der sehr lecker mit Zimt, Zwiebeln und Tomaten gewürzt war. Wegen seiner roten Farbe (auf Grund der Tomaten) hatte er einen Namen, der mit kokkino (=rot) anfing. Nun erfuhren wir auch, dass seine Eltern nicht etwa

139

hier, sondern in Athen lebten, mitten im Zentrum, wenige Schritte von der Akropolis entfernt. „Aber wieso essen wir jetzt ein Essen, das Ihre Mutter gekocht hat?" „Sie kocht immer für mich. Für mich alleine lohnt es sich hier nicht zu kochen." Oder ein Muttersöhnchen, das nicht vom Fleischtopf seiner Mutter wegkommt? „Sie schickt das Essen mit der Fähre." „Mit der Fähre?" „Ja, mit der Fähre nach Sitia." „Und wie lange dauert die Fahrt?" Wir kamen aus dem Staunen nicht heraus. „9 Stunden. Es steht in einer Kühltasche im Kühlschrank der Fähre, und ich hole es dann in Sitia ab." So einfach war das also. Von hier bis Sitia braucht man auf kurviger Bergstrecke gut eine Stunde. 2 Stunden hin und zurück für Mutters Essen. Sohnesliebe geht offensichtlich durch Magen, Fähre und lange Wege.

Von einer anderen Seite lernten wir ihn, der zu uns stets hilfsbereit und freundlich war, einige Tage später kennen. „Heute gibt es Krieg." „Krieg? Wie das?" Und dann erzählte er. Der Nachbar ihres Grundstücks hatte eines Tages einfach die Zufahrtsstraße zu ihrer Pension zur Privatstraße erklärt, sie planiert und umgegraben, so dass die roten Schollen der Erde in die Luft ragten, und einen rostigen Zaun gezogen, der eine Zufahrt zu den wenigen Parkplätzen der Pension sehr erschwerte. Gerade der Anblick dieser Zufahrt und der ungeordnet ausschauenden Umgebung hatte uns ja bei unserer Ankunft so schockiert.

„Und heute kommt eine Planierraupe, um im Beisein der Polizei den Zaun zu beseitigen und die breitere Zufahrt wiederherzustellen. Das gibt dann auch viel Staub."

Das war wohl der Grund, weshalb er uns das alles mitteilte. Damit wir schon vorher oder nach der Aktion das Grundstück verließen.

„Aber so ein Nachbar wird sich doch damit nicht zufrieden geben und vor Gericht ziehen, oder?"

„Ein Gerichtsverfahren hat es ja schon gegeben. Das hat er verloren. Mit der Auflage, den ursprünglichen Zustand wiederherzustellen. Das macht er aber seit längerer Zeit nicht. Deshalb müssen wir das jetzt bewerkstelligen."

Und dann sah ich, wie durch eine Planierraupe Recht wiederhergestellt wurde, der Zaun einfach niedergewalzt, die roten Schollen geplättet und zur Seite geschoben wurden. Die Polizei schien aber doch nicht gekommen zu sein. Wie das wohl weitergeht?

Makrigialos

Man gewöhnt sich ja doch an vieles. Nicht nur die freundliche Begrüßung durch Yannis, der uns auch noch mit einem Sonnenschirm für den Strand und Matten versorgte, sondern auch die Annehmlichkeiten des Appartements sorgten für eine Beschwichtigung unserer anfänglichen Enttäuschtheit, eine pralle Dusche und zwei ausreichend große Betten, ein Balkon mit einem großen Sonnenschirm, von dem aus man einen weiten Blick über die Bucht mit dem Ort hat, über die

Bougainvilleen, den weißen und den gefüllten rosaroten Oleander hinweg. Und unmittelbar am Balkon die gefiederten Blätter eines Baums mit rosa Blüten, die aussehen wie feine gespreizte Haarpinsel. Eine Mimose? Die Blätter schlossen sich jedenfalls am Abend wie die der Mimosa Pudica bei Berührung.

Drachenhöhle

Die Wirtin von Το σπίλιον τογ δράγογ, der Drachenhöhle, schrieb mir gerade den Namen eines griechischen Gemüses ins Heft, Βλήτα, das eine gewisse Ähnlichkeit mit Spinat aufweise, und das mit dem Schaschlik- Spieß und sehr kleinen Zucchini, von Fingerdicke, sowie kleinen Paprika serviert wurde. Sigrid hatte eine Riesenscheibe Schwertfisch für erstaunliche 8,50 €. Der Weißwein war gut und die Vorspeisen ebenfalls, gebratene Pfefferschoten für mich und frittierte Auberginenscheiben für Sigrid, mit je 3,50 € nur wenig teurer als in Lentas. Als ich noch über eine mögliche Nachspeise nachdachte, servierte die Wirtin –That's from me- ein Tellerchen mit Yoghurt und eingelegten Kirschen. Dabei setzte sie wieder ihr selbstbewusst ironisches Lächeln auf, das irgendwie mit ihrem größten Körperteil, dem nach allen Seiten ausladenden Hinterteil, korrespondierte.

Jetzt blicken alle, froh über die mit Sonnenuntergang einsetzende kühlere Luft, auf die Silhouetten der Tripti-Berge, das holländische Paar neben uns, das schweigende Paar hinter uns, die beiden Alten, die von ihrer Enkelin aus der Küche nur eine große Wasserflasche auf den Tisch gesetzt bekamen –das magere Gnadenbrot für die Begründer der Dynastie?-, er mit dicker Brille und meist offenem Mund, auf seinen kräftigen Hirtenstab gestützt, neben seiner grau und schwarz gekleideten Frau, der Wirt mit seiner riesigen Wampe, die er in einem überdimensionalen T-Shirt vor sich her trägt, ebenfalls mit offenem Mund, und sogar der niedliche Pekinesen (?)-Hund mit offenem Mäulchen, allerdings zusätzlich heraushängendem Zünglein. Nun gesellt sich auch die Enkelin der Alten, die in der Küche gearbeitet hatte, mit ihrem Töchterchen, das im Wind herumläuft, und dem Kinderwagen mit dem jüngsten Enkel des Wirts dazu, von dem nun sofort seine vorher gezeigte Bärbeißigkeit abfällt, um einem liebevollen Blick in den Wagen Platz zu machen. Im seidigen Türkis des Himmels über den Tripti-Bergen (Oder sind es sogar die Dikti-Berge, wo Zeus geboren wurde?) hängt nun die hauchdünne Sichel des neuen Monds, von romantisch schmusiger Musik aus dem Lautsprecher über uns begrüßt.

Nach Kato Zakros

„Wunderschön und einsam" heißt es bei Michael Müller. „Wunderschön" stimmt. Aber mit der Einsamkeit ist es vorbei, am Strand von Xerokambos oder Ambelos. Eine mit Wohnhäusern und Pensionen zersiedelte Landschaft im Hintergrund, umso enttäuschender, als uns auf der grandiosen Abfahrt, bei der uns die Küstenlandschaft fast wie aus dem Flugzeug präsentiert wurde, kein Fahrzeug begegnet war. Die zweite Enttäuschung bestand darin, dass an dem feinsandigen hellen Sandstrand, wo wir badeten, kein Schattenbaum zu finden war. Zwar bescherte uns die anschließende Fahrt nach Norden, Richtung Ziros (8 km) und Zakros über eine neue, noch nicht vollständig asphaltierte Straße, wieder großartige einsame Landschaft, doch erreichte uns danach die 3. Enttäuschung: Kato Zakros zeigte weder rote Felsen noch grüne Bananenpflanzungen. Was hatte Michael Müller denn da gesehen?

Dann ging es allerdings wieder aufwärts mit der Stimmung. Nachdem wir in Kato Zakros am Ende des Strands abseits unter Tamarisken gelegen hatten und in angenehm frischem Wasser geschwommen waren, aßen wir in einer der Tavernen direkt am Strand, bei einem kühlen Luftzug, der aus dem Tal der Toten herüberwehte, Sigrid ihren begehrten grünen Salat, ich mein lange ersehntes Gemüseomelette (mit Paprika, Zwiebeln, Zucchini und Tomaten), alles zu sehr moderaten Preisen. Der einzige anwesende Reisebus war schon vorher wieder weggefahren. Wir saßen mitten zwischen griechischen Sonntagsausflüglerfamilien, zwei Jungen, die sich gleich unter uns am Strand mit einem Wasserschlauch vergnügten. Hier waren wir endlich wieder in Griechenland. Und auch danach, als wir uns in den Schatten eines großen Baums an dem kleinen Fischerhafen mit seinen blau-weiß-rot oder rot-weiß-blau gestreiften kleinen Fischkuttern legten. Wie in manchen kleinen Fischerhäfen das Wasser glasklar.

Drei Männer bogen mit einer langen hohlen Stange einen rostigen Anker zurecht und bugsierten ihn anschließend auf den Kutter, der hinter uns auf dem Bootsanhänger stand, den sie anschließend mit vielen Hopas und Elas mit Hilfe eines ramponierten Pickups neben uns über den Kies ins Wasser beförderten, alles aufmerksam beobachtet von dem 5jährigen Söhnchen eines der Männer. Er klatschte vor Freude in die Hände, als das Boot schließlich, nach vielen Mühen, im Wasser lag. Wir wurden von einem angenehmen Wind erfrischt, der stetig aus dem Tal der Toten hinter uns auf die Küste zu blies.

Die Rückfahrt über Ziros, Zitanos und Chandras führte durch eine beeindruckende, einsame Berg- und Hochtallandschaft, zuerst stark verkarstet, mit blühenden gelben Zwergginsterbüschen bestanden, dann an tiefgrünen Weinfeldern vorbei.

Diaskari

Während wir nun an einem Tischchen unter der obligaten schattigen Tamariske bei einem leichten Lüftchen, einem frischen Orangensaft (3 €) und einem Amstel-Bier (2,50 €) auf den langen Diaskaristrand bei Makrigialos schauen, an dessen Ende wir den ganzen Tag alleine, ich im

Adamskostüm, in einer breiten offenen Höhle verbrachten, die von hier aus wie eine orange Wunde im ockerfarbenen Kap erscheint, und wo dahinter gleich der nächste lange Strand aufleuchtet, der in einer spitzen Landzunge endet, sitzen neben uns gelangweilt der Wirt aus Heraklion, nur mit Sonnenbrille und einer Turnhose bekleidet, und die beiden bescheiden aussehenden Angestellten, sie mit blondem Pferdeschwanz, er mit 2 fehlenden oberen Schneidezähnen, und lassen eine eintönige Technomusik im Hintergrund laufen. Wir würden gerne hier zu Abend essen, haben aber nicht genügend Geld bei uns . So werden wir wohl wieder zu Makis, dem Griechen aus Wiesbaden, zum Hafen gehen, der uns gestern in erstaunlich gutem und nicht nur flüssigem, sondern rapidem Deutsch seinen ganzen Lebenslauf schilderte.

Der Wirt aus Wiesbaden

Spitze Nase, schlank, schnell, -der Lilienprinztyp?- hat er seine ersten 6 Lebensjahre bei seinen Eltern verbracht, die in einem Vorort von Wiesbaden ein Restaurant am Rhein betrieben. Dann wurde er, da seine Eltern zu wenig Zeit für ihn hatten, und er wohl auch seine griechischen Wurzeln nicht verlieren sollte, zu seinen Großeltern nach Palekastro, ganz im Nordosten von Kreta, geschickt. Dort besuchte er Grundschule und Hauptschule, wie er sich ausdrückte, und studierte anschließend Touristik in Athen, vervollkommnete seine Englischkenntnisse in USA, wo er in mehreren renommierten Hotels arbeitete, und sein Deutsch in Deutschland, arbeitete in Griechenland bei TUI und Attika und wollte seine Kenntnisse dann in griechischen Hotels als Manager anbringen, musste aber feststellen, dass die griechische Mentalität nicht den Fähigen, sondern den Unfähigen, solange er nur verwandt ist, bevorzugte. Seine grauen Strähnen in seinen 38jährigen Haaren stammen wohl, wie auch er meinte, von diesen Erfahrungen, sowie eine gewisse resignierende bis aggressive Bitterkeit in seiner Stimme. Deshalb zog er es vor, sich selbstständig zu machen, mit dem Restaurant Archipelagos am Hafen von Makrigialos, das er angeblich in kurzer Zeit wieder hochgebracht hat, wie er sich ausdrückte, in einem kleinen massiven alten Gebäude, einem der wenigen alten Gebäude in diesem Ort, das über der Tür ein schmückendes Palmzweigrelief aufweist. Leider innen von einer unerträglichen Hitze, wie uns Makis vorführte, als wir meinten, alte Häuser seien ja wohl besser gegen die augenblickliche Hitze gewappnet als moderne. Doch muss man hinzufügen, dass dieses Gebäude umgebaut wurde und dabei mehrere Tür- oder Fensteröffnungen verloren hat.

Makis fährt jeden Abend nach Palekastro, nach Hause. Er hasst Makrigialos, was wir wegen der ungeordeten Bebauung verstehen können. Und auch, als wir später die Ruhe von Palekastro kennenlernen. Er hasst Makrigialos aber auch, weil er dort als Fremder behandelt wird, die Einheimischen meiden sein Restaurant, obwohl er eine Freundin aus Makrigialos hat. Als wenn die Tatsache, dass er Fremder ist, alles andere an Wichtigkeit überwiegt.

Oder leidet er an Selbstüberschätzung, und ist seine Freundlichkeit auch nur der übliche Werbetrick? Denn seine anfängliche Großzügigkeit scheint sich später in leicht überhöhte Rechnungen zu verwandeln. Unsere Sympathie sank dann rapide, als er uns seine Bewunderung für die griechische Militärdiktatur erklärte. Die haben wenigstens noch etwas geleistet. Vor allem Straßen gebaut. Und ein bisschen Folter kann bei manchen Leuten auch nichts schaden. Sein eigentlicher Traum aber sei die Archäologie. Er würde gerne selber forschen, graben. Aber dazu müsste man Geld haben. Kenntnisse schienen für ihn dabei weniger wichtig zu sein.

Votsalos

Das Restaurant Votsalos, etwas weiter unterhalb an der Promenade, wurde im Michael Müller als sehr griechisch und preiswert empfohlen, was aber nicht (mehr) so ganz stimmte. Immerhin hatte der Weißwein (allerdings 4 € der halbe Liter) genau die richtige Mitte zwischen trocken und fruchtig-süß. Auf der Speisekarte, die dankenswerterweise alles auf Fotos abbildet, fanden wir vieles, was wir noch nicht kannten. So stellten wir uns 3 Speisen zusammen, green beans, die wir schon häufig gegessen haben, dazu spetsofai, ein Wursteintopf mit Tomatensauce, scharf gewürzt, vielleicht mit Paprika, Zwiebeln oder Pfeffer, dazu eine Käsevorspeise, ebenfalls scharf gewürzt. Ein überaus freundlicher Kellner, der sich über jedes griechische Wort, das ich benutzte, königlich freute, eine hübsche Kellnerin mit lockigen Haaren, die leichtfüßig in ihren Badelatschen mit silberglitzerndem Bändchen zwischen der Promenade und der Holztreppe, die ins Innere des Restaurants führte, hin und her huschte. Lang und versöhnlich legen sich die Wellen am flachen Strand unter uns zur Ruhe. Die Antenne auf dem niedrigen Dach des Bankgebäudes zeigt auf das Wunder des Abends: Venus, vereint mit der deutlicher gewordenen Sichel des Monds. Zephir ist an die Stelle der Brise getreten, die den ganzen Tag heftig aus Westen wehte.

So lecker die Dolmadakia, die gefüllten Weinblätter, im Restaurant des Wiesbadener Griechen waren, kürzer als sonst, besser gewürzt und nicht von der Reisfüllung erdrückt, wie man es häufig findet, die Zucchinibällchen von gewohnter Qualität und die grünen gebackenen Pfefferschoten besonders knackig, war heute bei Votsalos doch alles etwas griechischer, uriger. Der Kellner freundlich und witzig. Galgenhumor? Oder touristische Gewieftheit? „Danke schön. Auf Wiedersehn. Ich liebe euch – alle zusammen. Hahaha." Und schob ab mit seiner eingeknickten Hüfte – beginnender Bechterew, Hüftschaden oder purer Eifer beim Bedienen?

Dann laut, temperamentvoll und unverkennbar spanisch muttersprachlich „Cielito lindo", zur Gitarre gesungen, begleitet von Akkordeon und Tamburin, die gleiche Gruppe, gestern Abend allerdings ohne den Sänger und Gitarristen. Und heute etliche Lieder. Einer erklärte mir auf meine Frage, der massige Gitarrist sei aus Bilbao. Als ich ihn selber auf Spanisch fragte, wie denn ein Baske nach Griechenland käme, meinte er - etwas verlegen oder zumindest verdutzt -, Baske sei er nur ein wenig. Er sei Zigeuner. Eine ausweichende Antwort – oder die Wahrheit? „Gitano de la vida? (Ein Zigeuner des Lebens)?" Er grinste. Und zog weiter. – Oder ein geflüchteter ETA-Mann?

Meersburger

Diesmal hatte der Geruch gestimmt. Borniert und faschistoid. So sah der Nachbar vom Balkon unter uns aus, mit dem Heimchentyp als Frau –wie es sich gehört. Sie hatten heute eine ähnliche Tour wie wir unternommen. Seine Kiebigkeit und vielleicht auch mein Geruch, der ihm in die Nase gestiegen war, hatten ihn schon an mehreren Stellen des Gesprächs in Winkel getrieben, die mir unangenehm aufstießen. Als ich das Wort Profitdenken im Zusammenhang mit dem Palmenstrand von Vai in den Mund nahm, meinte er, die wüssten doch hier gar nicht, wie man profitabel arbeitet. Und den Strand von Xerokambos lobten sie über den Klee, wohl weil ich mich gestern eher enttäuscht über die verlorene Idylle und

Einsamkeit ausgelassen hatte. In dem Gespräch über ihre Heimat, Meersburg am Bodensee, spielten bei ihm vor allem wirtschaftliche Überlegungen eine Rolle, Anbindung ans Hinterland und ökologischer Landbau auf der Reichenau als die Wirtschaft der Zukunft. Keine Frage nach unserem Wohnort. Als ich irgendwann dann von mir aus anfing, über Köln und Bergisch Gladbach zu reden und über Korruption und Cross-Boarder-Leasing redete, hatte er seine Plattform gefunden: Globalisierung diktiert das Geschehen. Konkurrenz hebt das Geschäft. „Wollen Sie denn alles kontrollieren?" – Nebeneinkünfte der Politiker müssen nicht veröffentlich werden. Was soll das bringen? Wenn Politiker nicht genügend Einkünfte haben, will keiner mehr Politiker werden. Und dann kommt der Diktator. Wahrscheinlich alles FDP- Argumente. Als ich ihm das Beispiel eines Diktators, Pinochet, brachte, der beileibe nicht an die Macht kam, weil keiner mehr Politiker werden wollte, war das für ihn das falsche Beispielland. Hin- und Hergehopse in der Argumentation, unangemessene Ausdehnung (Wollen Sie alles kontrollieren?) und die Tendenz, sich den Mächtigen zu beugen, weil alles andere ja sowieso keinen Sinn hat, das ist der gutbürgerliche Faschismus. Die Borniertheit

-keinerlei Interesse für die Lebensumstände des anderen- irgendwie die Vorstufe.

Mr. Bean oder nicht Mr. Bean

Man kann sich hier wie im Paradies fühlen, unter einer schattigen Tamariske sitzen und eine fresko chymo portakali schlürfen, während der Wind mal von hier, mal von da weht und den Blick abwechselnd auf den Weg lenkt, der mitten durch die Taverne führt, oder auf die kahlen rot-braun-violett schimmernden Berge im Hintergrund, auf die 10 strohgedeckten Kioske im Vordergrund, unter denen Leute auf Liegen sitzen oder in Hängematten schaukeln, oder auf den langen Strand mit unserer Höhle am Ende, die heute besetzt war, als wir kamen, oder auf den kilometerlangen Strand hinterm Kap mit der großen Höhle, auf dem oben das verlassene alte Fischerhaus steht, mit dem gemauerten Brunnenschacht auf der anderen Seite und der riesigen Agave, die kurz vor der Blüte steht, und dabei an den gestrigen Tag denken, den wir an diesem Strand unter einer riesigen Tamariske verbrachten, praktisch einen ganzen Kilometer für uns alleine, ohne von irgendwelchen Textilien belästigt zu sein, im Ohr nur das Rauschen des Baums, in der Ferne eine leichte Brandung und über uns Fantasie und Fuge der Zikaden.

Nackt im Wind

Nackt im Wind,
der um meine Ohren saust,
werde ich zur Tamariske,
die sich von Salz und Wasser nährt,
mit diesen Füßen,
die dazu noch laufen

oder schwimmen

(können).

Auch heute Morgen konnte man die paar Stunden an dem Strand als Paradies empfinden, der unterhalb von To spilion tou dragou liegt und vielleicht Ammoudi heißt, vielleicht deshalb, weil keine der –teilweise sehr detaillierten – 4 Karten, die wir zur Verfügung haben, völlig genau ist. Dieser Strand ist von feinem goldenen Sand, der ungehinderten Zugang ins niedrige blaue Wasser gewährte, an kleinen, apart angeordneten Felsen vorbei. Beim Schwimmen sah man dann die großartige Szenerie: hohe karge Berge im Hintergrund, hinter unserem Liegeplatz ein Dutzend oder mehr dicht aneinander gedrängte riesige Gestalten, senkrechte Erosionsspalten aus gelbem Sandstein, der auf der anderen Seite einen völlig anderen Anblick bot , unheimliche Gestalten zeigend, zum Meer hin oben ein gefräßig aufgerissenen Muränenmaul, in der Mitte ein dunkles quallenartiges Wesen, das sich über ein helleres nacktes stülpte, um es zu verschlingen, und nah am Strand ein entsetzlich riesiger Totenkopf mit Baskenmütze, dem ein widerlicher Zopf aus dem Nasenloch herunterlief. Zur Versöhnung und Beruhigung daneben terrassenförmig angeordnete Sonnenbänke aus freundlich abgerundetem gelben Sandstein, auf denen man sich die Haut nach dem Schwimmen trocknen lassen und sich wie Zeus nach der Landung in Matala fühlen konnte. Wenn man die feinen Sandkörner von einer plötz-

153

lichen Bö ins Gesicht gefeuert bekam, konnte man das als eine Liebkosung besonderer Art empfinden und die Körner zwischen den Zähnen als Souvenir an einen Ort, den es so nur ein einziges Mal auf der Welt gibt.

Man kann natürlich auch versuchen, Mr. Bean Konkurrenz zu machen, indem man einen Menschen der ständigen Vorsorge darstellt, Vorsorge für den Fall, dass einmal kein Schatten mehr da ist, deshalb ununterbrochen einen neuen Platz für den Sonnenschirm suchen, statt die Zeit des noch vorhandenen Schattens zum Genießen und Ruhen zu nutzen, sich über jeden faulen Ruhenden ärgern, sich wehren gegen den Sand im Gesicht, auch allen mitgebrachten Utensilien ein gesichertes Plätzchen im Schatten suchen, mal das eine, dann das andere Tuch im Wind ausschütteln, sich unter dem Sonnenschirm zusammenkrümmen, seine Position alle Naslang verändern, deshalb ins Schwitzen geraten, sich daraufhin abkühlen müssen, sich eincremen müssen, fassungslos darüber sein müssen, dass die nächste Bö unverschämterweise die Gelegenheit benutzt, ein paniertes Schnitzel aus einem zu machen, das dann hinter dem dreist herausgerissenen Schirm herläuft, einen dazu zwingt, einen entsetzlichen Schrei auszustoßen, weil Schirm und sorgfältig daran gehängte Handtücher ins seichte Wasser flogen, so dass das geplante Abtrocknen nun völlig unmöglich wurde und man in Gefahr war, sich zum Trocknen einfach auf den Felsen zu legen, diese widerlichen unnatürlichen

Felsen. Wer weiß, wer da alles schon drauf gelegen hatte!

Zartes Rindfleisch in Tomatensauce und Weißwein aus Sitia brachten dann endlich die geschlagenen Wunden zu einer gewissen Beruhigung. In dem Lokal mit dem Kellner mit den zwei fehlenden oberen Schneidezähnen, der, wie sein Chef sagte, zum Fischen gegangen war. Als er zurückkehrte und ihn sein Chef rief, drehte er sich blitzartig um, ging leicht in die Hocke, hob den rechten Zeigefinger und machte ein aufmerksames Gesicht, wie der Hund, der vor Herrchen stillsitzt.

Pefki

Hier war der Boss offensichtlich die Stabile mit dem Helmschnitt und den gebleckten Zähnen, während die andere das zerbrechliche Heimchen darstellte. Zwei völlig untypische Italienerinnen, die gestern Abend auf der Plattform unter dem Pfefferbaum, der uns an Chile erinnerte, neben uns Platz nahmen, in der Taverne in Pefki, zu dem man auf 9 halsbrecherischen Kilometern von Makrigialos gelangte, vorbei an wilden Felsformationen, der tief eingeschnittenen Cha- Schlucht, an Pinien und überragt von der unglaublichen himmelragenden Zipfelmütze, auf der miniaturhaft eine weiße Kapelle thronte. Als ich in die Küche trat, um unsere Bestellung auf der Wegwerfspeisekarte abzugeben, antwortete mir auf Deutsch eine hübsche junge Frau mit einem T-Shirt, auf

dem überflüssigerweise groß das Wort „sexy"
aufgedruckt war. Ihre Kollegin hätte gesagt, da
draußen sei ein Mann, der sehr gut Griechisch
spreche. Meine Antwort δέκα λέξις (zehn Wörter)
und das anschließende Aufsagen des Beginns
der Odyssee in Altgriechisch lösten wie immer
Heiterkeit - und Anerkennung - aus. Die Deutsch
Sprechende entpuppte sich als Rumänin, die ein
Jahr in Stuttgart gearbeitet hatte, aber schon als
Kind in Rumänien in der Schule Deutsch gelernt
hatte. Ihr Mann arbeitete in Makrigialos am Bau.
Sie hatte vorher auch in Makrigialos, in einem
Restaurant, das Österreichern gehörte, geschafft,
bei freundlichen Leuten, wie sie sagte, aber nahezu ohne Lohn. Jetzt in Pefki musste sie zwar
viele Stunden auf den Beinen sein, aber der Lohn
stimmte, obwohl man in Griechenland als Ausländer erst einmal im Lohn gedrückt wird.

Am rechten Nebentisch saßen drei griechische
Männer, die Skat spielten. Ich sah im Wesentlichen ihre Füße. Der mit der riesigen Nase und
dem quer darunterhängenden Seeräuber-
Schnurrbart trug merkwürdigerweise offenste-
hende hohe Schuhe, daneben der, den Sigrid als
kommunalen Angestellten bezeichnete, wohlge-
putzte braune Sonntagsschuhe, der Dritte, mit
einem krausen Haarkranz, offene Galoschen.
Vielleicht fahren wir am Sonntag noch einmal
hinauf, wenn hier griechische Folklore gespielt
wird, bei 120 Gästen, von denen man nicht weiß,
wo die alle Platz finden sollen.

Diaskari

Und nun sitzen die 2 Italienerinnen von gestern zu fünf Italienerinnen an einem Tisch hinter der schmalen Fahrstraße, die die Taverne in zwei Teile teilt. Eben schauten sie alle zu uns herüber und unterhielten sich offensichtlich über uns. Als ich ihnen daraufhin zuwinkte, schauten sie schamhaft, sich ertappt fühlend, weg. Hatte nicht auch wieder das Handy der Domina geklingelt, auf dem sie gestern mehrmals angerufen wurde, und in das sie sprach, ohne es vom Tisch aufzuheben und ans Ohr zu halten?

Strände, Klöster

Immer noch wissen wir unsere Pension Panmar zu schätzen, vor allem jetzt nach Sonnenuntergang. Über der weiten Bucht, in der links neben uns der kleine Fischerhafen liegt, leuchten die Berge noch rosa. Von der Stadt oder dem Ort hört man fast gar nichts, außer einem fernen Hundegebell. Sogar der allabendliche Kindermord zu Bethlehem, den die 4 Katzen der Pension sonst immer veranstalten, ist heute nicht zu hören. Ortsstrand, Schwedenstrand, ein weiterer Strand, der Diaskaristrand mit der Höhle, der 2. Diaskaristrand, der mit dem Schattenbaum, reihen sich aneinander und enden rechts in der langgestreckten Landzunge, die auch noch rosa leuchtet. Dahinter geht es weiter Richtung Goudouras, auf halbem Weg das Kloster Kapsa, das wie ein Nest am Felsen klebt, und dessen Kirche ich nicht betreten durfte, wegen meiner kurzen Hose, auf die der wachhabende Mönch mit spitzem Finger zeigte, weil Gott vielleicht schwul ist und deshalb genauso anfällig gegen nackte Männerbeine. Dabei hatte eine Frau von der Frauen- und Müttergesellschaft, die mit ihrem schwarzgekleideten Priester vor der Kirche auf Bänken rastete und sich die Vorträge ihres mitgebrachten Popen anhörte, spontan „Macht nix!" gerufen, als ich vor Betreten der Kirche zweifelnd auf meine kurze Hose gedeutet hatte. „Macht doch was," musste ich ihr erklären, als ich, abgewiesen, aus der Kirche heraustrat, was sie mit Erstaunen und Kopfschütteln registrierte. Der mitgebrachte Pope erzählte seinen Zuhörern wahrscheinlich von dem heiligen Gerontogiannis, der das Kloster im 19. Jahrhundert wieder aufbaute, von Spenden, die er aufgrund seiner Wundertätigkeit erhielt, nachdem er 40 Stunden in einen todähnlichen Schlaf gefallen war. Vorher hatte er sein Leben mit Müßiggang und Tagedieberei verbracht, wie es manche behaupten. Ein geschickter Gammler, der eines Tages die religiöse Schiene entdeckte.

Im Kloster Toplou an der Nordküste stellten sie demgegenüber alles seit langem auf eine solidere wirtschaftliche Basis. Viele Ländereien gehören zu diesem burgartig wirkenden Gemäuer, das heute vorwiegend vom Tourismus lebt, den Eintrittsgeldern, dem Cafe, dem Andenken- und Buchladen. Mit der Eintrittskarte gelangt man auch in die Kirche und in das Ikonenmuseum, ohne irgendeine Einschränkung, was nackte Männerbeine oder bloße Frauenschultern angeht. Bei den Ikonen ist es für einen Laien, aber vielleicht sowieso für westliche Augen, schwierig, eine Entwicklung im Laufe der Jahrhunderte festzustellen. Als wäre diese Kunst an einer bestimmten Stelle eingefroren. Wie ist dieser Stillstand zu erklären? Hängt er mit der Eroberung durch die Osmanen zusammen? Ein großes Bild beeindruckte durch seine außergewöhnlichen Motivzusammenstellungen und seinen, teilweise miniaturhaft winzigen, Detailreichtum, Megas i Kyrie, mittelalterlich wirkend, aber von 1770.

In einem Raum des Museums befanden sich Gegenstände, die an den Widerstand der kretischen Bevölkerung gegen die Türken, und auch gegen die Deutschen im Zweiten Weltkrieg erinnerten, unter anderem Helme und Waffen. Auch ein deutsches Dokument, aus dem die Beschlagnahme des Klosters hervorging, sollte dabeisein. Es war aber nicht zu sehen. Als wir am Ausgang nach diesem Dokument fragten, hörten wir, es sei nicht mehr hier. Warum nicht? Aus Rücksicht auf die zahlreichen deutschen Touristen, die das Kloster besuchten? Merkwürdig.

Angeblich gehört der vermarktete berühmte Palmenstrand von Vai auch zu dem Kloster. Sauber ist er ja. Aber seine paradiesische Schönheit verlor er, da Holzstege zum Wasser führen, ein Restaurant und eine Bar, keine romantische Taverne, direkt an den Strand gebaut wurden und der herrliche gelbe Sand durch Sonnenschirme vom Palmenwald getrennt wurde. Alles auf Massenansturm eingerichtet, auch der – vom Strand her allerdings nicht sichtbare – riesige Parkplatz, für dessen Benutzung man 3 € zu zahlen hatte. Wenn es weniger um Profit gegangen wäre, hätte man diese einmalige Naturschönheit auch anders behandeln können, trotz Massentourismus.

Unseren Paradiesstrand fanden wir dann ein Stück weiter. Kouremenos, eine weite Bucht, über die der Wind bläst, ist ein Surferstrand. Eine Surferstation in der Mitte, sonst keine Häuser in unmittelbarer Nähe. Ganz rechts aber ein Helgoland für uns alleine. Steil ragende rote Sandsteinfelsen mit rötlichem grobem Sand davor, sowohl Sonne als auch Schatten. Eine „Ist das ein Leben!"- Stelle.

„Hier fehlt mir nur noch der Jupp (aus dem Saarland)."

„Du kannst ihn ja heiraten."

„Das muss ja nicht unbedingt sein."

Schwimmen im frischen Wasser, Liegen auf feuchtem Sand, Laufen im Wind, Möwen in der Luft, eine Dohle und nistende spatzenartige Vögel.

Auf der anderen Seite des Tafelbergs, der uns seine rote Flanke zeigte, der Hauptstrand von Palekastro, aber 2 km vom Ort entfernt, Chiona, 3 Tavernen, die minoische Ausgrabungsstätte und sonst nur Olivenplantagen, die sich sanft die langgestreckte Mulde zwischen rötlich kahlen Bergen hinaufziehen. Der Archäologie verdankt man hier wie an anderen Stellen absolutes Bauverbot. Die letzte Taverne steht mit einem kleinen überdachten Terrassenteil fast im Wasser. Ich musste mir immer wieder sagen: „Nicht den Stuhl zurücksetzen!" Sonst hätte ich leicht ein unfreiwilliges plötzliches Bad nehmen können. Am Nebentisch 3 intellektuell wirkende ältere Griechen in ordentlichen weißen Hemden. Die Bedienung, die Sigrid ihren Horta-Salat und ihren Souvlakispieß und mir mein unvergleichliches Omelette mit Paprika, Tomaten, Zwiebeln und Zucchini brachte, kannte nach längerer Beschreibung und längerem Nachdenken unseren Wiesbadener Griechen, Makis. „Ach ja, groß und dünn." Und wir verstanden in dieser ruhigen Umgebung auf einmal, warum er jeden Tag von Makrigialos nach Palekastro, nach Hause fahren muss. Als wir ihm am nächsten Tag von unserer Fahrt erzählten, schaute er mit hasserfülltem Blick auf Makrigialos, zeigte auf seine schöne Taverne und meinte:" Ich möchte das hier am liebsten nehmen und nach Palekastro versetzen."

Diaskari, Hitze

Giannis hatte uns schon vor Tagen angekündigt, am Wochenende würde es sehr heiß, bis zu 42°. Und so kam es auch. Der Morgen in unserer Höhle am Diaskaristrand war noch herrlich. Außer uns niemand da. Die Grotte, in der wir im Schatten lagen, war so geformt, dass der Wind dort eine sanfte Kurve beschrieb, um uns dann von allen Seiten Kühle zuzufächeln. Zephir aus allen Richtungen. Welch ein Genuss die Nacktheit des eigenen Körpers. Wie ein Fisch im Wasser, die kleinen flachen Steinchen, die an ihm kleben, bis die Trockenheit sie abfallen lässt.

Kiesel 2

Sie sind, von einer Welle aufgewühlt,
vom Spiegel klaren Wassers überspült,
wie edler Porphyr und Smaragde,
als wenn in unser Blickfeld ragte,
was wie vom Juwelier erscheint,
von feiner Hand dezent designt.

Beim Übergang jedoch der Grenzen
vom Feuchten hin zum Trockenmüssen,
ureignem Element entrissen,
verliern sie leider jedes Glänzen.

Nacktbaden ist heute in Griechenland an vielen Stellen wieder möglich. Gymnasium und Gymnastik, zwei hochangesehene Begriffe, lassen ahnen, welche Hochschätzung der nackte Körper in der Antike besaß, ganz zu schweigen von den schönen weiblichen und männlichen Gestalten aus Marmor. Nachdem das Christentum - und natürlich der Islam - viele Jahrhunderte lang Verklemmtheit und Schuldgefühle verbreitete, ist heute eine Renaissance der Nacktheit in Sicht, dank des Abfalls von der Religiosität und dank des zunehmenden Tourismus, beides Phänomene, die sonst nicht unbedingt nur Gutes an sich haben.

So aber kann ich sorglos hier liegen und sehe, meinen Kopf in der Armbeuge, die vielgestaltigen Formen des jungen Thripti-Gebirges. 25 Gipfel zähle ich. Im Morgenlicht zeigen sich zahlreiche Violetts, die mit Blau, Olivgrün und Rosa vermischt sind. Ganz rechts die kapellenbekrönte spitze Pyramide oberhalb des Bergdorfs Pefki, am Beginn des Diaskari-Strands die flache Villa aus Natursteinen mit ihren Rundbogentüren, von einigen Palmen flankiert und so afrikanisches Flair aushauchend, direkt neben dem Restaurant mit den schattigen Tamarisken. Links endet die Bucht in schwefelgelben Felsen. Dahinter die große Bucht von Makrigialos, an dessen Kap man unsere Appartement-Anlage Panmar ahnen kann.

Am Nachmittag ist es dann so heiß, dass uns die Gehirne in unserer Höhle im Schatten vertrocknen.
Der Himmel zeigt seit Tagen schon eine Färbung, die nichts mehr mit griechischem Blau zu tun hat. Ein Weiß, das schon ins Gelbliche geht. Alle Höhlen am Kap sind nun besetzt. Böse Blicke scheinen uns zu streifen, aus den Augen derer, die sich unsere Höhle erhofft hatten. So müssen sich die beiden Frauen mit dem Bernhardiner und dem kleinen Kläffer in die winzige Nachbarhöhle verkriechen, was dem Bernhardiner gar nicht zu passen schien, da er immer mal wieder mit scheinheiligem Schwanzwedeln und einem eben-

solchen Gesicht bei uns auftauchte, bis er gescheucht wurde. Vor dem Auftauchen der beiden Frauen, einer sehr Dicken und einer Schlankeren, hatte ich in dieser kleinen Nachbarhöhle ein kleines Häufchen auf dem Sand liegen sehen. Was war dann geschehen? Weggeräumt? Zugescharrt?

Schon bald schrumpften die Schatten in dieser Höhle so zusammen, dass die beiden sich zurückziehen mussten. Die Dicke, die sich immer schamhaft ihre enormen Brustwarzen zuhielt, wenn ich vorbeischwamm, und die offensichtlich eine Sandale hatte den Wellen opfern müssen, ließ ihr Badetuch auf den Sand hängen und benutzte es so als dringend nötigen zweiten Schuh, der allerdings bei jedem Schritt neu angepasst werden musste. Der kleine Kläffer musste von der Schlankeren zum Auto auf den Armen getragen werden. Das Laufen über den Sandgrill war ihm wohl nicht zuzumuten.

Auch die dritte Höhle des Kaps, nur vom Wasser aus zu erreichen, war heute besetzt, von einer Familie mit 6 oder 8 Personen. Wie die kleineren Kinder dorthin gelangt waren, war nicht ohne Weiteres einsichtig. Vor ein paar Tagen, bei ordentlichem Wellengang, bedeutete der Zugang einen mühsamen Kampf.

Sofort, nachdem die beiden Frauen mit ihren Hunden die kleine Höhle verlassen hatten, stand ein neuer Nutzer vor der Tür, der Mann, der sich bei dem vergeblichen Versuch, ein Schattendach an zwei Tamarisken zu konstruieren, mit seiner Frau gestritten hatte. Als habe er keinerlei Eile, ließ er sich mit seiner Zeitung auf dem Schattenfleckchen nieder, das nun ab und zu von einer Welle überspült wurde. Als die Zeitung in Mitleidenschaft gezogen wurde, brummte er verärgert. Ich sah übrigens, dass er in der Mitte des Schrumpfschattens etwas zugeschaufelt hatte. Winkt er nun seiner Frau? Nein, sie kommt von selber, mit ihrem Coffee to go in der Hand. Sagt er etwas zu ihr? Wegen der zugeschaufelten Stelle? Nein. So legt sie ihr Handtuch genau an diesen Fleck, steigt ins Wasser und lässt ein „Ahhh" ertönen, das ans Paradies oder die endliche Erfüllung längstgehegter Wünsche erinnert, auf jeden Fall das Beste, was ihr in ihrem Leben passieren konnte. Und danach das Wunder: Sie lehnt sich an den Rücken ihres Mannes, -der davon allerdings keinerlei Notiz nimmt.

Die Besitzerin des Supermarkts, in dem wir immer unsere Tomaten, Apfelsinen, ab und an ein winziges Stück Fetakäse, den 10%-Yoghurt und Honigsesam kaufen, und die sonst ungerührt in die zwei Fernsehapparate vor sich schaut, lässt heute eine völkerverbindende Klage über die Hitze hören, und die hübsche Bäckerin mit ihrer Kinderstimme, die etliche Jahre in Deutschland gelebt hat, stöhnt heute noch mehr als sonst und zeigt erst eine gewisse Erleichterung, als sie erklärt, sie mache heute früher Schluss, da sie zu einer Hochzeit eingeladen sei. Sie schenkt uns ein zusätzliches Brötchen und vier Käseteilchen. „Die schmecken nämlich nur, solange sie frisch sind." Als wolle sie eigentlich den ganzen Laden los sein. Gestern hatte sie uns 3 Kugeln selbstgemachtes Eis im Hörnchen geschenkt. Obwohl Eis hier ziemlich teuer ist. Zu Werbezwecken? Weil sie uns mochte? Wenn es ihr um Werbung ging, hätte sie zumindest ein Schild mit der Aufschrift „selbstgemachtes Eis" an die Tür hängen müssen.

Während ich das aufschreibe, auf unserem Balkon, ertönt eindringlich und gleichzeitig monoton die Stimme des Popen aus dem Lautsprecher der naheliegenden Kirche. Fast wie ein Muezzin in islamischen Ländern. Nur viel länger. Wie eingefroren. Gegen die Hitze?

Musik in Pefki

War es wieder die nun unerträglich gewordene Hitze? Oder der Mond, der beherrschend über der Schlucht hing? Oder die gefühlvolle Musik, die aus dem Keyboard, der Stimme des Sängers und den behenden Klängen der Mandoline ertönte? Oder der genossene Retsina? Jugenderinnerungen? Oder der Blick über die weißen Häuser von Pefki zum allmählich in der Dunkelheit verschwindenden, unglaublich hohen und steilen Kegel mit der Kapelle? Oder die Erleichterung nach dem überstandenen Wegabenteuer, die uns in diese merkwürdige Stimmung versetzte?

Heute hatten wir nämlich den Weg über Stavrochori gewählt, der dann hinter Lapithi zum Abenteuer geriet, weil er mit keiner Karte mehr übereinstimmte. Die drei Kartenspieler, die in Lapithi, wo die Welt zu Ende schien, auf der Straße saßen, und die wir nach dem Weg fragten, antworteten unwillig, als empfänden sie es als Zumutung, dass wir in ihre hermetische Welt einbrachen. Dann irrten wir auf einer kurvenreichen holprigen Schotterstraße durch dichte Pinienwälder, in denen wir bei jeder Abzweigung nach dem Gefühl entscheiden mussten, ob wir links, rechts oder geradeaus weiterfahren sollten. Einmal bestätigten uns drei wild ausschauende Typen in einem Pickup, die uns entgegenkamen, dass wir uns auf dem richtigen Weg nach Agios Stephanos und Pefki befänden. Oder wollten sie uns in einen Hinterhalt locken? Schließlich hopste unser Wagen unvermutet über den letzten Hügel auf die Teerstraße in Agios Stephanos, wo uns die Leute verwundert anschauten, die auf ihren Stühlen an der Straße saßen. Von da war es nicht mehr weit bis Pefki.

40 Leute verschiedener Nationen, die von einem Bus die engen Kurven nach Pefki hochgekarrt worden waren, wurden von dem riesigen griechischen Reiseleiter mit Plätzen und Getränken versorgt. Die obligatorische Sonnenbrille auf der breiten Dauerwelle, mit dem blauen T-Shirt seines Unternehmens und einer Dreiviertelhose bekleidet, die seine langen Beine und seine Größe überhaupt noch mehr zur Geltung brachten, von

einem Paar großer offenstehender Turnschuhe unterstützt, strahlte er Ruhe, Ernst und Überlegenheit aus, die Großartigkeit des schönsten Landes der Welt, das so frei ist, sich um tausend nichtige Touristenwünsche zu kümmern, sogar in der Lage, die aufdringlich um ihn herumscharwenzelnden Frauen nicht anders zu behandeln, obwohl sie sich in Pose werfen, um seine Aufmerksamkeit zu erregen.

Die Blonde im dünnen Leopardenkleidchen ließ nicht nach. Mehrmals äußerte sie Sonderwünsche, was ihren Sitzplatz betraf, was ihr erlaubte, weiter stehenzubleiben und dabei ihre durch atemberaubend hohe Pfennigabsätze aufgerüsteten Beine zu drehen und zu wenden. Wollte sie denn keiner zu Fall bringen? Oder zumindest so anschauen, dass sie ihm empört auf die Finger schlagen konnte? Als sich das Platznehmen nicht mehr vermeiden ließ, kam sie auf die glorreiche Idee, beim Bedienen mitzuhelfen. So stitzelte sie abwechselnd mit der streng blickenden jungen Griechin, der prallbusigen Rumänin, die heute etwas verwirrt erschien, und der Kollegin des Beaus mit ihrer spitzen türkischen Nase und den zarten Gliedern im langen Jeansrock, über die Plattform in luftiger Höhe unter dem Pfefferbaum hin und her, in die Küche und wieder zurück. Dabei zupfte sie manchmal scheinheilig an ihrem Minikleid. Es nützte alles nichts. So nahm sie schließlich resigniert Platz.

Nur einer war ihr deutlich mit den Augen gefolgt. Auf der gemauerten Umrandung des Pfefferbaums saß ein Schafhirte, auf einen knorrigen Stab gestützt, den Rücken lässig an den Baum gelehnt. Als die Musik begann, schob er sich seine dunkle Revoluzzerkappe weiter nach hinten, so dass sie auf seiner weißen Mähne zu schwimmen schien. Während die meisten Gäste sich ungerührt ihren Speisen und Getränken und dem Gespräch mit dem einen oder anderen Nachbarn widmeten, schaute der Hirte, an dessen Kinn nun ein dünnes Ziegenbärtchen sichtbar wurde, auf die Musiker, die zunächst etwas abschreckten, weil sie eine riesige Anlage aufgebaut hatten. Je länger sie jedoch spielten, umso mehr dominierten die sehnsuchtsvollen Klänge der Mandoline und der Sängerstimme. Das Keyboard schien sich immer mehr unterzuordnen. Nun fuhr die Linke des Hirten, dessen Beine mit seinen hohen schwarzen Stiefeln sich in ständiger Bewegung befanden, immer mal wieder unvermittelt in die Luft, um eine zu heftige Bewegung seines inneren Tanzes auszugleichen oder um einer zärtlichen Regung seiner Seele Ausdruck zu verleihen.

Auch Sigrid zuckten nun Arme und Beine. Sie wollte mich auf die leere Tanzfläche drängen. Enttäuscht vernahm sie meine Bedenken und meine Angst, mich in der Öffentlichkeit zu blamieren. Alleine auf der Tanzfläche, ohne diese verrückten griechischen Tänze und ihre komplizierten Schrittfolgen richtig zu beherrschen. Als ich

an dem Alten vorbeiging, um die Toilette aufzu-
suchen, nickte er mir freundlich zu und kniff dabei
ein Auge komplizenhaft zu.

Im Hinterhof, auf dem die Toilette lag, hörte ich
auf einmal das Keyboard schweigen und stattdessen den scharfen süßen Klang des geigenar-
tigen Instruments, das ich vorher schon zu Füßen
des Sängers gesehen hatte. Dann setzte die
Stimme des Sängers mit einem vorher nicht gehörten Schmelz ein, in den der ganze nun durch
ein leichtes Lüftchen etwas erträglicher gewordene Bergabend einzog. Als ich dann aus der Küche, in der auf der Theke Dutzende von Raki-
gläschen bereit standen, wieder auf die mondbe-
schienene Terrasse trat, glaubte ich meinen Augen nicht zu trauen: Der Alte hatte seine schwarze Jacke abgelegt und hielt mit zierlich geboge-
ner Hand – die Hand meiner Frau. Sie schaute in
einer eigenartigen Mischung von Aufmerksamkeit, Skepsis und Glückseligkeit auf die präzise
schwingenden Füße des Alten, wobei allerdings
eines seiner Beine etwas, kaum merklich, zu hin-
ken schien.

Wohlweislich hielt ich mich im Hintergrund, zumal
die anderen Gäste nun ihr Unbeteiligtsein aufgegeben hatten und dem seltsamen Paar zuschau-
ten. Einige fingen an, etwas unbeholfen den Tanz
durch rhythmisches Klatschen zu begleiten. Als
sich plötzlich das Leopardenweibchen auf seinen
Pfennigabsätzen von seinem Platz in die allgemeine Sichtbarkeit erhob, hüpfte der ziegenbärti-

ge Alte mit meiner Frau zu ihr hin und verband ihre Hände, so dass sich jetzt eine kleine Tanzschlange mit 3 Gliedern gebildet hatte. Sein Gesicht verzog sich dabei zu einem breiten Grinsen. Die Musik wurde nun schneller und drängender. Nun fügte der Alte seiner Schlange die spitznasige Schlanke an, die lächelnd vom Pfefferbaum aus zugeschaut hatte, und dann die erstaunte rumänische vollbusige Kellnerin.

Der griechische Reiseführer fühlte sich nun verpflichtet, seinen Damen, die schon lange nach ihm geseufzt hatten, die Hand zu reichen, um eine weitere Tanzschlange zu bilden. Dabei entstand ein kurzes Gedränge, weil jede das zweite Glied in seiner Kette bilden wollte, um wenigstens seine Hand berühren zu können. Es waren aber bald nicht mehr die Hände, die sich berührten, sondern die Schultern, auf denen die Arme brüderlich oder schwesterlich ruhten. Der Tisch mit den 3 Skatspielern hatte es vorgemacht, demonstrativ zeigend, dass dieser Tanz eigentlich nur eine Männerangelegenheit sei, und finster die Brauen zusammenziehend, wenn sie an dem Ziegenbärtigen vorbeitänzelten. Dessen meckerndes Lachen war mittlerweile immer häufiger zu vernehmen, besonders wenn er in die Hocke ging und seine Damen vor seinen lüsternen Augen defilieren ließ. Als sich das Leopardenkleidchen einmal weit in die Höhen schob und darunter nichts als blanke Haut zu sehen war, verwandelte sich das Meckern in ein nahezu höhnisch dröhnendes Gelächter.

171

Im gleichen Moment fiel der Strom aus. Als alle Lichter erloschen, kreischten viele Damen laut. Da auch die Lautsprecher ausfielen, begann die Musik zu verstummen. Auf der Tanzfläche breitete sich ein unordentliches Gewusel und Gemurmel aus. Aus der sich an den Platz anschließenden Gasse ertönte noch einmal das meckernde Lachen. Im Licht des Mondes, der genau in diese Ecke fiel, meinte ich den Ziegenbärtigen in der Gasse verschwinden zu sehen. Trug er nur noch einen Schuh? Der unbeschuhte Fuß sah merkwürdig verkürzt und klumpig aus.

Als wir zwei Tage später noch einmal unter dem Pfefferbaum zu Abend aßen, erzählte uns die Rumänin, die Gesellschaft sei bald nach uns aufgebrochen. Vorher habe man aber noch lange nach einer jungen Frau gesucht, die vermisst wurde, vergeblich. „Etwa die mit dem Leopardenkleidchen?" „Genau die. Woher wissen Sie ...?"

Die Rundfahrt

Die Ruinen der minoischen Handwerkerstadt Gournia an der Nordküste ließen uns über die Pflasterung staunen, die manche mittelalterliche Gassen weit in den Schatten stellte, und die Hügellage mit Meerblick bewundern, sowie die Anlage von Platz, Palast und Schautreppe, und das alles vor 3500 Jahren errichtet. Dabei ist Kreta voll von solchen Stätten.

In Tholos fanden wir einen ruhigen Strand mit einem milchig-türkisfarbenen Wasser und weichem Sand unter den Füßen. Auch der Schatten unter Tamarisken fehlte nicht.

Mochlos ist ein kleiner gemütlicher Touristenort, mit einem minoischen Ruineninselchen direkt vor dem Restaurant, in dem eine hängengebliebene Schweizerin den Wirt geheiratet hatte. Der Kellner aus Berlin wollte für einige Monate hier arbeiten, nach Aufenthalten in Frankreich und anderswo.

Die letzte Station an der Nordküste sollten eigentlich das Kloster und der Strand von Faneromenis sein. Der Straße durch eine einsame Landschaft sah man an, dass sie erst vor kurzem asphaltiert worden war. Und dann tauchte vielversprechend der Canyon mit den weißen Felsen auf. Bevor die Straße abwärts zur Küste führte, lag dann ein kleiner weißer Strand vor uns, der mit seinen hohen rosa Oleanderbüschen und schattigen Bäumen im Hintergrund wie ein kleines Paradies am tiefblauen Meer aussah. Beim Näherkommen zeigte sich allerdings, dass die üppige Quelle zwischen den Bäumen, an der ein Mann aus der Umgebung seine Wasserflaschen füllte, und die Umgebung mit Abfällen verschmutzt war, und das Betreten des Meers erwies sich als schwierig, da man sich über kopfgroße glitschige Steine hineinquälen musste. Und trotzdem hätte das alles eine heilige Stelle sein können, in dieser Einsamkeit, wenn da nicht diese unfertige Hotelanlage in den

173

Felsen gesprengt worden wäre. Als wenn es eine Manie gäbe, die manche Menschen zwänge, heilige Stellen in der Landschaft auf jeden Fall zu zerstören. Denn was sollte diese Anlage hier, selbst wenn sie einmal fertig werden sollte? Würde die schlechte Zugänglichkeit der Bucht durch angeschütteten Sand aufgehoben? Ein Parkplatz dahinter geschaffen werden? Die Stille und Naturbelassenheit durch Autos ersetzt werden? Also ein sinnloses Unterfangen, da ja dann das Motiv, diesen Ort zu besuchen wegfallen würde. Und für mögliche Wallfahrer würde dieses Hotel wohl kaum dienen.

Denn rund um das noch einsamer auf der Höhe liegende Kloster gab es genügend Pilgerhäuser, die sich weiß und flach um das putzige Kirchlein am Rand der Schlucht drängten. In seiner Abgeschiedenheit kaum zu übertreffen, lag es dort in der Sonne, und der sinnliche Duft der Frangipaniblüten erfüllte die warme Luft.

So holten wir das versäumte Badevergnügen schnell noch nach, durch eine Fahrt bis zur Nordostecke, an Vai vorbei, zum Strand von Itanos mit seinem angenehmen grobkörnigen Sand und seinen merkwürdig geformten Schieferfelsen, die in Rot, Grün, Weiß und Schwarz zu blätterteigartigen Schichten geformt waren. Ein schöner Strand, obgleich nicht einsam. Hier eine große Gruppe von Nackten, die zu grillen begann, dort eine Anzahl von jungen Griechen, die auch noch blieben, als wir schon wieder aufbrachen, und die offensichtlich auf den Einbruch der Dunkelheit warteten. Gleich neben uns die junge Mutter, die sich ununterbrochen schminkte, während ihre kleine Tochter neugierig hinter den Felsen zu uns herüberlugte.

Noch mal Moni Kapsa

Die letzten heißen Tage verbrachten wir, wieder durch überhängende Felsen vor der unbarmherzigen Hitze geschützt, an einem kleinen Strand vor Goudouras, den wir schon an den ersten Tagen unseres Aufenthalts in Makriagialos entdeckt hatten, meistens wieder allein, so dass wir in Ruhe stundenlang in die Wellen blicken konnten.

Brandungswellen

sie scheinen nie zu enden-

bäumen sich erst langsam auf
und nach dem Silberglanz
folgt lustvoll Stürzen
das endet dann in weißem Tanz

und manchmal leuchten
äußerst junge Strähnen in Türkis

Die Welle

langsam, unversehens Wachsen
plötzlich schneller
lüftet kurz den Schleier
einer andern größern Welt

und Transparenz gewährend
lässt sie Türkisgeheimnis blitzen
um dann tausend weiße Lüste
auf den Sand zu spritzen
wo sie jäh zusammenfallen

gefolgt vom neuen Individuum
das ebenso zerfällt

Die Welle (Reimfassung)

Langsam wächst sie, unversehens,
plötzlich dann erscheint sie schneller,
fast als Herr nun des Geschehens,
lüftet kurz den eignen Schleier
vor dem feierlichen Keller,
wo eine völlig andre Feier
einer andern größern Welt
voll reichen Lebens Hof abhält.

Und jähe Transparenz gewährend,
lässt sie Türkisgeheimnis blitzen,
und keinen Augenblick verlierend,
dir Aug und Herz und Hirn zu ritzen,
um dann tausend weiße Lüste
auf den weichen Sand zu spritzen,
den ihr reicht die sanfte Küste,
wo sie jäh zusammenfallen
nurmehr schwächlich murmeln, lallen.

Gefolgt vom neuen Individuum,
das rauschend, jedoch letztlich stumm,
ebenso zu nichts zerfällt,

ein weitrer Krümel dieser Welt.

An einem Abend packte ich ein Hemd mit Ärmeln und eine lange Hose in den Kofferraum des Autos, und während Sigrid sich mit der Pflege ihrer Haare und überhaupt vergnügte, unternahm ich einen zweiten Versuch, Kloster und Kirche von Moni Kapsa zu Gesicht zu bekommen.

Im unteren Hof war ein mürrischer alter Mönch in zerschlissener brauner Kutte, unter der eine ebenso zerschlissene Hose hervorschaute, dabei, zahlreiche Öllampen aus Messing zu reinigen. Von mir nahm er kaum Notiz. Kannte er noch meine unkeuschen nackten Knie und verachtete mich deshalb? Ich kramte die wenigen Brocken Neugriechisch hervor, die mir zur Verfügung standen, und fragte ihn, wieviele Mönche hier lebten. Zwei. Als er noch etwas hinzufügte, erklärte ich holprig, ich spräche nicht viel Griechisch. „Warum?" war seine kurze missbilligende Antwort, auf Deutsch!

„Ah, Sie sprechen Deutsch?" meine erfreute Frage, weil ich nun hoffte, doch noch mit ihm ins Gespräch kommen zu können.

„Un poco, " war seine Antwort. Und das war's dann. Dann nur noch Griechisch. Meine Frage, ob die Kirche offen sei, beantwortete er wahrscheinlich mit Nein. Und als ich den nächsthöheren Hof mit dem Eingang zur Kirche betrat, war diese tatsächlich geschlossen. Wenn er sie öffnen wollte, würde er sicher gleich kommen. Ich

177

setzte mich also auf eine Steinbank und wartete. Und schaute. Und wartete. Er kam aber nicht.

Stattdessen erschienen nach einiger Zeit zwei Frauen mit farbigen Schultertüchern, die sie sich malerisch um den Hals geschlungen hatten, an ihren Bewegungen als Deutsche kenntlich. „Sie haben sich ja richtig fein gemacht, wie ich mit meiner langen Hose," oder so ähnlich versuchte ich auf die vorschriftsmäßige Bekleidung anzuspielen. Mein ironischer Ton schien aber überhaupt nicht gut anzukommen. Dabei war er nicht auf die beiden Frauen gemünzt, sondern lediglich auf die –zumindest mir- etwas schwer begreiflichen Bekleidungsvorschriften. Sie fanden diese Vorschriften einem so heiligen Ort durchaus angemessen. Sie gerieten auch gleich in ein globales Schwärmen und fanden wohl ebenso meine Bemerkungen, die sich auf Einzelheiten von Architektur und Landschaft bezogen, ungemütlich, ja nahezu blasphemisch. Das Heilige darf offensichtlich nicht differenziert betrachtet werden. Das ist vielleicht schon eine unangemessene, vermessene und unästhetische Art der Annäherung. Als ich – durchaus begeistert - jemanden zitierte, der einmal zu mir sagte, eine solche Einheit von Architektur und Landschaft wie in Peru gebe es außerdem wohl nur in Griechenland, stutzten sie und fingen an von Mexiko zu reden. Meine Mexikokenntnisse ließen die Jüngere dann endgültig verzweifeln, so dass sie sich in den hinteren Teil des Klosters verkrümelte. Die Ältere, die vielleicht die Mutter der Jüngeren war, erzählte mir dann, dass sich Iris (oder Silvia oder Sabine) jetzt für 7 Monate als Ajuwedalehrerin in einem Hotel in Ferma aufhalte. Aha! Ajuweda also.

Gehört zu Ajuweda die Verachtung jeglicher Detailkenntnisse? Zugunsten des großen heiligen Ganzen? Denn auch die Erwähnung der Legende des heiligen Gerontogiannis ließ sie nahezu angeekelt reagieren. Sie taten aber so, als kännten sie die Geschichte. Und auch meine Erwähnung der beeindruckenden Schlucht neben dem Kloster mit ihren 400 m hohen Wänden ließ keine positive Regung in ihren Gesichtern erscheinen. Zahlen, ach ja, ich hatte Zahlen genannt.

Wegen der großen Hitze hatten Sigrid und ich ja auf eine Wanderung durch die Schlucht neben dem Kloster Kapsa verzichtet. Gestern aber wanderte ich trotzdem am Abend eine Viertelstunde aufwärts und konnte die Herrlichkeiten der 8 km langen Schlucht erahnen. Himmelragende Felswände, die von einer Unzahl von Höhlen durchlöchert waren, boten einen wilden urtümlichen Anblick. Am Boden, dem man ansah, dass er im Winter ein kieseliges Bachbett bildete, Oleanderbüsche und Salbei. Als ich auf einem Felsen oberhalb von einem einsamen Baum rastete, überfiel mich eine gewaltige Stille, nur unterbrochen und gleichzeitig verstärkt von dem gelegentlichen Meckern zweier Ziegen und meinem Händeklatschen, das wie das Echo von Gewehrschüssen von den Wänden widerhallte, die fast die dreifache Höhe des Kölner Doms erreichten. Vor dem Blick auf die Tafelberge im Hintergrund das Summen von Insekten. Kein Bezug zur übrigen Welt, obwohl die Straße nach Goudouras nicht weit entfernt war.

Immerhin hatten die beiden Frauen soeben erreicht, dass ein anderer Mönch herbeikam, adrett und sauber gekleidet, und die Tür der Kirche aufschloss. Leider erfuhr ich nicht, wie sie das geschafft hatten. Zufall? Oder konnten sie vielleicht Griechisch? In der Kirche schlichen sie devot umher, als würden sie von heiligen Schauern durchrieselt. Ab und an Laute des Entzückens und der Bewunderung, die sich immer auf die Heiligkeit des Ortes bezogen. Dann tauchte die Jüngere vor mir auf, reichte mir mit dünnem Lächeln eine lange gebrechliche brennende Kerze und forderte mich mit einer Gebärde auf, sie neben die ihren in den Sand des Messingbehälters zu stecken. So konnte meine gefährdete Seele doch noch halbwegs gerettet werden. Obwohl ich mich gleich darauf wieder in unanständige Details verwickelte, wie die Ikone mit den drei engelartigen geflügelten Wesen, die miteinander an einem kleinen Tischchen aßen, und die mir der Mönch merkwürdigerweise als Dreifaltigkeit erklärte. Während ich mit Erstaunen reagierte, da ich die Personen der Dreifaltigkeit nur als unterschiedliche Gestalten, davon eine als Taube, kannte, rief die Jüngere, nun nahezu entzückt, doch gedämpft, aus, das gefalle ihr außerordentlich gut, dass die Personen der Dreifaltigkeit alle dasselbe Aussehen besäßen. Eine Art Demokratisierung der Göttlichkeit? Gleichheit vor dem Nirwana?

Während sie auf meine Entdeckung einer Ikone mit Gerontogiannis, wo er als Heiliger dargestellt war, wieder mit missbilligender Nichtbeachtung reagierte. Da war ihr wohl wieder mein Geruch nach Anti-Esoteriker in die Nase gestiegen.

Der letzte Tag

Die Lassithi-Hochebene wollten wir auf der Fahrt zum Flughafen noch besuchen. Auf der kurvenreichen Strecke vom Küstenort Malia nach oben durchquerten wir den Ort Krassi mit seiner riesigen Platane von 18 m Umfang. Ein ganzes Restaurant findet darunter Platz. Beim genüsslichen Verzehren unseres Ziegenfleischgerichts schauten wir den deutschen Kindern zu, die sich stundenlang beim Herumklettern in dem ehrwürdigen Baum vergnügten und ließen uns von dem jungen Paar aus Leipzig fotografieren. Die Hochebene selber vor den mächtig gelagerten Bergen des Dikti-Gebirges enttäuschte uns ein wenig, da nur noch wenige von früher einmal Tausenden von Windmühlen zu sehen und mittlerweile durch Dieselmotoren ersetzt waren, die nun die Pumpen antrieben, mit denen die Bewässerung des intensiv landwirtschaftlich genutzten Gebiets in Gang gehalten wurde. Und nahezu keine alten Häuser in malerischer Massivbauweise. Zudem touristisch voll erschlossen. Deshalb aber auch auf guten Straßen leicht zu umfahren, weshalb wir uns entschlossen, noch die Höhle von Psychro zu besuchen, die Höhle, in der Zeus nach dem Mythos geboren wurde, von Rhea, der

Frau des Kronos. Sie gebar ihn dort heimlich, nachdem Kronos alle seine anderen Kinder schon verschlungen hatte, weil ihm von seinem Vorgänger Uranos geweissagt worden war, sein Sohn würde ihn entthronen. Die trickreiche Rhea reichte ihrem Gemahl einen Stein, der in Windeln gewickelt war, und den er nach gewohnter kannibalischer Art verspeiste. Währenddes wuchs sein Sohn Zeus in einer anderen Höhle, im Ida-Gebirge, auf, um seinem Vater später tatsächlich die Herrschaft zu entreißen und den Regierungssitz der Götter auf den Olymp nach Griechenland zu verlegen.

Unser Flug sollte zwar erst spät in der Nacht erfolgen, trotzdem waren wir ein bisschen unruhig, weil wir nicht genau wussten, wie lange unsere Umwege dauern würden. Und wenn nun irgendetwas mit dem Auto dazwischenkäme? Eine Panne. Wer weiß was! Umso mehr traf mich ein Ereignis, das uns bei der Durchfahrt durch ein Dorf auf der Hochebene ereilte. Ich hatte mein Fenster geöffnet und ließ meinen linken Arm aus dem Auto heraushängen, als mich plötzlich etwas Heißes am Auge traf. Nein, nur jetzt nicht eine Augenverletzung! Krankenhaus, Arzt, unabsehbare Folgen. Und das einige Stunden vor dem Abflug, noch weit in den Bergen von Heraklion entfernt! Ich hielt verängstigt und verärgert an und stellte fest, dass am Straßenrand ein Arbeiter mit einer funkensprühenden Flex arbeitete, sich selber und die Vorübergehenden oder –fahrenden ohne Schutz lassend. Wütend stellte ich ihn zur

Rede und versuchte ihm klarzumachen, was da alles hätte passieren können. Seine einzige Antwort bestand in einem verlegenen oder mitleidigen Lächeln. Verstand er mich überhaupt? Um meinen Worten mehr Nachdruck zu verleihen, fragte ich ihn nach seinem Chef. Erstaunlicherweise verstand er das sofort und meinte dann, er sei sein eigener Chef. Sinnloses Gespräch. Eigentlich war es mir ja auch nur darum gegangen, Dampf abzulassen. Gottseidank schien sich in dem Auge auch weiter nichts Bedrohliches anzubahnen. Mein Sehvermögen schien nicht beeinträchtigt. Es tränte lediglich ein wenig. Eine Frau vor einem Laden nebenan hatte alles beobachtet und mitgehört und nickte bestätigend zu meinen Worten. Das tat mir dann auch schon gut. Als ich mit ihr weiterredete, gab sie mir Recht, meinte dann aber zur Erklärung, bei dem Arbeiter handele es sich um einen Ausländer, einen Bulgaren oder Albaner. Na dann! Dann ist die Welt ja wieder in Ordnung.

Beim Aufstieg zur Höhle, mit schönen Blicken auf die Hochebene, nach dem Bezahlen der Eintrittskarten, wieder wie immer an staatlichen Einrichtungen für uns Pensionäre zum halben Preis, und beim ersten Blick in den geheimnisvollen Abgrund hatte ich meine Aufregung dann längst vergessen, so dass ich ins Dunkel hinein Gottvater Zeus mit hallender Stimme auf Altgriechisch begrüßte. „Er antwortet nicht. Er scheint nicht zu Hause zu sein," meinte ich zu den jungen Leipzigern, die hier auch wieder auftauchten und meinem lauten Scherz mit Ehrfurcht gelauscht hatten.

Ehrfurcht ergriff uns allerdings auch bei der Vorstellung, dass in diese steil abwärts führende Erdhöhlung, die unten mit mächtigen Stalaktiten- und Stalagmitengebilden gefüllt war, schon vor mehr als 3000 Jahren Menschen gepilgert waren und dort Mengen von kostbaren Weihegaben hinterlassen hatten.

Bei einem ausgepressten frischen Orangensaft mit Blick auf die Ebene kamen wir mit den Leuten des Restaurants ins Gespräch, die auf Grund der zahlreichen Berührungen mit den Touristen Deutsch, Englisch und andere Sprachen verstanden und sogar sprachen. Als ich von der Höhle schwärmte, was natürlich gut ankam, und noch mal mein Witzchen anbringen wollte, dass Zeus aber nicht zu Hause gewesen sei, lachte der Wirt oder Kellner zwar, meinte dann aber mit blanken Augen, Gott sei halt überall und fing dann an, sich weiter in seine Allgegenwart zu vertiefen. Einen Unterschied zwischen Zeus und seinem –wohl christlichen- Gott schien es für ihn nicht zu geben.

Der Gott an den weitläufigen, aber menschenübersäten Stränden vor Heraklion war offensichtlich ein ganz anderer. Hier wurden nicht nur Sonne, Sand und Baden als Gebrauchsgegenstand genommen, sondern hier wurde das alles hauptsächlich als gesellschaftliches Ereignis gefeiert. Liegen und Sonnenschirme dicht an dicht, Holzplanken, die den Weg über den Sand bequem und kultiviert machen sollten, Duschen und einige Umkleidekabinen, mittendrin eine offene Bar für die obligatorischen Drinks und vor allem eine zwar relativ dezente, aber trotzdem unüberhörbare südamerikanische Salsamusik, die die Weltläufigkeit des Publikums unterstreichen sollte. Kein Rest der archaischen Natur, die uns an anderen Stellen auf Kreta verzauberte.

Die pünktliche Ankunft am Flughafen und die Rückgabe des Mietwagens stellten überhaupt kein Problem dar. Staub und eventuelle Kratzer wurden in keiner Weise bemerkt, ja nicht einmal in Gedanken in Betracht gezogen. Nun blieb lediglich das Warten und Einchecken. Udos Vater hatte vor unserer Reise von den chaotischen Zuständen auf diesem Flughafen gesprochen. Das schien sich nun gar nicht zu bestätigen. Kein ungeordneter Massenandrang, Schilder, die einem den Weg wiesen, sogar eine gewisse Sauberkeit. Hatte er die Tatsache gemeint, dass das unten groß angekündigte Restaurant auf der ersten Etage sich als geschlossen erwies? Oder hatte er ein ähnliches Erlebnis mit der Information gehabt wie ich? Als ich mich nämlich erkundigte, ob denn nicht in der Umgebung des Flughafens noch ein Restaurant zu finden sei, wurde mir das von der hübschen, aber hektisch wirkenden Angestellten kategorisch verneint. Da wir noch genügend Zeit hatten, schlenderte ich auf dem Vorplatz der Terminals herum, und siehe da, ich erblickte sofort zwei kleine Restaurants, so dass wir uns gleich dorthin begaben und einen griechischen

Salat, Tzatsiki und Souvlaki verspeisten. Alles war einfach, imbissbudenartig, aber lecker, sauber und frisch. Bei der Rückkehr ins Flughafengebäude konnte ich der Versuchung nicht widerstehen, der hübschen, aber hektischen Angestellten eine Information anzubieten: „Gleich vor dem Flughafen befinden sich zwei kleine Restaurants. Wenn Sie also noch einmal gefragt werden sollten, ..."

„Das sind keine Restaurants, das sind Kantinen," wurde ich prompt belehrt. Und damit an die weltweit verbreitete neue Art von Information angebunden, der es um das eigene Prestige, eine präzise, aber völlig überflüssige Begrifflichkeit, die häufig nur dem eigenen Sud entstammt, ein abgehobenes Schweben über den banalen Bedürfnissen der Kunden und dem versierten Verdecken der eigenen Dummheit geht. Vorreiter in Deutschland sind Telecom und Deutsche Bahn. Also keine Merkmale der besonderen Chaotik des Flughafens von Heraklion.

Die Abfertigung ging schnell vonstatten, allerdings nach dem Einchecken eine zusätzliche Kofferkontrolle. Aber vielleicht ja gar nicht so sinnlos. Auf der Boardingcard kein Gate angegeben. Das wurde dafür mündlich mitgeteilt. Gate 6. Also dorthin. Aber kein Flug nach Köln. Auch nach einer Stunde nicht, nachdem die Passagiere nach Thessaloniki schon alle eingestiegen waren. Da sich kaum neue Passagiere einfanden, fragten wir nach, an der Theke, unter der sich Papiertaschentücher und Zigarettenstummel versammelt hatten, und die so zerkratzt war, dass sie so in Deutschland nicht möglich gewesen wäre. Aber was soll's? Das kann doch noch kein Chaos sein. Ja, für unseren Flug müsse man sich an ein anderes Gate begeben. Das hätte nun doch ins Auge gehen können, wenn wir nicht rechtzeitig gefragt hätten. Das war's aber dann schon mit Chaotik. Nicht, wie einmal in Mexiko, ins falsche Flugzeug eingestiegen, weil es keine entsprechende Information oder Beschilderung gab.

Das war's. Wieder einmal letztlich problemlos. Und ein wunderschöner Urlaub mit vielen beeindruckenden Landschaftserlebnissen, interessantem und leckerem Essen und mancherlei merkwürdigen menschlichen Begegnungen. Wir kommen wieder. Ohne Reisegesellschaft. Und früher im Jahr, um grünende und blühende wilde Landschaft zu erleben.

Kreta 2011

Sind die harten Hagelkörner auf unserer Terrasse nach dem Sturm vor unserer Kretareise wirklicher als der Untergang des roten Sonnenballs im Libyschen Meer? Ist die nächtliche Sterilität des Warteraums im Kölner Flughafen unwirklicher als die Gier in den Augen der Katzen beim Abendessen im Hotel Polyrizos?

Ein Wirklichkeits-Ranking, das die Reden von Kostas absetzt gegen unsere Gedanken, Gefühle und Vorstellungen, halte ich weder für sinnvoll noch für möglich. Wäre es nicht ein Betrug, genauso wie bei Rankings im Bildungswesen, die nur möglich sind, wenn manche –oft entscheidende – Gesichtspunkte einfach unter den Tisch fallen?

Deshalb kündige ich an, einfach die Wirklichkeit unserer Kreta-Reise darzustellen, nicht als Dokumentation, sondern als Bilderbogen, wie er mir in den Sinn kam, den Sinn, der auch ein Teil der Wirklichkeit ist, einer Wirklichkeit, die sich immer erst aus der Vermischung von Erwartungen und Eindrücken ergibt. Ein Bekenntnis sozusagen zur Promiskuität von Subjekt und Objekt.

Als Überprüfungsmaßstab nur ein kleines Rätsel, das dem Leser aufgegeben wird:

An einer Stelle wird etwas völlig anderes erscheinen, die reine Fiktion. Obwohl: rein? Was heißt schon rein inmitten einer promisken Realität? Und doch: An welcher einen Stelle kommt Fiktion ins Spiel? Und was soll sie dort?

Ansonsten wollte ich einem Pfad in dem Dschungel der Wirklichkeit folgen, wie er sich ergibt, nicht einer bewusst geschlagenen Schneise, die vom grellen Licht einer Taschenlampe beleuchtet wird, einem Pfad, der am Ende zu einer Lichtung führt, einer Pause auf dem weiteren Verlauf des Pfades.

Montag, 28.8.11

„Kostas ist ein Schlitzohr", hatte Sigrid gestern Abend gemeint, als wir in der Taverne beim Griechischen Salat und gebackenen Sardinen saßen. „So ein typischer levantinischer Händler, der dich freundlich und verschmitzt anlacht und im nächsten Moment bescheißt, nicht so sehr, aber doch ein bisschen. Und wenn du es merkst, lacht er dir noch einmal ins Gesicht, weil er erwischt wurde bei diesem Spiel, das er sein ganzes Leben lang spielt. Und seine Freundlichkeit stammt daher, dass du eingewilligt hast, sein Mitspieler zu sein. Solche Typen tauchen auch in Feuchtwangers „Exil" auf, das ich gerade lese."

„Du hast Recht. Und so war auch Petros in meiner vorletzten Klasse. Erinnerst du dich noch an ihn?" Wir waren doch mit der Klasse zusammen in Radevormwald. So war er: klein, wuselig, immer in Bewegung, immer zu einem Scherz und zu einem kleinen Betrug bereit. Später hieß es von ihm, er habe mit Drogenhandel zu tun. Und deshalb sei seine Familie nach Süddeutschland gezogen."

Als wir die Rechnung kontrollierten, zeigte sich, dass Kostas überhaupt kein Schlitzohr ist, mit seinem elastischen Schritt auf seinen Turnschuhen, den vollen schwarzen Haaren mit der Stirnlocke und dem offenen Kugelschreiber hinter dem rechten Ohr. Die Preise waren im Gegenteil recht moderat, und richtig gut der eigene Rotwein, so richtig auf der Mitte zwischen süß und trocken, der halbe Liter zu 3 €!

Heute bediente ein junger Mann mit ebenso sorgfältig frisiertem schwarzem Haar, auch in Turnschuhen mit elastischem Schritt, aber in einer schwarzen Edel-Trainingshose und einem roten T-Shirt, der zwar auch ein paar Brocken Deutsch sprach, aber nicht wie Kostas behände von Griechisch auf Englisch und von Englisch auf Deutsch umschaltete.

Gestern hat sich gerade der Schwarzgekleidete mit schwarzer Umhängetasche witzelnd verabschiedet und war auf dem Weg verschwunden, der mit großen ockerfarbenen Natursteinen gepflastert ist, zwischen den beiden Hecken hindurch und den beiden Tamarisken auf dem sandigen Strandweg, wo jetzt von den 20 bis 30 Pkws, die dort am Nachmittag standen, keiner mehr übrig geblieben ist. Er hätte der Briefträger sein können, freudig und palavernd empfangen, ich sah ihn aber nichts auspacken oder überreichen.

Kostas sitzt wieder in seinen abgewetzten Jeans und seinem T-Shirt, auf dem hinten in griechischen Buchstaben „Guten Appetit" prangt, am letzten Tisch der rohrbedachten Terrasse, den rechten Arm auf den Tisch gestützt, mit schiefer Schulter und diesem Blick von schräg unten, der etwas Lauerndes zu haben scheint, in Wirklichkeit aber wohl nur auf Müdigkeit zurückzuführen ist, da sich der Restaurant-Betrieb den ganzen Tag über hinzieht. Am frühen Nachmittag war es hier sogar richtig voll.

Neben ihm sitzt der Mann mit dem dicken lockigen Haar, das nach unten in einem riesigen Bart endet. Weil der ein schwarzes T-Shirt trug und mit einem dieser klackernden Rosenkränze spielte, die man manchmal auch bei Türken sieht, hielt ich ihn zuerst für den Popen und hatte schon Angst, dass er sich in dem längeren ernsten Gespräch, das er mit Kostas führte, darüber beschwerte, dass ich heute am Triopetra-Felsen nackt gebadet hatte.

Als wir vor zwei Jahren hier zum ersten Mal auftauchten, liefen noch andere, wohl Deutsche, ebenfalls nackt am Strand herum, dieses Mal aber außer mir keiner. Ich musste daran denken, dass in Ithaka an unserem „Privatstrand" einmal ein Grieche aufgetaucht war, dem das Entsetzen ob unserer Nacktheit im Gesicht zu stehen schien. Manchmal vermuteten wir, dass deshalb unser schönes Haus auf Ithaka später nicht mehr für uns zu haben war. Aber das sind alles nur so Gedanken.

Es war aber nicht der Pope. Es war einfach Giannis, oder so.

Angenehm nun das leichte Rauschen des Windes in den Fächern der Palme vor uns auf dem Rasen mit den Sonnenschirmen und der Dusche.

Dienstag, 29.8.11

„Wind gut?" hatte Kostas gestern gefragt, als sei er für dessen richtige Dosierung verantwortlich.
„Ja, gut. Ein bisschen weniger wäre noch besser", hatte ich geantwortet.
Der Wunsch wurde nun prompt erfüllt. Er pfiff nicht mehr so um die Hausecken, und am Strand sauste er nicht mehr um unsere Ohren. Dafür war das Meer nun noch aufgewühlter. Einmal hatte ich Schwierigkeiten, nach dem Schwimmern wieder festen Boden unter die Füße zu bekommen, vor allem, weil ich um meine Brille fürchtete. Ich hatte vergessen, sie vor dem Schwimmen gegen meine Ersatzbrille auszutauschen, die sich in der festen Hülle aus Leder in meinem Rucksack befand. Drei von diesen herrlichen Etuis mit Druck-

knopf habe ich ja noch von dem mexikanischen Optiker, bei dem ich damals die erste –schwere-Bifokalbrille erstand.

Kostas sitzt also wieder mit dem vermeintlichen Popen an dem Tisch am Ende der Terrasse und palavert laut herum. Es hört sich immer so an, als wenn sie streiten würden, was wahrscheinlich nicht der Fall ist. Sonst ist heute alles sehr ruhig. Unter der Pergola, die sich bis zum Strand hinzieht, und die wir nicht benutzen, weil dort noch die Sonne hinscheint, sitzt heute nur das eine Paar des deutschen Viererpacks, das in unserem Haus wohnt. Das andere Doppelpaar, das die beiden Zimmer neben uns bewohnt, ist heute nicht zu sehen. Alle sind sie sehr ruhig und zurückhaltend. An unserem Triopetra-Felsen, wo wir den Tag verbrachten, tauchten sie nicht auf. Ist ihnen wohl zu rustikal dort. Wahrscheinlich benutzen sie die kostenlosen Liegen und Schirme auf dem Strand direkt vor unserer Taverne, deren Namen *Girogiali Rent Rooms* groß auf einer senkrecht gestellten ockerfarbenen Steinplatte am Sandweg vor der Dusche steht.

An „unserem" Felsüberhang hatten wir bis halb sechs Schatten, wenn auch nachher sehr schmal. Die Nachbarn beäugten uns misstrauisch und verärgert, als wir kurz nach ihnen, aber immerhin zehn Meter von ihnen entfernt, unsere blauen und grünen Badetücher ausbreiteten. Der Mann mit seinem langen schmalen Ziegenbart und dem langen Zopf im Nacken war mir schon gestern unsympathisch vorgekommen, als er im Restaurant meinen Gruß offensichtlich als Zumutung empfand. Erst recht erschien er mir nun als ästhetisch perfektionierter Pseudolinker, vielleicht ein Gesamtschullehrer, der im Zweifelsfall seine zur Schau getragene soziale Ader nur für sich selbst einsetzt. Vier Holzstecken passten perfekt zu dem weißlichen Leinentuch, das er mit Schnüren waagerecht vor den Felsen gespannt hatte. Daneben war sein Revier mit zwei Isomatten gekennzeichnet, damit es nur ja keiner wagte, ihm zu nahe zu kommen. Später gesellte sich eine passend in ein khakifarbenes Kleid gehüllte schlanke Frau zu ihm, die den Fotoapparat nicht aus der Hand legte. Eine Fotografin?

Er stieg lange mit seiner athletischen, aber büroverdorbenen Gestalt nicht ins Wasser. Dann baute er ein kleines Tischchen mit Decke vor sich auf und stellte einen kleinen Laptop darauf. „Ein Schreibender", meinte Sigrid. Sein Bild in meinem Kopf begann sich zu wandeln.

Wie russische Puppen

Wenn eine Haut sich
nach der andern ablöst,
wen lernst du dabei
wirklich kennen?
Liegt dann im letzten
Kern die eigentliche
Wahrheit?

Oder musst du alle
einzeln, in ihrer
Eigenart betrachten,
die oft der andern
gar nicht ähnlich sieht?

Und dir zum Schluss
ein Durchschnittsbild
berechnen, fast schon
mathematisch?

Dann sah ich, dass er gar nicht seine Finger wie
beim Schreiben bewegte. Der las nur- Internet
oder E-Mails. Konnte mir mein Bild doch erhalten
werden? Einfach nur ein Angeber? Das Bild änderte sich wieder leicht, als ihn ein schlaksiger
junger Mann auf Englisch um ein Feuerzeug bat,
welches er ihm prompt reichte. Seine Stimme
klang sonor. Sein Englisch war wie selbstverständlich. Englisch-Lehrer? Kurz bevor wir aufbrachen, traf er Vorkehrungen, aus denen man
entnehmen konnte, dass sie dort die Nacht verbringen wollten. Das könnte mir auch gefallen.
Schon um den Sternenhimmel richtig schauen zu
können. Auf unserem Balkon ist man leider von
dem Licht der beiden hohen Laternen geblendet,
die auch hier unnötigerweise die Nacht erhellen.

Gleich kommt Kostas mit der Rechnung, nachdem er mir vom anderen Ende der Terrasse ein
wohlgelauntes Giamas (Prost!) zugerufen hatte
und dabei das Gläschen mit Raki hoch hielt. Der
junge Kellner hatte uns gerade zwei Gläschen auf

den Tisch gestellt: „From Kostas." Da uns das alles schon zu viel Alkohol war, Sigrids Mythos-Bier, mein Viertel Rotwein, „Kostas-Wein", und jetzt noch zwei Raki, schüttete Sigrid ein Gläschen auf den Rasen. Wenn wir Pech hatten, hatte Kostas das mitbekommen!

Schon vorgestern waren wir gleich nach der Ankunft in einem Supermarkt auf dem Weg vom Flughafen zur Südküste mit der alten griechischen Herzlichkeit begrüßt worden. Es gibt sie also doch noch, trotz Krise und trotz Frau Merkel, die von Faulheit und von Festhalten an Privilegien gesprochen hatte. Zwei Männer, die an einem Tischchen in der Ecke einen lecker duftenden Fisch verspeisten, ...

Mittwoch, 30.8.

„Der Mann guckt auch so neugierig wie ein Sachse", meinte Sigrid, als ich von der Begegnung im Treppenhaus berichtete, und fuhr fort in ihrer ausgedehnten Nachmittagstoilette. Ich legte meinen Zeigefinger an die Lippen und zeigte auf das offene Badezimmerfenster, das zum Flur mit den 5 Zimmern auf unserer Etage geht.

„Na und? Jetzt kommt doch keiner." Erst nach einigen Minuten: „Obwohl ich in Aachen bei Petra mal so ins Fettnäpfchen getappt bin. Weißt du noch?"

„Nein, wieso?"

„Da war doch dieser lästige Mann von der Debe-
ka. Und als ich nach unserem erzwungenen Spa-
ziergang klingelte und Petra an die Tür kam, mit
der kleinen Luca im Arm, fragte ich: „Ist der Typ
endlich weg?" Da schallte aus dem Wohnzimmer
seine pikierte Stimme: „Nein, der Typ ist noch
da." Sein Kommentar war mir damals ziemlich
peinlich."

Der Kommentar von Giorgios, Kostas' massigem
Bruder, fiel ganz anders aus, als ich bei ihm zwei
frische Orangensaft bestellte und einen davon
nach oben brachte. Er schaute mich mit erstaun-
tem Blick an. Ich gab einen dieser Einwortsätze
von mir, in der die Konversation hier oft läuft und
erstaunlich gut funktioniert: „Gynaika (Frau)."
„Domatia (Zimmer)?"
„Nä (Ja)."
„Bravo. Poly skala (Viel Stufe)."
Das war seine ironische Anerkennung, die allerdings nicht nur aus Ironie bestand. Denn die Stufen vom Erdgeschoss bis zum zweiten Stock hatten ihn am Morgen ganz schön außer Puste gebracht. Endlich hatte ich es da nämlich fertigge-
bracht, einen von Kostas' Leuten in unser Zimmer
zu bitten, eben Giorgios. Kostas selber hatte ich
zum zweiten Mal wegen des lecken Spülkastens
um Hilfe gebeten, der unser Badezimmer von
Anfang an in ein schlüpfriges Fußbecken ver-
wandelt hatte. Sigrids praktischer und ordentli-
cher Sinn hatte sie auf die Idee gebracht, den
Inneneimer des Papierkorbs unter das ununterbrochen tropfende Leck zu stellen. Nach wenigen

Stunden war dieser aber voll und musste –wenn wir nicht gerade schliefen – in einem Schwung in die Toilette entleert werden.

Ich muss gestehen, dass ich wieder zweierlei Verdachte hatte:

1. Das Problem ist Kostas längst bekannt. Nur lässt es sich nicht lösen. Und wir werden einfach bis zum Ende unserer Tage hier vertröstet.
2. Der Bruder Giorgios ist ein fauler Sack. Er lässt die ganze Arbeit seinen agilen Bruder machen. Jetzt soll er endlich auch mal ran. Und deshalb sagte Kostas gestern: „Meine Bruder fragen. Der kann machen."

Aber wann? Als Kostas das zu uns sagte, gestern Abend, saß Giorgios einen Tisch weiter und strahlte, für alle deutlich, aus: „Jetzt ist Feierabend!"

Am Morgen erwischten wir ihn dann doch. Nach dem Frühstück blieb ihm keine Möglichkeit mehr, uns zu entwischen, er schnaufte die Treppen hoch, dass man den Eindruck hatte: Da war er noch nie gewesen. Und dann- war die Geschichte in zwei Minuten erledigt! Er stellte einfach eine Stellschraube am Einlauf um, so dass der Wasserspiegel nicht so hoch stieg, dass er durch ein Loch an der Seite, von ungeklärter Funktion, entweichen konnte.

Der Sachse, den Sigrid vielleicht beleidigt hätte, wenn er sie gehört hätte, ist übrigens kein Sachse, sondern ein Thüringer aus der Nähe von Gera, einer von einer der beiden „Viererbanden". Ich begegnete ihm auf der Treppe und redete ihn an – „nach getanem schweren Tagewerk". Als er antwortete, sprang sofort mein linguistischer Ehrgeiz an. Wenn man den Leuten kurz die eigene Masche erklärt, sind sie meist sofort bereit, ihre Herkunft zu erklären. Als ich auf Thüringen tippte, antwortete er stolz mit „Volltreffer!"

Weiter oben kam mir die Frau mit den straff nach hinten gekämmten strohblonden Haaren mit Dutt entgegen. Ihr Mann war wohl zuerst an unserem Strandabschnitt mit den schattenspendenden Höhlen und Grotten erschienen. Heute war dort der Bär los. Der Ziegenbärtige, der dort mit seiner verhärmten Kollegin übernachtete, war verschwunden. Stattdessen sah man vor dem grottenartigen Überhang zwei Gestalten in Decken gehüllt auf dem Sand schlafen. Eine schlanke, ein wenig frech blickende Bikinischöne schälte sich aus der einen Decke und zeigte ihre schriftartige Tätowierung auf dem Rücken. Als er sich immer noch nicht rührte, auch nicht, als sie sich kurz auf ihn legte und küsste, lief sie frustriert ins Wasser. Später sah ich, dass er mit seinen blonden Rastasträhnen der Lange vom Vortag war, der mich um Feuer gebeten hatte. Seine Hüfte wurde von einer Tätowierung verziert, die wie ein graziles dünnes Geäst aussah, mit roten Punkten am Ende jedes Zweigs.

199

„Das ist aber wohl professionell, in einem Verein geübt, oder?" fragte ich den athletisch gebauten jungen Deutschen, als er von der senkrechten Wand zurückkehrte, die er bravourös hochgeklettert war, sorgfältig seine Finger und Füße in kleinste Nischen und Vorsprünge setzend. Tatsächlich hatte er sich das Klettern selber beigebracht, seit vielen Jahren wohl vor allem hier, in Triopetra, wo er schon als Kind gewesen war. Seine ebenfalls athletische, etwas fleischige Freundin hörte unbewegt zu. Der Schildpatt- Ohrring an ihrem rechen Ohr hing ohne Regung da. So wie die Luft sich heute verhielt, so still, dass nun langsam erstmalig auch Insekten auftauchten. Gestern Abend schon sahen wir auf einmal Libellen über dem Rasen vor der Pension und eine Vielzahl winziger Mücken vor der untergehenden Sonne tanzen.

Der kraushaarige Österreicher mit den beiden Frauen hatte –vielleicht aus nationalem Pflichtgefühl- auch einen Kletterversuch unternommen. Das schien mir sehr im Gegensatz zu stehen zu der verschämten Art, wie er im Stile Mr. Beans seine Unterhose gegen die Badehose austauschte, hinter einem umgebundenen Handtuch, während seine beiden Begleiterinnen sich barbusig auf ihrer riesigen blauen Luftmatratze räkelten.

Und dabei lagen die beiden athletischen jungen Deutschen sowieso nackt neben ihnen, er mit seinem rötliche Kraushaar und frühen Geheimratsecken, sie mit ihrem unbeweglichen Schild-patt-Ohrring, während er ab und an sein nicht unbeträchtliches Gemächt auf seinem Bauch sortierte. Dazu das dünne Gerippe des Mannes der Strohblonden, die „Der 14. Stein" von Fred Vargas las. Er war schon einige Zeit vorher aufgetaucht, hatte sich auf sein tibetrotes Handtuch gepflanzt und streckte sein merkwürdig vermurkstes Glied in die stille Luft. „Ein einsamer Spanner oder Schwuler" hatte ich ihn instinktiv eingeordnet. Aber diese spontanen Assoziationen können ja so ungerecht sein. Wie werden wir wohl eingeordnet? Früher meist recht positiv, ich so in Richtung Professor, Sigrid mindestens Lehrerin. Heute sind die freundlichen und anerkennenden Blicke seltener geworden, warum auch immer. Immer häufiger habe ich das Gefühl, dass wir uns selber ins Spiel bringen müssen, wenn wir überhaupt bemerkt werden wollen. Wird man mit dem Älterwerden unsichtbarer? Die Zugpferde beim Kennenlernen sind natürlich immer noch unsere Aufenthalte in Chile und Mexiko.

Jetzt höre ich nebenan am nächsten Tisch mit 2 Männern, einer Frau, einem vielleicht achtjährigen blonden Mädchen und zwei Hunden an der Leine eine Unterhaltung der beiden Männer über die Fähigkeiten ihrer Handys, die sie in der Hand halten. Vielleicht sind es auch keine Handys mehr, sondern diese neuen mysteriösen „Eier", Geräte, deren Namen immer mit einem kleinen i anfängt, und deren Sinn mir bis heute und vielleicht für immer verborgen bleibt. Vielleicht besteht ihr Sinn ja in einer neuen Stufe der Entfernung von der Wirklichkeit. Sie hätte mir bei den kleinen Mädchen fast die Tränen in die Augen getrieben, die gestern auf einer Liege auf dem Rasen vor der Pension sich mit einem Computerspiel beschäftigten, statt miteinander oder mit ihrer doch immer noch fremdartigen Umgebung, die man nach heutigem Sprachgebrauch auch als romantisch bezeichnen könnte. Stellt euch das vor: Zwei Tavernen an einem kilometerlangen Strand, nur an einem kleinen Abschnitt davon je ca. 20 grüne, 20 blaue und 20 orangefarbene Sonnenschirme mit den dazugehörigen Liegen, die grünen kostenlos von uns benutzbar, da sie zu unserem Restaurant Girogiali, Kostas' Taverne, gehören. Nach einem kurzen Versuch nahmen wir allerdings wieder Abstand von ihnen, da wir das Liegen im grobkörnigen Sand wesentlich bequemer fanden und den Felsenschatten als wirklichen Schatten erfuhren. Zivilisation ist offensichtlich oft nicht einmal die bequemere Alternative.

Zwar stehen vor den beiden Tavernen auf dem Sandweg zur Mittagszeit bis zu 25 Pkws. Doch hört man keinen. An unseren Felsen sowieso nicht. Und jetzt am Abend, wo wieder ein sehr angenehmer Wind weht, nur das Klappern des Bestecks auf den Tellern des Nachbartischs, leises Gemurmel der wenigen Gäste im Hintergrund und Gläserklirren aus der Küche. Sonst nur die Wellen der Brandung in der Dunkelheit, ihr merkwürdig schepperndes Geräusch ein wenig kurzatmiger als in der vorletzten Nacht, als es von den Nachwehen eines fernen Sturms weit draußen auf dem Meer zu zeugen schien.

An den Hängen des bis zu 1200 m ansteigenden Gebirges im Hintergrund sind hier nur wenige Lichter zu sehen, an einer Stelle die Licht-Ansammlung des kleines Dorfs Parakevi.

Auf dem Meer, von dem her nun eine stete frische Brise weht, blinken nur 2 weiße Pünktchen, die wohl von Fischerbooten stammen. Und aus dem niedrigen Dunst in der Ferne über dem Wasser steigt eine orangefarbene Neumondsichel auf.

Das langhaarige achtjährige Mädchen am Nebentisch entpuppte sich als Junge, der auch wieder auf ein Spiel in seinem i-Phone starrte. Als ich mich an seine Ohren neigte und meinte: „Das Meer ist doch viel schöner", antwortete er mit einem prompten „Nein!" Seine Mutter lächelte und meinte: "Nach einem ganzen Tag am Meer braucht man wieder ein bisschen Zivilisation."

Donnerstag, 1.9.11

Jetzt am Morgen ist es nicht nur beim Frühstück, sondern auch auf unserem Balkon sehr angenehm. Ein leichter kühlender Wind sorgt für gelassene innere Heiterkeit. Eine Schwalbe flattert aus dem trockenen Bachbett vor dem gelben Lehmberg mit seinen Erosionsfalten hervor und sondiert die Lage. Man sieht noch keine Menschen am Strand. Der einzige Gast außer uns ist gerade angekommen: der kleine Doktor (So nenne ich ihn) mit seinem ungebärdigen graumelierten Haarschopf. Seine Bewegungen, als er aus dem Auto stieg, waren langsam und vorsichtig, weil seine kleine Tochter noch schlief. Sie hatte gestern neugierig zugeschaut, als ihr Papa von uns eine Aufnahme am Abendbrottisch vor der untergehenden Sonne machte und dabei in die Hocke ging.

Gestern Abend und auch noch, als wir aufstanden, umfing uns die Luft in einer liebevollen Wärme, die an Mexiko erinnerte. Sie war erfüllt von einem würzigen Duft. Vielleicht hatte ein Regen in den Bergen das Aroma von Pinien, Oregano, Salbei und Anis gelöst.

Am Abend:
Heiß war es heute, und auch der Wind brachte keine Kühlung. So beschränkte sich unser Besuch in Agia Galini auf den Kauf von Postkarten in einer der Restaurant-gespickten Gassen, die sich vom Hafen nach oben ziehen, und eine kurze Begrüßung von Dädalos und Ikaros, deren Denkmal auf den Hafen schaut, von wo aus sie der Sage nach ihren tragischen Flug begannen.

Ausnahmsweise aßen wir heute auch einmal zu Mittag in einem Restaurant, während wir ja bisher nur unser griechisches Zwiebackbrot, ein wenig Fetakäse und Weintrauben zu Mittag verspeisten, an unserem Schattenfelsen, mit einfachem Wasser und einem Schluck Weißwein, den uns die Frau in dem Supermarkt in Agia Barbara am ersten Tag in einer Liter-Plastikflasche für 3 € verkauft hatte. Und er ist richtig gut. Bei dieser Frau mit den lieben Augen hatten wir auch unsere Sonnenschirme erstanden. Und es war gut, dass wir sie beide zur Probe aufspannten. Sonst hätten wir zu spät bemerkt, dass bei einem das Unterteil fehlte. Es stellte sich dann heraus, dass dieses als Bananenständer in der Auslage des Geschäfts gedient hatte.

Dieser Supermarkt war unsere erste Begegnung mit dem alten Griechenland gewesen, nach dem Rummel am Flughafen und den hässlichen Betonbauten in Heraklion und Umgebung. Im hinteren Teil des Ladens saßen zwei Männer an einem wackligen Tisch und aßen zu Mittag. Von dem Tisch stieg ein verführerischer Duft nach gebratenem Fisch in unsere Nasen. Als sie merkten, dass unsere Augen dem Duft folgten, wurden wir sofort aufgefordert, eine kleine Kostprobe zu nehmen. Wir durften auch von dem harten, aber schmackhaften Knäckebrot kosten und erhielten jeder ein Gläschen von dem Wein, den sie tranken. Gastfreundschaft mit fließendem Übergang zum Geschäft, wie sich dann zeigte. Die Ladenbesitzerin bot uns dann sowohl den Wein als auch das Knäckebrot zum Kauf an. Es lohnte sich, wie sich dann zeigte.

Nun aber saßen wir in Kostas' (Heißen alle Wirte so?) Taverne in Agia Galini, die direkt am Strand lag und von dem Fluss begrenzt wurde, der für diese Jahreszeit erstaunlich viel Wasser führte und von einer schönen Fußgänger-Metallbrücke im Stile Eiffels überspannt wurde. Der kleine Salat, den Sigrid bestellt hatte, war keineswegs ein kleiner. Und von dem Teller mit panierten Zucchini hätte man alleine schon satt werden können, ganz zu schweigen vom Moussaka. Der Kellner hatte uns netterweise von einer weiteren Bestellung abgeraten, was sich als völlig richtig erwies.

Wir fragten den Kellner, ob die Straße zurück über Agios Giorgios fertig sei. Er schüttelte den Kopf, grinste und meinte: „Das ist seit Jahren so. Alles, was die Regierung macht, ist nur halber Kram."
„Dann müssen sie eben eine neue Regierung wählen", meinte ich.
„Das ist doch alles dasselbe. So ist das eben im Kapitalismus."

Unser Wirt Kostas in Triopetra scheint etwas anderer Meinung zu sein. Wenn man seine Einwort- oder Zweiwort-Sätze richtig versteht.
„Keine Krise!" hat er mehrmals betont. „Nur viele Arbeit." Und viel arbeiten tat er ja auf jeden Fall, von morgens bis abends.

Seit mehreren Jahren ist er von seiner Frau getrennt, lebt im Restaurant mit seinem Bruder und den beiden bulgarischen angestellten Frauen. Wo sie richtig wohnen, ist uns bis heute nicht klar. Der Kellner Wassili kommt mit seiner Schrottkarre jeden Tag die 11 km von Akoumia, wo auch Kostas im Winter in seinem Haus lebt. Akoumia ist der enge Ort neben der Durchgangsstraße von Agia Galini nach Rethymnon, von dem die immer noch nicht fertiggestellte Straße bzw. Piste mit den weiten Kurven hinunter zur Küste abzweigt. Durchfährt man diesen Ort, hat man das Gefühl, man sei in das Wohnzimmer einer großen Familie eingedrungen, und als würden die Bewohner im Vorbeifahren prüfen, ob man charakterlich dafür geeignet sei.

Wahrscheinlich lebt in Akoumia auch Kostas' 16-jähriger Sohn, von dem er erzählt, dass er nicht arbeiten wolle, obwohl er ihm gerade ein Auto geschenkt habe. Bevor Kostas hier für die Monate der Saison einzog, sei er immer eine Stunde lang bis Rethymnon an der Nordküste gefahren. Dann sei er so müde gewesen, dass er „mit Frauen nicht mehr sprechen konnte". Mit welchen Frauen? Und was heißt sprechen? Meinte er die angestellten Bulgarinnen?

Eine von ihnen hatte ich am ersten Tag, als ich noch dachte, sie sei Griechin, in der Küche gefragt: „Ti kanete (Wie geht es Ihnen)?" Sie blieb sehr ernst und schüttelte den Kopf. Vielleicht fügte sie noch ein „Ochi (Nein)" hinzu. Ich dachte, es ginge ihr schlecht, oder (meine ewige Obsession) sie missbillige mein Nacktbaden, von dem ich

207

befürchtete, dass es sich herumgesprochen haben könnte.

Als ich einen Tag später ihrer Kollegin die gleiche Frage stellte, während sie vor dem Frühstück den Pergola-Boden fegte, zuckte auch diese mit ihren Schultern und fügte dann ein erhellendes „Bulgaria" hinzu.

Gisela und Rudi würden triumphieren, wenn ich ihnen von den sechs jungen Leuten erzählen würde, die dicht beieinander, laut redend, manchmal übereinander kugelnd, am Strand lagerten und sich haargenau auf die Linie legten, von der die Böschung zum Meer hin abfiel zur Brandung, von wo man den besten Blick auf die Wellen hatte, und wo man am besten gesehen werden konnte. Auf jeden Fall palaverten sie ununterbrochen. In welcher Sprache wohl?

Freitag, 2.9.11

Heute scheint es noch heißer zu sein, auch der Wind. Wir mussten sehr oft ins Wasser, einfach um uns abzukühlen. Am Morgen konnte man sich nach dem Schwimmen noch in den warmen Sand legen, auf der Kruppe des Strandes, oberhalb der leichten Böschung, wo man die klatschenden Wellen genau beobachten konnte, in allen sieben Phasen, wie sie langsam wachsen, bis sie überkippen und sich ein blanker Niagara zeigt, in türkisen Tönen, dann die Unordnung der wilden weißen Gischt, die, in Erinnerung an die weißen

Rosse des Poseidon, die Böschung hinaufgaloppieren, wo sie jäh ihre Kraft verlieren, schmählich blass den Rückweg antreten, auf dem nur ein schmaler Saum noch von ihrer früheren Herrlichkeit erzählt. Dann bleibt als Zeuge nur die Feuchtigkeit, die den Sand ein wenig dunkler färbt. Das Nichtmehr und das Nochnicht. Aber bald. Ewig wiederkehrend, immer anders.

Kostas sitzt im Moment, merkwürdig leise redend, an einem Tisch auf der Terrasse, wo er sonst nie sitzt, weit entfernt vom Kellner Wassili, der grinsend rüberschaut. Ein wenig nervös stand Kostas zuerst vor den beiden, wischte das Tischtuch mit der Hand ab, hatte schon vorher laut „Zwei Kaffee!" in die Küche gerufen. Offensichtlich wollten sie aber keinen Kaffee, sondern bekamen jeder eine Flasche Cola oder Sprudel auf den Tisch. Der eine von ihnen, dessen Augen von einer großen Sonnenbrille verdeckt waren, redete in halb abgewandter Haltung, als wolle er sich nicht mit Kostas gemein machen, ununterbrochen, als wolle er ihn belehren oder überzeugen. Der andere der beiden saß stumm daneben. Kostas nickte meistens nur. Wenn er sprach, dann nur sehr leise.

Als sie ankamen, gingen sie zuerst in die Taverne nebenan, kamen aber gleich wieder heraus, stiegen ins Auto, fuhren 20 m weiter bis vor den Aufgang zu Kostas' Taverne, parkten den Wagen aber so, als wollten sie die Auffahrt gleich hinauffahren oder den Ausgang blockieren. Dann stiegen sie aus und gingen eiligen Schrittes auf Kostas zu, der gleich „Kaffee!" in die Küche rief. Jetzt, nach einer Viertelstunde, redete der eine der beiden Polizisten immer noch auf Kostas ein, dem er vorher ein Papier überreicht hatte. Ein Protokoll? Nun stand der mit der Sonnenbrille auf, drei Winkel hatte er auf dem Arm, sein Begleiter lediglich bescheiden die Zahl 2. Schnellen Schrittes begaben sie sich zu ihrem Wagen, legten eine Unterlage mit Papieren hinein und verschwanden. Ich bin gespannt, ob Kostas uns etwas berichten wird.

Er ist ja ein kleines Kommunikationsgenie, redet fließend Deutsch in Ein-Wort- oder Zwei-Wort-Sätzen, meistens in Substantiven und einigen wenigen Adjektiven. Verben kommen kaum vor. Deklination und sonstige grammatische Mätzchen sowieso nicht. Und doch versteht man ihn. Die Bewertung und Förderung dieser Fähigkeit kommt bis heute im Fremdsprachenunterricht zu kurz. Passive Kommunikation in Form von Hörverstehen ja, aber nicht die aktive, höchstens auf ganz hohem Niveau.

„Hast du die Tamarisken am Strand gepflanzt?" fragten wir ihn heute Morgen.
„Ja, ich. Viele Arbeit. Ziegen machen kaputt. Politiker sprechen. Politiker von Dorf. Ziegen nicht kommen. Jetzt 2 Jahre nicht. Besser."

Samstag, 3.9.11

Der Morgen am Strand wunderbar. Am Nachmittag plötzlich etwas Durchfall, den ich aber durch das homöopathische Mittel Okubaka schnell in den Griff bekam.

An unserem Felsen erzählte uns der Münchner Ingenieur im Unruhestand, dass er Martin Walser bei einer Lesung seines neuen Romans „Muttersohn" erlebt hatte, bedauerte aber, dass der so religiös daherkomme. Sigrid schwärmte von diesem Roman, den sie gerade am Strand las, und relativierte das angeblich Religiöse.

Die hochgewachsene Norddeutsche blieb mit ihrem Marlboro-Gefährten bis in den späten Nachmittag, er streichelte zärtlich ihren Rücken. Wir zogen zum Schluss in die Höhle um.

Die Schweizer, die von Amorgos schwärmten, die beiden jungen Mädchen, die eine mit Hethiternase, die andere hinter ihrer Brille versteckt, Zähne bleckend, aber hübsch, besonders wenn sie Wassili von unten her anhimmelte.

Die Familie mit den beiden achtjährigen Zwillingen, die von Elofanissi 7 Fahrtage mit dem Klepper-Faltboot unterwegs waren.

Kostas am Morgen nach Polizei gefragt, kamen wegen seiner Frau, wohl Unterhaltszahlung, fing aber an mit „gute Freunde", kann wohl nicht sein, da sie ihn zuerst in der anderen Taverne suchten.

Sonntag, 4.9.11

In dem Labyrinth der Berge hinter uns sammelten sich unberechenbare Windböen, schwollen an, um dann mit teuflischer Gewalt Zerstörung anzudrohen. Wie konnte das Ziegeldach diesem Toben widerstehen? Mussten nicht längst Bäume umgerissen und Autos umgekippt sein? Jetzt wurde ein Stuhl auf dem Balkon umgerissen. Wieso nur einer? Die Dunkelheit wich allmählich einer grauen Dämmerung. Zwischen den Böen manchmal atemlose Stille. Dann wieder das frenetische Anwachsen, das plötzlich ein Wummern hervorbrachte von beängstigender Dauer. In der neuen Stille Spatzengezwitschere. Und dann aus den Bergen die rosa angehauchten Wölkchen, so zart wie gebräunte Rückenhaut, von Fingerspitzen als Seide gestreichelt. Unverhoffte Erwiderung, die schließlich in neuen Böen endete, die dann matt erstarben. Für eine Stunde waren Standplätze an der bebengeschüttelten Nordküste von Chile neu erstanden, mit Morgen, die die Welt erschufen, von vulkanisch schwarzem Hintergrund.

Hinter den auf den Strand gezogenen Faltbooten steigt nun die Frau mit dem zarten Oberkörper und dem unglaublich stämmigen Untergestell in die Brandung. Sie hatte wohl mit ihrem großen schlanken Mann und den Zwillingsmädchen in den violetten Badeanzügen in der Höhle übernachtet.

Wassili steigt gerade aus seiner Dreckskarre und tänzelt mit Kostas in seinem roten Kastenholz-T-Shirt zur Taverne. Die Felsen von Triopetra ungerührt im aufgewühlten Meer, vorneweg der mit der Maya-Haube und dem vorgestreckten Mund und Kinn, das stromlinienförmige Profil, das Däniken mit Raumfahrt in Verbindung brachte.

Die beiden Schweizer winken, früh zum Wandern schon bereit, sie in einem langen roten Flatterkleid.

Wie wohltuend es ist, wenn man wildfremde Menschen trifft, die auf derselben Wellenlänge liegen oder zumindest die gleichen Anschauungen teilen. Beim Frühstück kamen wir mit den Schweizern ins Gespräch, über eine Frau, die ihr kleines Kind versohlt hatte. Die Schweizerin äußerte sich mit dem gleichen Abscheu darüber wie Sigrid. Prügeln wurde Thema, Sigrid und ihr Vater, beide Schweizer und ihre Eltern, vor allem der jähzornige und unberechenbare Vater Pastor von ihm. Sogar in der Irrenanstalt sei er deshalb gewesen. Von da auf Martin Walsers „Muttersohn", worüber Sigrid mittlerweile regelrechte Vorträge halten kann. Das Thema Mann und Frau und die beiden Seiten eines Menschen interessierten sie so sehr, dass ich fast eine Psychologin in ihr vermutete. Beiläufig wurde erwähnt, dass er Professor ist und war, und dass seine eifrigsten Studenten Migranten waren. Auf dieses Thema kamen wir, als ich sie nach ihrer Meinung über die Schweizer Volksabstimmung fragte. Das Ergebnis, das Verbot des Baus von Moscheen, machte sie fast verrückt. Das habe nur eine kleine, aber stetig anwachsende Partei mit viel Geld auf vielen Veranstaltungen geschafft, auf denen die Ängste der Bevölkerung vor Arbeitsplatzverlust und Besitzverlust geschürt und ausgenutzt wurden. Hier zeige sich nach ihrer Meinung die Grenze der direkten Demokratie. Leider vertieften wir das nicht weiter.

Der Abschied von Kostas, bei dem er wieder, wie schon bei einigen Rechnungen zuvor, die Summe zu unseren Gunsten leicht abrundete, war kurz und schmerzlos. Vielleicht aber stand ihm in einem Augenwinkel doch ein kleiner Tropfen. „Wir kommen wieder, Kostas."

Über das Bergdorf Spili mit seinem Brunnen, in den sich die Wasserstrahlen aus 24 Löwenköpfen ergießen, und die eindrucksvolle Kourtaliatiko-Schlucht gelangten wir an den belebten, aber nicht überfüllten Strand von Damnoni bei Plakias, der natürlich nicht mit Kostas' Strand zu vergleichen ist. Und leider verglichen wir auch das Hotel Polyrizos und den Kastro-Strand dahinter, begannen also mit dieser verfluchten Ranking-Manie. Sicher, eins schien uns klar: Nach Kostas' Taverne und Pension sind wir für Hotels in Griechenland verloren. Der kühle Empfang in der Rezeption, wo man zuerst überhaupt jemanden suchen musste, bis wir den Chef über das Telefon auf der Theke erreichten. Und die einzelnen Gäs-

214

te, an denen wir vorbeikamen, und von denen keiner grüßte.

Der Abend auf der Restaurant-Terrasse bot sich dann ganz anders dar. Laute Begrüßungen, Lachen, die griechische Besitzer-Sippe an einem Tisch vor der Küche. An unserem Nachbartisch eine hochgewachsene Frau mit unverkennbar norddeutschen Zügen, laut redend, als mache ihr die Hässlichkeit ihres langgezogenen Gesichts überhaupt nichts aus. Die Tochter ihr Abbild in Jung und Hübsch, trotz ihrer krankhaft wirkenden farblosen Wimpern. Als sie das niedliche kleine Kätzchen an ihr schönes Pferdegesicht hob und es küsste, kontrastierte das Bild stark mit ihrer blasierten Redeweise. Vielleicht war sie jünger, als sie aussah, was auch die Tatsache erklären könnte, dass sie noch zusammen mit ihren Eltern reiste. Caracaballo (Pferdegesicht) hieß die Familie fortan für uns, wobei er ganz anders ausschaut, wahrscheinlich auch kleiner ist, was man aber alles nicht so genau weiß, da er kaum in die Augen und noch weniger in die Ohren fällt. Er wird vollkommen von der Übermacht der beiden Frauen absorbiert.

Bald wussten wir: Man kann Polyrizos doch als ein wunderbares Hotel bezeichnen, wie es auch unser Spruch im Gästebuch vor zwei Jahren ausdrückte:

Polyrizos

215

Viele Wurzeln da,
wo viele Wurzeln
von Oliven zwischen
Fels und kargem Boden
uns ein grünes Schatten-
meer geschenkt, das sich
ins größere ergießt,
das einen steten Wandel
zwischen Blau, Türkis
und Grau umspielt,
vermählt mit der
umfassenden
Unendlichkeit des Himmels.

Der Ruf der Raben,
Taubengurren,
kleines Spatzen-
zwitschern,
einsame Zikade
und die späte Glocke
aus der Herde
zeigen uns,
wenn Zephir weht,
wo wirklich unsre
Wurzeln sind.

Am Strand fanden wir tatsächlich auch so spät
am Nachmittag noch ein freies Schattenplätz-
chen, und als wir um die Felsenecke herum-
schwammen, in ruhigem Wasser, da der Wind
nun heftig von Norden blies und das Wasser dort
total im Windschatten lag. Da kam mir der Kairos
in den Sinn. Ein Deutscher würde ihn beim

Schopf ergreifen und ihm dadurch möglicherweise Gewalt antun. Anschmiegen aber muss man sich ihm, dem richtigen Augenblick.

Vielleicht war ich auch vor zwei Jahren beim Schnorcheln nicht so gut in diese bizarren Grotten und Höhlen hineingekommen. Bei diesem fast spiegelglatten Wasserspiegel konnte ich nun vorsichtig, auf dem Rücken schwimmend, die großen vielgestaltigen Felsblöcke gleich unter der Oberfläche überwinden, um dann wieder in tieferes Wasser zu geraten, wo sich in der Wand zwei schlüssellochartige Öffnungen zeigten. Vorsichtig durch das schmale Tor hinein ins schwappende, glucksende Wasser, um hinten die Wand in Violett und Grün zu erblicken, mit Napfmuscheln von zwei verschiedenen Arten und schnellläufigen Insekten an den Wänden.

Dies hier konnte ich nicht fotografieren wie die Grotten in Strandnähe, die man zu Fuß auf weichem Sand mit hochgehaltenem Apparat erreichen kann. Und die Luftmatratze sowie die Jugendlichkeit fehlten mir ebenfalls, die mich damals am Prespasee in Nordgriechenland züngelnde Wasserschlangen und eine fette Kröte in einer Höhle sowie die dort hängenden Fledermäuse fotografieren ließen.

Alle Vorbehalte gegen das Hotel waren endgültig am Abend vergessen und

Nacht auf der Terrasse

Duft von Jasmin
o süße Traurigkeit
und halber Mond
und Sternenbilder
raschelnd Blätter
fegt der Wind
und unser Blick nach Süden
über weites Meer
als gäbe es Gaddafi nicht

Montag, 5.9.11

„Haha, ein Duftrekorder. Ja, den gibt es noch nicht."
Der Architekt aus Graz, mit dem merkwürdigen Namen Ingomar, seiner amerikanischen Frau Daniela und dem bilingualen 3-jährigen schielenden Söhnchen Sam hatte mir voller Begeisterung die Unterwasserkamera gezeigt, die seine Frau in USA für 25 Dollar erworben hatte. Ein erstaunliches Ding in der Größe eines Handys. So wird die Möglichkeit der Konservierung der Wirklichkeit immer weiter ausgebaut. Nur Duft und Gefühle gehen noch nicht. Das kam mir umso mehr in den Sinn, als ich gerade einen nie wahrgenommenen Duft erlebt hatte, den ich mir als ein völlig neues Parfüm vorstellte: Ziegenbock mit Feige. Wilde fellige männliche Sexualität gepaart mit betörender atmosphärischer Weiblichkeit, aufgehoben in einem randvollen Niemandsland.

Ich hatte mich gefreut, mal wieder einen Architekten zu treffen, dazu noch einen redebereiten. Aber bei dem Thema „Sichtachse oder Raumgefühl" biss auch er nicht an. Bei dem Thema „kommunikative Kompetenz der Architekten" war das Neue für mich, allerdings nicht großartig überraschend, dass die Kommunikation des Architekten mit der Bevölkerung diesen schließlich Zeit koste, die ihm dann auch irgendwie finanziell vergütet werden müsste, was mir einleuchtete, und dass sie bei Bürgerversammlungen oft in der Luft zerrissen würden. Gut, diese Erfahrung hatte ich ja bei der Architekten-Führung in der Gladbacher Fußgängerzone auch gemacht. Aber sie müssten sich doch fragen, warum sie in der Luft zerrissen werden. Ob ihr ästhetisches Konzept nicht doch zu sehr einer Mode unterliegt. Ob sie es überhaupt ausreichend dargelegt haben. Rechte Winkel und, wie es in Gladbach heißt, „urbane Geradlinigkeit" können ja wohl nicht der Weisheit letzter Schluss sein. Da gibt es ja vielleicht auch einige verdächtige Verwandtschaften in der Geschichte und nicht alleine mit dem Bauhaus. Vielleicht erfahre ich ja morgen noch Neues über Materialien, die sein Spezialgebiet zu sein scheinen. Mein Verdacht aber bleibt bestehen, dass die Architekten-Ausbildung heute doch vielleicht nicht ausreichend tiefgründig sei, zu spezialistenhaft beschränkt betrieben werden könnte.

Ingomars hübsche schlanke amerikanische Frau rührte bei mir schon gleich am Anfang eine Menge Vorurteile auf, als sie zunächst betonte, sie

219

müsse einen Schattenplatz für ihr Söhnchen haben, den wir ihr doch selbstverständlich zugestanden hätten, obwohl wir tatsächlich die Ersten am Strand bzw. an der schattigen Felsenecke waren, wenn man von den drei Ulmer Motorradfahrern absieht, die hier auf Liegen von der kleinen Strandtaverne übernachtet hatten.

„Unmöglich, Motorräder am Strand! Mit diesen Worten habe ich mich gleich bei ihnen in die Nesseln gesetzt", meinte Ingomar und schüttelte noch immer den Kopf über diese ökologische Unmöglichkeit, wobei er in Wirklichkeit vielleicht wieder mehr ästhetische Motive hat, denn unsere Autos hinter der Tavernenbude sind auch nicht viel weiter von der Wasserlinie entfernt.

Was mich aber mehr noch an Daniela störte, waren ihre Worte „Ach, im Urlaub nicht auch schon wieder!", als ihr Mann und ich das Gespräch über Architektur begannen. Damit wollte sie uns praktisch die Fortsetzung unserer Unterhaltung verbieten, was ihr aber nicht gelang, da Ingomar in der Lage war, souverän sowohl das Gespräch zu pflegen, als sich liebevoll um sein Söhnchen zu kümmern, als auch im Meer zu schnorcheln, als auch auf dem Plateau oberhalb unserer Felsenecke zu fotografieren.

Die gestrigen Gedanken über den Kairos erwiesen sich heute als sehr berechtigt. Der heftige Nordwind ist einer Brise aus Südost gewichen. Das Wasser wird nicht mehr gepeitscht. Dafür ist die Felsenbucht mit den Grotten und Höhlen einem ständigen Geplätscher von Wellenzöpfen ausgesetzt, die eine ruhige Erforschung sehr erschweren würden.

Das anfängliche Fremdeln gegenüber der Atmosphäre in unserem Hotel Polyrizos ist dem Genießen seiner Annehmlichkeiten und dem erstaunten Wahrnehmen seiner griechischen Ursprünglichkeit gewichen.

Zu den Annehmlichkeiten zählt vor allem die weite Terrasse vor unserem Zimmer, auf der man schon am frühen Abend im Schatten sitzen und auf die weite Meeresfläche schauen kann, die hier von keinem Schiff, nicht einmal von einem Segler, unterbrochen wird. Der Blick geht über gestaffelte Bergzüge bis zu den niedrigen Teilen der Messara-Ebene und endet nicht an dem Kap dahinter, sondern findet eine letzte Steigerung im 1200 m hohen Asterousia-Gebirge.

Windstille

pures Sein
die Ewigkeit
im Augenblick

***

rosa Federblüten der Mimose

rosa Federblüten der Mimose
grünes Blattgefieder

auf dem Golf von Rodakino
der nun ein Silberspiegel
unter halbem Mond
vor paralleler glatter
Ockermauer

in der Mimose
helles Erbsenschotengrün
Schwalben zwitschern
planen im Olivenhain
 den langen Zug
wo jetzt der Rabe
behäbig seine Schlucht
noch überquert

***

ertrinken in Jasminduft

ertrinken in Jasminduft
blauviolett und weiß
in blankem Mondenschein
und lindem Meeresrauschen
und weite Ferne überm Süden
Polyrizos
manche Wurzel
künstlich
abgehobenes
geglücktes Paradies

***

222

Als wir aufs Essen warteten, an unserem Tisch unter einem der zahlreichen Bäume, die in den Asphalt der Restaurant-Terrasse eingelassen sind:

Bougainvilleablüte

Bougainvilleablüte
fiel auf unsern Tisch
purpurfarbnes Dreieckssegel
fleischgewordener Kairos

***

Zu der Ursprünglichkeit des Hotels gehört auch der immer noch kellnernde Opa, der immer noch seine deutschen Witzchen macht, ein wenig gebeugter als vor zwei Jahren seinen Körper zwischen den Bäumen auf der Terrasse hindurch schiebt und sich nun zusätzlich ein deutliches Zittern seiner Hände zugelegt hat. Parkinson ist nun unverkennbar, was aber seinen Lebensmut in keiner Weise zu schmälern scheint.

Eine Speisekarte gibt es immer noch nicht. Der Opa-Kellner will einem zuerst einen Choriatiki – einen griechischen Salat –andrehen, dann könne man sich in der Küche anschauen, was es gibt. Als wir ihm erklärten, wir wollten nicht wie Schwangere nach Deutschland zurückkehren, gab er es auf und ließ uns gleich in die Küche. Mich kannte er angeblich nicht mehr so richtig,

„weil du einen anderen Hut hast", wie er aus seinem angegriffenen Kehlkopf heraus krächzte.

„Ich weiß es nicht. Aber Namen spielen keine Rolle", erklärte er uns, als wir wissen wollten, wie die leckere Süßspeise genau heiße, die wir in der Küche zum Schluss bestellten. Sie hatte einen honigdurchtränkten Boden aus Fadennudeln mit Nusssplittern wie Gadaifi und trug obendrauf eine Schicht aus weißem Eierschnee. Das Trinkgeld von 2 € bei einer Rechnung von 17 € kommentierte der Opa mit der Bemerkung „Dann kann ich mir ja ein Bier zum Trinken leisten." Man weiß nicht richtig, was das bedeuten soll.

Dienstag, 6.9.11

Einen Schritt von mir entfernt schleppen sich die Wellen mühsam in der Mittagshitze an den Strand, gurgeln unter dem überhängenden Felsen um einen blauweißen Marmorblock und verebben rieselnd. Der Schattenfleck ist um diese frühe Nachmittagszeit schon so klein, dass Sigrids Strandstuhl gerade noch darauf passt und davor gerade noch mein blau und grün gestreiftes Badetuch. Daniela und Ingomar haben sich schon vor zwei Stunden zum Essen in die Strandtaverne verzogen, um danach ihren eigenwilligen und ununterbrochen, manchmal Englisch, manchmal Deutsch plappernden 3-jährigen Sohn zum Mittagsschlaf ins Hotel zu bringen.

Ihnen war vor ein paar Tagen fast das Gleiche passiert wie uns gestern.

Nur dass bei ihnen die Ursache ihr kleiner Sohn war, bei uns aber unsere eigene Dusseligkeit. Sigrid als Aircondition-, ich als Freiluft-Fan hatten uns darauf geeinigt, gehörig Fenster und Türen zu schließen, damit die Klimaanlage ihre volle Kraft entfalten konnte. Danach, wenn das Zimmer etwas abgekühlt war, wollten wir dann wieder den Wind durch die Eingangstür und das Fenster herein- und durch die Terrassentür hinauswehen lassen. In der Zwischenzeit hielten wir uns auf der Terrasse auf, Sigrid in Unterwäsche Martin Walsers „Muttersohn" lesend, ich im Adamskostüm und schreibend. Von schräg gegenüber schauten hin und wieder Mann und Frau bzw. Frau und Mann Caracaballo herüber, er, vielleicht durch meine Dreistigkeit ermuntert, ebenfalls ohne Hüllen. Plötzlich beunruhigte mich irgendwie der Gedanke an die Tür. Ich versuchte sie zu öffnen, und, wie ich dumpf geahnt hatte, ging das nicht.

Mittwoch, 7.9.11

Jetzt sitzen wir wieder am frühen Nachmittag auf den typisch griechischen Stühlen mit Schilfkordelbezogenen Sitzflächen unter diesen schattigen Bäumen mit den harten Blättern (Johannisbrotbäumen?). Von einem Baum zum anderen spannt sich eine schwarze Leitung, an der einzelne Glühbirnen in einfachen schwarzen Fassungen hängen. Von der gemauerten Umfassung der

225

Bäume aus versucht Lilli, das blonde 4-jährige Energiebündel aus Linz, das Fliegen zu lernen. Sie bringt ihre erstaunlich jung aussehende Oma, die Frau des 72-jährigen Linzers mit Schnurrbart, vorsorglich mit dem Fotoapparat in Stellung, für den Fall, dass ihre Versuche endlich klappen sollten.

Der Opa scheint sich an meinem ungenierten Nacktsein ein Beispiel genommen zu haben. Wenn er jetzt im Adamskostüm aus dem Wasser steigt, hält er sich nicht mehr wie an den Tagen vorher die Taucherbrille als Feigenblatt vor sein beschnittenes Teil.

Gestern stellten wir vor der Strandtaverne, deren Küche aus Sperrholzplatten an einen kleinen Wohnwagen gebaut ist, fest, dass wir unser Portemonnaie im Hotel vergessen hatten. Für den jungen Wirt und seinen fingerknackenden Gehilfen war es sofort selbstverständlich, dass wir unsere Rechnung für Sigrids Sprudel, mein Glas Weißwein und den Griechischen Salat erst am nächsten Tag bezahlen würden.

Daniela und Ingomar aus Graz packten heute ihre Sachen und den immer noch vergnügt vor sich hin brabbelnden Sohn nach einer Stunde, um sich zu verabschieden. „Wir finden es immer schön, junge Leute mit Kind zu sehen, bei denen alles so harmonisch läuft wie bei euch. Das ist ja nicht selbstverständlich."

Mein Vorurteil Daniela gegenüber musste ich schon vorgestern revidieren, als ich mit ihr über ihren Beruf redete. Sie spricht ein akzentfreies Deutsch, das sie bei der Carl-Duisberg-Gesellschaft in Köln gelernt hat, und unterrichtet an einem Gymnasium Englisch und Textiles Gestalten. Vielleicht lässt sich so auch ihr gestrickter Bikini mit seinen lichten Farben erklären. Zusätzlich macht sie zurzeit eine Ausbildung, um auch an Hauptschulen unterrichten zu können, was sie gerne möchte. An einer ländlichen Hauptschule, wo die Welt noch einigermaßen in Ordnung sei. Auf jeden Fall scheint sie eine engagierte Pädagogin zu sein, der bewusst ist, wie sehr viele Schüler einen Ausgleich für unsere verkopfte Erziehung durch ein wenig leistungsbezogenes, kreatives Fach brauchen, in dem sie für sich selber etwas herstellen.

Ihre Negativreaktion vom ersten Tag verstand ich nun besser, als Ingomar unser pädagogisches Gespräch unterbrach, während sie mitten im Zuge war. Ihr hübscher Mund blieb ihr vor empörtem Erstaunen offen stehen. Die Abwehr von Gesprächen über Ingomars Architektenberuf, bei dem er übrigens in einem Büro mit 20 weiteren Architekten arbeitet, ging also nicht auf die amerikanische Vorliebe für Small Talk zurück, wie ich gedacht hatte, sondern bloß auf das Zurückdrängen der beruflichen Dominanz eines ansonsten äußerst liebenswürdigen Ehemanns.

Die absolute atemberaubende Windstille, die im Augenblick herrscht, lässt mich jetzt erst mal ins Wasser zurückkehren.

Donnerstag, 8.9.11

Neben mir in der Strandtaverne sitzen drei deutsche Frauen, die auch in unserem Hotel wohnen, und einen Malkurs mit Frau Sowieso absolvieren, die ich nicht kenne, die man aber wohl kennen muss, wenn man was auf sich hält.

Wie gestern fliegen heute die Schwalben wieder tief, auf eifriger Jagd nach Insekten, die sich nach langer Zeit ein wenig bemerkbar machen, weil seit gestern manchmal Wolken von den Bergen steigen, gestern Abend von einem starken Wind verdichtet, so dass es im Norden zu blitzen begann. Und einmal folgte auch ein dumpfes Grollen. Der Kellner-Opa, der nun wegen eines Bandscheibenvorfalls nicht mehr bedient, sondern mit seiner Sippe nur noch vor der Küche sitzt, meinte auf meine Frage nach einem möglichen Gewitter: „Das kommt nicht bis zu uns hier." Er hatte Recht. In der Nacht muss es allerdings ein paar Tropfen geregnet haben, denn auf unserem silbergrauen Fiat Panda waren am Morgen kleine gelbe Flecken zu sehen.

„Don't talk of the wind", hatte mich vorgestern die große blonde Griechin mit dem schlanken Oberkörper und dem unzumutbaren Unterteil gewarnt. Was den Unterschenkeln an Länge fehlt, zeigen ihre Hüften an einer Breite, die schon schmerzhaft wirkt.

„No wind today", hatte ich unbedarft geäußert. Umso mehr lachte sie gestern fast schon schadenfroh.

„Ich habe es Ihnen doch gesagt!"

Und jetzt haben wir den Salat! Alles Ihre Schuld!

Seit unserem Erlebnis mit der Terrassentür ist sie regelrecht aufgeblüht. Mit Windeseile hatte sich unser Missgeschick herumgesprochen. Hinter der Fassade der Poker-Faces scheint also eine intensive Kommunikation zu laufen.

Unsere Rettung war von Familie Caracaballo gekommen. Die Tochter zog heute Morgen wieder athletisch auf ihrer kilometerlangen Schwimmbahn weit draußen vor der Strandlinie vorbei. Sie ist ein durchtrainiertes jugendliches Abbild ihrer Mutter, die mit ihrem langgezogenen Pferdegesicht, mit seinem in die Ferne gerichteten Blick und den angegrauten langen Haarsträhnen an eine nordische Priesterin erinnert, die auf Grund einer Weissagung an der Küste den Befehl zum Aufbruch gibt.

Der Mann, von dem Sigrid auf Grund irgendeiner Bemerkung von ihr meint, er sei ein erschöpfter Manager einer Autofirma, sagt immer noch kein Wort. Sie umso mehr, laut in die Gegend, als sei sie gewohnt, dass eine breite Öffentlichkeit ihr jederzeit zuhöre, oder auch zu irgendeinem Nachbartisch. Mal hört man das Wort „SPD" aus ihrem Mund, dann „Koalitionsverhandlungen", dann, als ich am Büffet eine Negativbemerkung über Zeitunglesen im Urlaub mache, „die Kommission der EU sei ergebnislos aus Griechenland abgereist".

Ein anderes Mal entblößte sie an ihrem Tisch beim Abendessen ihren Nabel, zeigte ihn stolz der Kellnerin in einem Satz, in dem das Wort „young" hervorstach, um dann in die Runde hinzuzufügen: „Man muss ja zeigen, was man hat." Zumindest zum Frühstück erscheint sie immer barfuß, grüßt das stille Schweizer Ehepaar, das schon vor zwei Jahren auf der selben erhöhten Plattform saß, und jeden sonst, der auch nur im Geringsten den Anschein erweckt, dass er das möchte oder wenigstens nicht daran Anstoß erregen könnte. Das sind allerdings nicht viele. Die Mehrzahl der Gäste erweckt doch den Eindruck, als halte sie es für eine Zumutung, Blick- oder sonstigen Kontakt aufzunehmen, zumindest beim Frühstück.

Im Falle unseres Freiheitsverlustes war die Haltung von Frau Caracaballo für uns ein Glück. Interessiert hatte sie von ihrem Balkon aus mit ihrem Mann schon zugeschaut, als wir vergeblich versuchten, aus unserem unfreiwilligen Nudistengefängnis auszubrechen. Als wir uns hilflos umschauten, trafen sich gleich unsere Blicke und Stimmen, trotz einiger Entfernung, zwei Trakte und etliche Zimmer weiter. Immer von ihrer tönenden Lache begleitet, baten wir sie, in der Küche anzurufen, wo sich zu diesem Zeitpunkt das gesamte Personal befinden musste. Wir wussten Gottseidank noch von unserer Ankunft her, dass man dazu die Nummer 20 wählen musste. Schon bei der ersten pokerfacigen Tochter oder Nichte des Kellner-Opas, die uns dann aufschloss, war die Maske angesichts unseres Pechs einem fast hämischen Grinsen gewichen. Dabei hatte sie vielleicht nicht einmal bemerkt, dass ich anstandshalber in Sigrids Bikini-Unterteil geschlüpft war, das mir zu meinem eigenen Erstaunen einigermaßen passte.

Drei Männer aus Österreich, Ingomar, der Architekt, der Linzer mit dem Schnurrbart und der Bäcker von vorgestern, alle drei beschnitten. Zufall? Juden? Moslems wohl kaum.

Der Bäcker von gestern kam ebenfalls aus Linz und sah aus wie eine bösartige Karikatur aus der Nazizeit: Mindestens einen halben Kopf kleiner als seine hellblonde Frau, gebückt, ein wenig wie Zwerg Nase. Gutgelaunt, unbeholfen und unermüdlich versuchte er mit einem immer höher geschichteten Steinhaufen seinen Sonnenschirm zum Halten zu bringen, welche Bemühungen der unberechenbare Wind immer aufs Neue zunichte machte. Als sie schließlich den Strand verließen, meinte er: „Die Welt ist ungerecht. Es gibt nur einen Schattenplatz. Und den hab' nicht ich." Dabei lachte er ein ironisch-sarkastisches Lachen. Meinte er uns oder seine Frau, die in einer kleinen Nische zwischen zwei Felsen hockte?

Der zuerst ein wenig unnahbar erscheinende andere Linzer, der mit Schnurrbart, hatte eine ganz andere Statur: gut gebaut und sportlich, von seiner aber wohl jüngeren hübschen schwarzlockigen Frau ganz zu schweigen. Schön zu sehen, wie sie mit ihren Enkelkindern umgingen! Immer geduldig und immer mit ihnen schwimmend oder im Sand spielend und gleichzeitig genau beobachtend, ob das 4-jährige Energiebündel sich nicht zu weit in die Wellen wagte.

Unerwartet trat er heute auf mich zu und unterhielt sich mit mir über Literatur, interessierte sich für Friebes „Palast der blauen Delphine", kannte sogar die Theseus-Sage und den entsprechenden Roman, dessen Titel wir aber beide vergessen hatten. Eine Bemerkung ließ mich aufhorchen: Die Kreter hätten den Tribut in Form von jungen Männern und Frauen errichten lassen, um „ihr Blut aufzufrischen". Sagt das die Sage, oder der Roman? Oder war das seine Interpretation? Als ich von der aktuellen Politik und der zweifelhaften Rolle der deutschen Politik und Wirtschaft redete, schwieg er. Er lese viele Bücher auf Englisch. Um seine Sprachkenntnisse zu erhalten. Ob er das aus beruflichen Gründen so halte? Ja, denn er sei im internationalen Sporthandel tätig. Als ich ein wenig von unseren Auslandsaufenthalten berichtete, hatte er erstaunlicherweise nur eine Frage: Was meine Frau in dieser Zeit gearbeitet habe. Vielleicht war das ja eine Frage, die seine Frau schon mit ihm erörtert hatte, nachdem ihr Sigrid gestern schon von Mexiko und Chile geredet hatte. Vielleicht fühlte die sich ja instinktiv in ihrer emanzipatorischen Ehre gekränkt.

Samstag, 10.9.11

Gestern habe ich nichts geschrieben, weil ich mich mit dem Vater der 16-jährigen Mongoloiden in der Taverne festquatschte. Sie machte ja auch den Eindruck, als habe sie auf Grund der intensiven Fürsorge ihrer Eltern eine erstaunlich gute Entwicklung genommen. Der Vater war mir schon ein, zwei Tage vorher aufgefallen, als er den Ausdruck „Mitleid auf hohem Niveau" von sich gab, wahrscheinlich nach einer Bemerkung von jemandem, der ihm plump einfühlsam daherkam. Leider redeten wir nachher so viel von Chile und Mexiko, dass ich von ihm wenig erfuhr: Jurist einer Pensionskasse in Linz. Wieder Linz!

Rechts neben mir sitzen nun zwei Teilnehmerinnen des mobilen Malkurses. Die Schwarze mit dem hübschen Gesicht, die immer freundlich grüßt, und eine andere. Offensichtlich sind sie mit dem beschäftigt, was ich gleich bei dieser Frauengruppe gerochen hatte: Gruppendynamische Beschwerden im doppelten Sinne des Wortes.

Links eine Gruppe von jungen Griechen, wobei deren Väter vorher im Meer in bewundernswert liebevoller Weise mit ihren Kindern umgegangen waren. Vor allem der eine, mit einem schönen Odysseus-Lockenkopf. Wie vorsichtig, aber gleichzeitig lustvoll er das Baby langsam immer tiefer in die Wellen schob, es hochwarf, dass es jauchzte, zärtlich an sich drückte und es dann mit beiden Füßen auf einer Hand hochhielt, so dass es sich streckte und aus der Höhe wie ein kleiner Gott auf die Wellen schauen konnte.

Nebenan sind im Moment die Gespräche verstummt, weil eine dritte Teilnehmerin der Malgruppe, die mit dem schwarzen Sehnenscheidenentzündungsverband, auftauchte. Merkwürdigerweise wird sie von der schwarzen Äthiopien-Gesichtigen umsorgt und eingecremt.

Heute ist das Wetter wieder herrlich. Ein steter, leichter, nicht zu heftiger Südwind sorgt für angenehme Frische. Am Morgen glich er noch dem Zephir, der die Haut nur angenehm streichelte. Wir waren tatsächlich einmal ganz allein in unserer Felsenecke. Gestern hatten wir dort zwei sympathische junge Sachsen getroffen, die gerade dabei waren, ihre Rucksäcke zu packen. Sie hatten, wie seit 10 Jahren, dort übernachtet, wie immer, wenn sie auf ihrer Wanderung von Elafonissi, der Südwestecke Kretas, hier vorbeikamen. Ich vergaß, sie zu fragen, wie viele Tage sie schon unterwegs waren.

Heute aber, wie gesagt, niemand. Das Wasser fast ölig sanft, mit leichten Wellen. Als ich um die erste Felsengruppe mit ihren Grotten und Höhlen herum schwamm und den Kurs nach Osten lenkte, zauberte die Sonne Lichtsterne aufs Wasser, wie von einer Wunderkerze, aber ohne die Hektik von Weihnachten und Silvester, langsam, nicht verlöschend. Der Vogel, der von der nächsten dunklen Höhlenwand aufflog, war dieses Mal kein Eisvogel in Türkis und Orange, mit seiner spechtartigen Kopfhaltung, sondern eine Taube mit schlankem Hals und zierlich gerundetem Bauch. Dann eine zweite. Sie sonnten sich in der aufgerauten orangen Wand darüber. Dann durchschwamm ich die nächste Bucht bis zu dem liegenden Mayakrieger, der mit einem Gesicht in den blauen Himmel schaut, mit dem anderen, an seinem Hinterkopf, aufs weite Meer nach Süden. Oberhalb der wirren Felsszenerie, aus der der auf seinen Hinterbeinen aufgerichtete Leguan herausschaut, die weiten orange- oder ockerfarbenen Festungsteile des Kastro, wie diese Halbinsel wohl genannt wird, dahinter die blauviolett schimmernden Kegel und höheren Rücken des Gebirges.

Hinter dem Kap öffnete sich links im schwarzen Gestein ein spätgotischer Spitzbogen. Obwohl das Wasser um einen halben Meter in dem Bogen auf und ab schwappte, konnte ich der Versuchung nicht widerstehen, hindurchzuschwimmen, mit leichtem Abstützen an den spitzen scharfkantigen Graten rechts und links. Geschafft! Beim Zurückschauen in Rückenlage erblickte ich einen zweiten, kleineren Durchbruch, in dem das Sonnenlicht ein türkisfarbenes Perlmutt ins Wasser zauberte.

235

Auf dem Rückweg sah ich zweimal Tochter Cara-caballo, wie sie mit ruhigen, kraftvollen Kraulzü-gen die Bucht hin und zurück schwamm. 10 km schwimme sie jeden Tag, hatte ihre Mutter ge-sagt, als sie mit ihrem Mann bei uns vorbeikam.

Beim Frühstücksbüffet hatte ich zu ihr gesagt: „Sie haben uns ja in doppelter Hinsicht befreit. Einmal von unserem Exil auf der Terrasse. Dann durch ihr fröhliches Lachen. Das werden wir in der nächsten Woche vermissen."

Spontan antwortete sie: „Das ist aber lieb" und umarmte mich auf offener Szene. Sogar ihr Mann lächelte danach, als ich im Frühstücksraum an ihrer Empore vorbeikam, auf der außer ihnen noch das Ehepaar aus Leipzig sitzt, welches in der Exaktheit seiner Bewegungen und den strom-linienförmigen Frisuren aussieht, als handele es sich bei beiden um ehemalige NVA-Offiziere, und das ziemlich alte Ehepaar von vornehmer Zu-rückhaltung und distinguierter Kleidung. Seine Krawatte und ihr folklorehaftes Kostüm scheinen allerdings die gleichen zu sein wie vor zwei Jah-ren. Sie fahren schon seit vielen Jahren mit ihrem Schweizer Auto durch ganz Griechenland, auf welchen Fähren auch immer, bis Kreta, um dann hier schweigend und vornehm auf ihrer Empore zu thronen.

Der Mann, der immer ganz versunken dasaß, ins Feuilleton der ZEIT vertieft, scheint schon abge-reist zu sein. Rechts von uns sitzt das stumme

Paar, die sorgfältig frisierte Frau mit dem Gesicht eines domestizierten Äffchens, die das Frühstücksei nicht aufklopft, auch nicht köpft, sondern sorgfältig und präzise unterhalb der Spitze abschneidet, um dann genau so sorgfältig und geziert die Spitze auszulöffeln. Er ist bullig über den Tisch gebeugt.

Etwas später tauchen dann die Mitglieder der Malgruppe auf, dominiert von der rastlosen Berlinerin, deren Ehrgeiz sich in Form eines nervösen Ausschlags an ihren Beinen niederschlägt.

In der Taverne am Strand hatte sie bezeichnenderweise gesagt, sie habe von allen Teilnehmern am meisten gemalt, als befinde sie sich in einem Produktivitätswettbewerb. Heute hatten sie ihren freien Tag.
„Ich habe aber trotzdem gemalt. Das stieß aber nicht auf Gegenliebe."
Als sie am Spätnachmittag nach einem keuschen Umkleiden am Strand, bei dem sie in ihrem grünen Strandkleid in jeder Phase der Handlung jedes kleinste nackte Hautteilchen zu vermeiden suchte, obgleich neben ihr das österreichische Nudistenpaar in prachtvoller Blöße lag. Als sie dann ins Wasser stieg, musste sie uns gegenüber noch betonen, dass sie ihre 1000 m schwimmen müsse, Entschuldigung und Leistungsschau in einem Atemzug.

Ich schreibe nun wieder auf unserer Terrasse mit dem Blick auf einen glatten makellosen Meeresspiegel. In der Strandtaverne wurde ich vom Weiterschreiben abgehalten von einem Grazer Glatzkopf, 42 geboren, der auf einer Küstenwanderung nach Westen unterwegs ist. Er hat 14 Tage Zeit, bis er seine Freundin in Paleochora trifft, kann also seine Etappen und Aufenthalte spontan nach Lust und Laune bestimmen. Sein Rucksack wiegt wie bei den beiden jungen Leuten aus Dresden nicht mehr als 10 kg. Manchmal schläft er in seinem Schlafsack am Strand, manchmal in Häusern, wenn sie ihm gefallen. Mit Kochen hält er sich nicht auf. Er isst in einer der Tavernen, auf die man immer wieder trifft, und genießt die Landschaft, die hier noch nicht von einer Küstenstraße zerstört wurde. Wäre das nicht vielleicht ein Ersatz für Rudis Wanderpläne in den Alpen bei Meran? Es gibt zwar auch hier Höhenunterschiede. Die sind aber gering.

Frau Caracaballo bezeichnete diesen Ort ja als Paradies. Als wir von unserem bevorstehenden Abschied sprachen, fragte sie erschrocken: „Heute schon?"

„Nein, morgen", erwiderten wir. Da winkte sie beruhigt ab: „Dann brauchen wir ja noch nicht zu weinen."

Sie stammt übrigens wirklich aus Schleswig-Holstein, von der dänischen Grenze, wie wir vermutet hatten, lebt aber mit ihrer Familie seit vielen Jahren in München, wo sie studiert hat, und wo sie auch ihren bayrischen Mann kennengelernt hat. Unsere Herkunft schien sie nicht zu interessieren.

Der Gedanke, dass sie Politikerin sein könnte, schien sich weiter zu erhärten, als sie unvermittelt von den Wahlen in Mecklenburg und Berlin sprach. Die Betonung lag offenbar auf SPD. Dass die Linken in Mecklenburg wieder über 20% lagen, gab sie erst auf Nachfrage preis. Der blinde Fleck der SPD!

Ihr ewig langes quergestreiftes Mini-Kleid und ihre nackten Füße beim Frühstück wirken erfrischend, in geistiger, weniger in körperlicher Hinsicht. Erfrischend auch, wie ihr das Wort „Arschlöcher" entfuhr, als sie von den Leuten sprach, die hier ihre Pensionsbauten mitten in die unberührte Landschaft klotzen.

Leider steht ja so ein kantiger Bau auch im Hintergrund unseres Strandes, und ein Stück weiter, über „ihrem" Strand, ein zweites.
„Mit dem Guru, der das gebaut hat, habe ich mich gleich angelegt."
„Guru?"
„Ja, dieser Mensch vertritt ein Leben in der Natur und macht dann solche Sachen. Als ich ihn kritisierte, hat er mich mit einem Stock bedroht."
„Nein!"
„Doch, aber was ich gemacht hatte, war natürlich auch besonders schlimm. Ich habe ihn vor seiner Anhängerschaft runtergeputzt. Das konnte er nicht verzeihen."

„Die sind doch alle abhängig von ihrem Guru." Damit hatte ihr Mann nun auch mal was gesagt.

„In der Halle neben der Küche unseres Hotels ist er auch noch auf unsere Tochter losgegangen. Schlimmeres konnte da nur verhütet werden, weil Nikos, unser Wirt, vermittelnd dazwischengegangen ist."

Der Opa, der von Massagen wegen seines Bandscheibenvorfalls wieder aus Rethymnon zurück ist, erklärte uns gestern die Familienverhältnisse. Die beiden Frauen in und vor der Küche sind seine Schwestern, der stumme Mann im Frühstücksraum, der immer so eine Art Strichliste führt, der gut Deutsch sprechende Größere in der Küche und die charmant lächelnde Kellnerin Sophia deren Kinder. Die Pokerfacige, die wohl manchmal in der Rezeption sitzt, und die uns aus unserem Terrassen-Exil befreit hat, sowie die Englisch sprechende breithüftige Kellnerin, Ehefrauen der beiden Männer.

Die Breithüftige, die gestern Gottseidank nicht mehr ihre schwarze enganliegende Dreiviertelhose trug, die ihre Hüften ins Unendliche dehnten, hielt uns einen Vortrag über die Lebensphilosophie der Griechen, oder das, was sie dafür hielt: ein Leben mit der Natur, keine künstliche Lebensverlängerung durch unnötige Medikamente. Eine viel bessere Arznei sie das Gläschen Raki nach dem Essen. Gesundes, nicht zu fettes Essen. Da scheint sie ihre eigene Küche nicht so richtig zu kennen. Dort wird ja nicht gerade an Fett gespart.

Das Essen wird für uns übrigens immer billiger: Gestern 15 € für Lammbraten, griechischen Salat, Fritten, Okragemüse, ein Viertel Rotwein und ein Viertel Weißwein, selbstverständlich mit Wasser und Brot, allerdings von jedem Gericht nur eine Portion, die aber ausreichend für beide ist. Heute habe ich mir die leckeren griechischen Nuss-plätzchen und auch die honiggetränkten Sesam-kekse nach der Rückkehr vom Strand verkniffen. Weil ich glaube, dass man dann das anschlie-ßende Abendessen umso mehr genießen kann

Die Atmosphäre auf der baumbestandenen Ter-rasse vor der Küche gefällt uns immer besser: ab und zu das Lachen von Frau Caracaballo, wenn sie einen Bekannten begrüßt, der auch mal wie-der da ist, der Tisch mit den Malerinnen, an dem es mit zunehmendem Alkoholkonsum auch mal etwas lauter werden kann, etliche ruhigere Paare an der Brüstung zur Zufahrtsstraße, auf der fast nie ein Auto zu hören oder zu sehen ist, da hier die motorisierte Welt praktisch zu Ende ist.

Rechts neben mir der Tisch mit dem dunkelbe-zopften schwarzgekleideten Deutschen, der ir-gendwie griechisch wirkt. Vielleicht ist seine Frau ja Griechin. Ihre 2-jährige Tochter ist ein Ausbund von Selbstständigkeit. Sie trippelt in ihrem roten Kleidchen und ihrem Hut hinter dem griechischen Enkel in seinem überdimensionierten Plastiktre-

cker hinterher, versucht eine der sieben oder acht Katzen am Schwanz zu ziehen oder zu treten, was ihr der Vater streng verbieten will, oft ohne Erfolg. Dann spielt sie mit Sigrid und mir mit erstaunlichem Geschick mit einem großen leichten Ball, den sie uns treffsicher mit einer Hand zuwirft. Als wir dem Vater gegenüber unser anerkennendes Staunen äußern, reagiert er mit dem Satz „Das habe ich auch lange mit ihr geübt."
„Wie das? Warum das? Und warum mit solchem Ernst?" fragen wir uns.

Das Verfolgen der kleinen Katze, die von einer ähnlich erstaunlichen Selbstständigkeit ist, und die deshalb von vielen Gästen geliebt und gehätschelt wird, gelingt der Kleinen nicht oder wird vom Vater verhindert. Als er selber unter seinem Stuhl seine Finger mit ihr spielen lässt, stellt das Kätzchen sich aufrecht zwischen den Stuhlbeinen. Das wirkt so putzig und so menschlich, dass auch die Kleine herzlich lachen muss.

Morgen geht es weiter, nach Frangokastello. Paradies, dritter Teil, wenn es denn so ist. Auch hier fällt mir der Abschied schon wieder schwer, wenn auch der Strand und auch das Essen nicht so sind wie bei Kostas. Aber eben anders. Diese Terrasse mit dem weiten Blick, auf die jetzt, noch bei Tageslicht, ein fast voller Mond leuchtet, und unten, fast am Meer, ein Baum, von dem das Zwitschern einer großen Schar von Spatzen herauftönt, bei nahezu völliger Windstille, und am wieder wolkenfreien Himmel der Flug von einzelnen Schwalben. Das sonore Krächzen des Raben habe ich heute noch nicht gehört. Die untergegangene Sonne färbt den Himmel über den Bergen hinter uns gelblich, gestern orangefarben, was Frau Caracaballo auf ihrem Balkon in Entzücken versetzte. Der Himmel über dem Meer ändert sich nun von einem Graublau weiter oben in ein Rosa, das sich in einem tiefer werdenden Hellblau nach oben verliert.

Montag, 12.9.11

Vielleicht war es die Enttäuschung, vielleicht auch die windlose Hitze, die mir gestern einen dumpfen Kopf bescherten, der die Lust zum Schreiben verhinderte. Heute ist wieder alles ganz anders. Wir sitzen in der Taverne Oasis, die uns der Chef von Polyrizos empfohlen hatte, und genießen am Westende von Frangokastello den Blick auf viel Grün im Vordergrund mit einer Dattelpalme, einem Maulbeerbaum direkt unter der hölzernen Brüstung, saftig grünen Orangenbäumen, rosa blühenden Oleanderbüschen und einem Eukalyptusbaum. Dahinter das blautürkise Meer, in welches einzelne dunkle Felsplatten hineinreichen, und rechts das rötliche Gebirge, das von der zypressenbestandenen Imbros-Schlucht durchbrochen wird. Darüber die Gipfel auf dem Höhenrücken der Weißen Berge, die bis fast 2500 m ansteigen.

Das Moussaka, das wir bestellten, war besonders leicht, und neu für uns war die rote Paprika, mit Fetakäse überbacken. So wie gestern Abend neu für mich der mit Schafskäse gefüllte und mit Honig übergossene Pfannkuchen war, eine Spezialität der Sfakiagegend, in der wir uns nun befinden. Sigrids Geschmack war es nicht so ganz. Auch dieser Pfannkuchen atmete aber den besonderen Geist dieser wilden Landschaft, deren Hauptnahrungsmittel wohl lange Zeit der Käse von Ziegen und Schafen war, gewürzt mit Blutrache und Widerstand gegen fremde Eindringlinge. Ein exotischer Genuss, wenn man nicht mitten drin ist, so wie ich damals das Dorf in Las Hurdes bei Salamanca ohne Licht und Wasser faszinierend fand, es aber nicht länger als einen Tag dort aushalten konnte, ja, sogar krank wurde.

Jetzt, am Spätnachmittag, liegt der Hauptstrand von Frangokastello, vor dem venezianischen Kastell und vor unserer Pension, verlassen da. Ich sitze an dem langen dunkelroten Holztisch unter einer Dattelpalme auf einem der schwarzen gusseisernen Stühle mit ihren verschlungenen, fast jugendstilartigen Ornamenten. Auf den Mauern und Türmen des Kastells liegt das warme Licht der bald untergehenden Sonne. Die Körper von zwei einsamen Gestalten leuchten auf der schmalen Landzunge. Sie haben den Platz noch nicht verlassen, an dem wir am Nachmittag unsere beiden Sonnenschirme in den feinen Sand bohrten.

Die Ruhe an dem lagunenartigen Dreiviertelkreis vor unserem Garten und auch vor dem Hauptstrand wird noch verstärkt durch die Tatsache, dass man erst weit ins Wasser waten muss, bevor man in tiefem Wasser schwimmen kann, und durch nur sanft plätschernde, kaum wahrnehmbare Wellen.

Begegnet man weiter draußen jemandem, ergeben sich fast automatisch solidarische Gespräche, über die Eigenart dieses stillen, etwas zersiedelten Ortes, die Kallikratis-Schlucht im Hintergrund und die halsbrecherischen Kehren der Serpentinenstraße nach Kallikratis, die fast bis zum Gipfel zu führen scheint.

Wir fuhren diese Straße, vor der unser Reiseführer Michael Müller noch warnt, zuerst ein Stück hinauf, bis wir eine Stelle fanden, wo ein Pfad zuerst hinunter in die Schlucht und dann diese hinauf führt. Am Felsen klebten Ziegen wie Skulpturen an einem gotischen Dom. In diesem Moment fühlten wir uns beide wieder mitten im alten Griechenland. Stille, die nur dann und wann von der Glocke des Leittiers unterbrochen wurde.

Gerade steigt übrigens ein riesiger gelber Vollmond hinter den Tamarisken am Kastell auf. Das Sonnenlicht auf den Mauern ist erloschen und lässt diese nun an die blutigen Widerstandskämpfe der Kreter gegen die Türkenherrschaft erinnern. Aber nur im Juni sollen die gefallenen Kämpfer in der Morgendämmerung langsam an der Festung vorbeiziehen, die sogenannten Drousoulites, die „Seelen des Taus", wie sie genannt werden.

In der Schlucht wiesen übrigens einige grob ge-
mauerte Stellen auf die uralte Besiedlung in diesem Teil Kretas, der Sfakia, hin. Die Schlucht war
nämlich die Verbindung zwischen der Küste mit
ihren Häfen und den fruchtbaren kleinen Hoch-
ebenen, die man nach dem Überqueren eines
Passes erreicht.

Wir gelangten nach Kallikratis über die endlos
erscheinende Serpentinenstraße, vorsichtig die
unübersichtlichen Kehren nehmend und fast immer im 1. Gang.

Hinter dem Pass atmeten wir frei durch, weil die
konzentrierte Fahrt geschafft war uns nun eine
andere, frische Bergluft in die Lungen strömte.

Dienstag, 13.9.11

Erstaunlichweise sind wir erst 2½ Tage in
Frangokastello, und wieder stellt sich die Anti-
Ranking-Haltung ein. Das heißt, wir sehen immer
mehr die Vorzüge, die auch dieser Ort hat: das
völlig bequeme ins Wassersteigen an den flachen
Sandstränden, die malerischen Kulissen, das
exquisite Essen, gestern Abend schon zum zweiten Mal.

Auf Empfehlung eines Mitschwimmers aus der
Pfalz mit seiner griechischen Frau besuchten wir
das Restaurant Babis und Popi, das schon ge-
rammelt voll war, was wir verstehen konnten, als

wir die breiten roten gesottenen Paprikaschoten schlürften (für unglaubliche 2,50 €!) und anschließend ein mit Schafskäse überbackenes Spagetti-Gewölbe, das mit Geschnetzeltem und Pilzen gefüllt war. Nicht ganz so fett und stark mit Zimt und Kräutern gewürzt wie die Hausmannskost im Polyrizos, aber köstlich und bekömmlich, wieder zu ganz normalen griechischen Preisen. Manchmal haben wir den Eindruck, das Essen sei auf Kreta billiger geworden. Allerdings nehmen wir nun auch immer nur 2 Gerichte für beide zusammen. Was vollkommen ausreicht. Von der griechischen Krise spüren wir nichts. Oder sind vielleicht deshalb die Preise gesunken? Obwohl in der Rechnung 23% (!) Mehrwertsteuer enthalten sind. Kostas hatte ja schon gesagt: „Keine Krise! Viele Arbeit!"

Der Pfälzer, mit dem ich mich beim Schwimmen über die romanischen Kirchen in Köln unterhielt, von denen uns beiden klar war, dass sie nur durch eine Wirtschaftskrise, nämlich im Köln in der Barockzeit, erhalten blieben, gab uns mehrere Reisetipps. Deshalb, aber auch, weil wir es wegen der Sonne für besser hielten, verließen wir unser Paradies am Ammos-Strand schon gegen halb drei. Obwohl zu dieser Zeit eine stabile, für die Sonnenschirme nicht zu heftige Brise aus Westen wehte, die uns einen angenehmen Mittagsschlaf ermöglicht hatte. Jetzt werde ich deshalb gleich meinen wunderbar schattigen Schreibplatz unter dem Indischen Lorbeerbau, an dem zweiten dunkelroten Holztisch mit schwarzen gusseisernen Stühlen, verlassen, um mit Sigrid 15 km nach Westen zu fahren, nach Komitades, wo angeblich eine vollkommen ausgemalte Kirche mit 700 Jahren alten Fresken auf uns wartet.

Mittwoch, 14.9.11

„I've been looking for Gadaifi everywhere. And I couldn't find it."
Ich zeigte glücklich auf die fingerlange Rolle aus Glasnudeln. Es war mir bewusst, dass es eine Kalorienbombe ersten Ranges sein würde, dieses Gebäck mit seiner honiggetränkten Füllung aus kleingehackten Pistazien. Das Ganze in einem Hauch von Zimt. Der Schnurrbart in dem behäbigen Gesicht des Kellners zog sich verständnisvoll grinsend in die Breite.

Es war ein Schock für Sigrid gewesen, als sie gestern erfuhr, dass wir keine 30, sondern 40° hatten. Geahnt hatten wir es schon länger. Trotzdem hielt sie natürlich ihr Versprechen ein, dass wir zu meinem Geburtstag eine Schiffstour nach Loutró unternehmen würden, dem malerischen weißen Ort an der türkisblauen Bucht vor den steil ansteigenden Bergen der Sfakia. Deshalb sitzen wir jetzt in einem Restaurant in Chora Sfakion, direkt oberhalb des alten Hafenbeckens, wo das glasklare grünblaue Wasser auf den kleinen Kiesstrand plätschert.

Chora ist der Hauptort der unwirtlichen Sfakia, wo Blutrache und Widerstand gegen fremde Besetzung gleichermaßen zu Hause sind, gegen die jahrhundertelange Türkenherrschaft und im 2. Weltkrieg gegen die Deutschen. Am Hafen steht ein Denkmal, das an die Evakuierung der englischen, australischen und neuseeländischen Truppen erinnert, Mai/Juni 1941.

Als wir heute Morgen auf der Fahrt hierher tankten, kam ein wild aussehender alter Mann langsam auf uns zu, mit einer Flinte in der Hand und von zwei Hunden begleitet. Der Tankwart trug Militärkleidung. Zufall? Im Restaurant von Nikos und Anna in Kato Rodakino hing ein Schwarzweißfoto des Großvaters in kretischer Tracht mit Pumphosen, langen schwarzen Stiefeln und Patronengurten über dem langen weißen Hemd. Struppig aussehenden alten Männern auf Mopeds und Motorrädern und langhaarigen bärtigen Popen begegnet man immer wieder mal. Zumindest etwas von diesem alten Geist oder Ungeist scheint noch erhalten zu sein. Vielleicht ja auch noch Reste der alten heiligen Gastfreundschaft. Immer wieder erlebt man eine Reaktion auf Trinkgeld, die zu sagen scheint: „Nicht nötig. Brauche ich nicht. Grenzt fast an Beleidigung."

Und nicht nur in Polyrizos war es so, dass nach dem Bestellen der Rechnung erst mal lange nichts passierte, bis ein Nachtisch serviert wurde, mit dem obligatorischen Gläschen Raki, der hier kein Anisschnaps ist wie in der Türkei, sondern ein Trester, von der Breithüftigen im Polyrizos als „kretische Medizin für alles" bezeichnet. Gestern bekamen wir in der Taverne Mylos, die auch Silvia, der Besitzerin unserer Pension, gehört und direkt am kleinen Hafen neben der alten Mühle liegt, als Nachtisch einen Jogurt mit eingelegten Apfelstückchen und Honig. Sehr lecker!

Jetzt sitzen wir in einem Restaurant mit blauen Stühlen vor dem Hafen von Loutró, dessen Wasser in allen nur erdenklichen Tönen von Türkis und Blau schimmert. Das ist der Traum, der uns vor zwei Jahren schon auf der Fahrt zur Samaria-Schlucht in den Bann geschlagen hatte. Außer den weißen Restaurants am Ufer und den Hotels und Pensionen dahinter mit ihren blauen Schlagläden vor den gewaltigen steilen Bergen in Hellorange gibt es aber keine malerischen Gassen, durch die man schlendern könnte, so dass wir uns entschlossen, mit dem nächsten Schiff um 12.30 Uhr wieder zurückzufahren. Dabei waren mir bei der Einfahrt in den Hafen noch fast die Tränen in die Augen gestiegen, die den Namen „All die Schönheit dieser Welt" tragen. Pünktlich hatte kurz zuvor die griechische Sehnsuchtsmusik mit Gitarren und Mandolinen eingesetzt, und viele Touristen, Franzosen, Engländer, viele Griechen, standen von ihren Plätzen auf, um dem Traum ihre Reverenz zu erweisen. Was wollte dieser Traum? War es die Kristallisation von Schönheit, unberührtem ursprünglichem Leben und Ruhe, heute aber zur Massenware geworden, Massenware einer gemäßigten Art allerdings?

Keine Massenware war der Besuch gestern in der kleinen Kirche Agios Giorgios bei Komitades. Der Pfälzer mit der griechischen Frau hatte uns von Fresken von Pagomenos, einem angeblich berühmten Maler des 14. Jahrhunderts, erzählt. Der Pfarrer ist wohl auf der ständigen Jagd nach besonderen Kirchen.

„Haben Sie etwas mit Kunstgeschichte zu tun?"

„Nein, ich bin Theologe."

„Von welcher Fraktion?"

Er lachte kurz. „Ich bin verheiratet. Also evangelisch." Das hieß wohl, dass er tatsächlich Pfarrer, nicht nur Theologe ist. Einer von diesen Pfarrern, die sehr aktiv sind und dabei keine Zeit haben, einmal über sich selber nachzudenken. Weil sie es nicht nötig haben, oder weil sie Angst davor haben? Weil sie vielleicht entdecken könnten, dass ihnen mittlerweile der liebe Gott selber abhanden gekommen ist. Groteskerweise ist das eine Krankheit, die bei Berufen vorkommt, die es mit der Seele des Menschen zu tun haben. Werden sie von dieser Krankheit vielleicht aus Angst vor Machtverlust befallen, oder ist es einfach die Angst, sich den Teppich unter den eigenen Füßen wegzuziehen?

In Komitades wurden wir von dem Sohn der deutschen Wirtin der Taverne „Giorgios" zum Beginn des holprigen Weges geführt, der dann an Hühnerställen vorbei, vor einem weißen Esel und durch mehrere Gatter hindurch zu der unscheinbaren Kapelle führte, zwischen alten Olivenbäumen, wo der Blick auf alte Besiedlungsreste und eine weitere, weißgetünchte doppelschiffige Kirche bis zum Meer schweifte. Keine Menschenseele.

Die Kapelle war tatsächlich fast vollständig ausgemalt, mit der Georgslegende, die Fresken allerdings nicht in gutem Zustand. Rechts vom Altar hing eine kleine Ikone, teilweise von undefinierbarem Schmutz überzogen. Sie soll wohl auch von Pagomenos stammen. Der Heilige Georg wegen seiner Bedeutung wie ein Riese auf seinem Ross vor einer grünen Landschaft, noch riesiger seine die ganze Bilddiagonale füllende Lanze, die auf ein winziges Tier im Vordergrund zielt, eigentlich ein kleines Pferd, das nur durch die roten Flammen aus seinem Maul als Drache gekennzeichnet ist. Hinter dem Heiligen hockt eine kleine Gestalt mit einem goldenen Pokal in der Hand, links im Hintergrund zeigt eine noch winzigere Person mit dem Finger auf den edlen Ritter:

„Nehmt euch an diesem Helden im Kampf gegen das Böse ein Beispiel!" will er uns wohl mahnen.

Als ich dem pfälzischen Pfarrer die Ikone begeistert beschrieb, hörte er gleich schon wieder weg. Das war wohl zu detailliert. Er muss ja noch mehr anschauen. Auch die Lektüre von Wellershoffs „Der Himmel ist kein Ort" interessierte ihn nicht, als ich ihm davon sprach. Obwohl die Hauptperson ein evangelischer Pfarrer ist. Oder vielleicht gerade deswegen.

Amüsanter und auch menschlicher erscheint mir da so ein Typ wie der Grazer Medizinvertreter, dem wir auch beim Schwimmen im flachen Wasser vor dem Kastell begegneten.

„Kommen Sie aus Afrika?" meinte er zu Sigrid. „Sie sind so braun. Wie weit ist es bis dahin?"

„So weit eigentlich nicht. Aber da will man im Moment wohl nicht so gerne hin."

„Das stimmt. Sie schwimmen ja so schnell. Sind Sie im Sternzeichen Fische geboren?"

„Wassermann", entgegnete Sigrid und schwamm unentwegt weiter.

„Ich bin ein Fisch, und das gleich doppelt. Meine Frau ist Steinbock. Die entführt mich ab und zu in die Berge. Ich war auch mal im Ausland. In Düsseldorf. Fürchterlich! So was von hochnäsig. ‚Lernen Sie erst mal richtig Deutsch!' sagte da so ein Schnösel von junger Ärztin zu mir."

Wahrscheinlich war er ihr mit seinen standardisierten und perfektionierten Redensarten auf den Wecker gefallen, mit der er seine Verkaufsgespräche eröffnete, dachten wir uns. Trotzdem! Amüsant war er schon.

Ein ganz anderer Typ dieser Mann, der es nicht sein lassen kann. Läuft mit einer Unterschriftenliste für den Gemeinderat von Frangokastello herum, in seinem Urlaub, hat erstaunlicherweise gleich Erfolg, bei dem schwedischen Trio in der Parterre-Wohnung und dem jungen deutschen Paar, bei dem sie „Die Eleganz des Igels" liest. Wer solche literarische Vorlieben hat, muss gegen den unverschämten und traurigen Motorlärm

253

sein, der seit gestern von Propeller-Glidern aus-
geht, die heute schon zu viert die Strände auf und
ab beschallten. Ich will die Liste Silvia geben,
damit sie sie in die richtige Form bringt, um dann
weiter Protest-Unterschriften zu sammeln. Ein
Verbrechen an diesem Ort der Stille! Ich gab die
Liste gerade dem griechischen Mann von Silvia,
der mit einigen Landsleuten vor der Taverne saß.
Ihre Reaktion war nicht sehr ermutigend. Diese
„Aktion" würde nur heute am Festtag der Panagia
stattfinden.

„OK. Wenn morgen alles vorbei ist, können Sie
das Blatt in den Papierkorb werfen."

Ein Deutscher in einem der alten Mühlengebäu-
de, der trotz Skepsis dann auch unterschrieb,
meinte allerdings von einer Einheimischen gehört
zu haben, dass die Sauserei als ständige Touris-
tenattraktion installiert werden solle. Ich bin mal
gespannt.

Silvia, die außer unserer Pension noch die Woh-
nungen in der Mühle, die Taverne und weitere
Ferienhäuser besitzt, fragte ich gestern, wie man
es als deutsche Frau denn anstellt, einen griechischen Mann kennenzulernen.

„Wie das damals so war, kamen wir mit dem VW-
Bus hierher. Und da sah ich diesen Philosophen.
Und wie das mit jungen Frauen so ist, flog ich auf
ihn."

„Philosoph?"

„Naja, er saß halt da und war von Büchern umgeben. Die er auch gelesen hatte."

Später fügte sie hinzu: „Ich habe es bis heute nicht bereut."

„Das ist sicher Ihr Schwiegervater", hatte ich zu ihr gesagt, nachdem wir uns vor der Taverne begrüßt hatten, und zeigte auf einen alten Mann mit Hirtenstab.
„Das ist mein Mann", lächelte sie. Dabei hatte ihre Miene wieder diesen leichten Zug von Traurigkeit oder Erschöpftheit, den wir von Anfang an an ihr bemerkt hatten. Ich war erschrocken und entschuldigte mich. Um meinen Faux Pas einigermaßen wettzumachen, fiel mir die Formulierung ein „Wahrscheinlich sind Sie auch älter, als Sie aussehen."
„Ich bin 60, mein Mann ist 65. Aber er ist krank."

Heute verbrachten wir den letzten Tag an dem paradiesischen Strand von Orthi Ammos, 1 bis 2 km östlich vom Hauptstrand von Frangokastello, an dem wir wohnen. Wir wurden nicht wie gestern von Schwärmen von silbernen kleinen Fischen begrüßt, indem sie vor uns aus dem Wasser sprangen. Dafür trippelte ein Strandläufer mit einem weißen Halsband und dünnen gelben Beinchen wie aufgezogen vor uns her. Und den ganzen Tag keine Propeller-Glider mehr! Hatten die Griechen um Silvias Mann also doch Recht? War ich zu voreilig gewesen? Es wäre ja schön.

Sigrid sah heute am Strand einen nackten alten Mann, der unentwegt – und das in der Hitze!- mit einem Brett und einem fingerlangen halbierten

Rohrstöckchen im Sand – baute! Eine Kuppelkirche oder –moschee mit daneben stehenden Häuschen, eine weite ummauerte Fläche mit einer byzantinischen Kirche und daneben stehendem Glockenturm sowie einem Brunnen und einem Eingangstor, ein Herrenhaus auf einer burgartigen Anhöhe und einen vorderasiatisch anmutenden spitzen Turm und eine ganze kleine Mayastadt mit Pyramide, Behausungen und Ballspielplätzen, alles um ein riesiges Wasserbassin herum gruppiert. Ein Verrückter? Manche Leute blieben stehen, andere machten Fotos.

Gestern beobachtete Sigrid denselben Verrückten, wie er vor der kleinen Panagia-Kirche anhielt, die ihr Patronat feierte und deshalb von vielen Leuten besucht wurde. Zielstrebig ging er auf die kleine Marktgasse zu, die vor dem Kirchplatz aufgebaut war. Am ersten Stand auf der linken Seite wurden schwarze Waffen angeboten, Maschinenpistolen, Gewehre, alles Plastikspielzeug für Kinder, damit diese auch gleich das richtige Leben kennenlernen konnten. Auf der rechten Seite am ersten Stand scheinbar das Kontrastprogramm: eine Menge Ikonen, billige Kopien von Heiligenbildern berühmter Originale.

Der alte Mann gestikulierte nun vor einem der Händler: "Weapons and holy pictures! Together!" Der Händler hatte ihn sofort verstanden. Er grinste, sagte: „Look!", nahm eine Ikone in die Hand und zeigte auf die Lanze des Heiligen Georg, wie er den Drachen tötet.

„Together!" war sein triumphierendes, wieder von einem Grinsen begleitetes Schlusswort. Nun musste der alte Mann auch lächeln und klopfte dem Händler kameradschaftlich auf die Schulter.

***

Nach der Reise sollten sie gefragt werden, was sie denn eigentlich an diese einsamen Strände treibe, und wie sie es dort so lange aushalten könnten. Sie würden antworten, dass man dort so viel erlebt und so viele Menschen kennenlernt. Nun verbrachten sie ja die meiste Zeit lesend am Strand nebeneinander, aber doch auch wieder gemeinsam, weil sie sich von ihrer Lektüre erzählten, ihre Erlebnisse verglichen, das Erlebte mit Erinnerungen, wodurch die Erlebnisse Vervielfachung, Brechung und Steigerung erfuhren. Viele Erlebnisse hatten sie gemeinsam, lächelten sich an, wenn diese die gleiche Bewertung erfuhren, lachten beim gemeinsamen Verstehen, waren zufrieden, wenn der andere nur da war, legten manchmal die Hand auf die Hand des anderen, halfen sich symbiotisch bei Koffern und Auto, cremten sich gegenseitig den Rücken ein, schauten sich ab und an in die Augen, um zu sehen, ob der andere noch der gleiche war, obwohl die Balztänze seltener geworden waren, waren einfach präsent.

Häufig schwammen sie gemeinsam hinaus, oft aber nach je eigenem Rhythmus, fanden sich wieder im Meer, waren wie ein

langsam treibender Sandwich
Nackenhimmel
Auftriebsschweben
Rollentauschen
Wollen sucht das Schmiegen
Schmiegen schließlich
sucht das Wollen auch
wohlgefüllter Härtestößel
weiches Hängegleiten
weiter weiter
weiter weiter
seliger Kopfübersturz
weite weiße
Hochtallleere

***

Als ich am Strand nach dem Mittagessen, wieder
in Form von griechischem Knäckebrot, etwas Fetakäse, Trauben und einer dicken blauvioletten
Pflaume, zur Ruhe kam, segelte ich auf einmal in
einem angenehmen Passat nach Osten, hielt statt
des Steuerruders rechts und links je einen der
weißgebleichten Äste, die hier als das Gerippe
eines Indianerzeltes in den Himmel ragten, und
fuhr langsam, aber unentwegt, nach Osten, als
Segel die Komplementärfarben Weiß und Gelb an
meinem Sonnenschirm, Komplementärfarben zu
einem unglaublich dunkelblauen Himmel, die
Bandscheibe gut auf dem grünblauen Badetuch
gebettet, den Kopf in einer Mulde zwischen zwei
Plastikflaschen in meinem Rucksack. Rechts die

Brandung, links der Saharasand der Düne, von einem frischen Grün bekrönt.

Samstag, 17.9.11

Heute sitzen wir spät am Frühstückstisch auf unserem Balkon. Es ist schon Viertel vor acht. Ich sah nicht den Sonnenaufgang wie sonst immer. Sigrid schon. Als ich wach wurde, war sie schon mit der ausführlichen Pflege ihrer Haut und dem Kampf gegen zwei Mücken beschäftigt, die sie in der Nacht bei dem Versuch, mit offenen Türen zu schlafen, prompt wieder erwischt hatten. Die Vorliebe für ihre Haut kann ich ja nachvollziehen. Aber immer gleich stechen? Ist das nicht etwas übertrieben?

Da der Bäcker am Supermarkt erst um Viertel nach acht auftaucht, wenn er pünktlich ist, ist jetzt erst mal nur eine Tasse Grünen Tees fällig. Die Beutel haben wir von zu Hause mitgenommen und in den ganzen drei Wochen mit heißem Wasser zu unserer homöopathischen und wohlbefindlichen morgendlichen Wiederauferstehungszeremonie verarbeitet.

An die Hand- und Badetücher, die auf der Diagonale der Wäscheleine unseren Balkon halbieren, als auch schon in der Frühe nötiger Sonnenschutz, haben wir uns gewöhnt, wie auch an die Absplitterungen und Wunden in dem Plastikfurnier unseres gusseisernen Tischs. Das Zimmer

259

kommt uns mittlerweile größer und sauberer vor als zu Beginn.

Heute haben wir zum ersten Mal unser feudales Mittagessen – Trauben, Fetakäse, Knäckebrot und eine Tomate –an einem der beiden rohgezimmerten Tische im Garten unter den Dattelpalmen und dem Indischen Lorbeer eingenommen. Sigrid erhielt zur Belohnung, dass sie alle diese paradiesischen Schrecknisse aushält, ein Bier. Ich trank wie gewöhnlich Wasser aus den Weißen Bergen. Das suggeriert zumindest das Etikett auf der 1½- Liter-Plastikflasche, die wir immer im 6er-Pack kaufen.

Gerade ging die gut gepolsterte, aber wohl proportionierte Tochter der Schwedenfamilie an mir vorbei. Er schwärmte mir eben am Strand von seinem Thermometer in den südschwedischen Alpen vor, wo er eine Hütte oder ein Haus besitzt, von dem aus er Skisport betreibt. Er kann auf seinem Handy oder x-Phone, oder was es auch immer ist, die Temperatur in seiner Hütte einstellen und abfragen. Dass das Thermometer 3° meldete, löste bei ihm einen hämischen Triumph aus, da er zur gleichen Zeit bei 30°- 40° in der Sonne sitzen kann.

„Mein Mann arbeitet", meinte seine deutsche Frau, als ich sie vorgestern um ihre Unterschriften gegen die Propeller-Glider bat. Er hatte einen Knopf im Ohr und telefonierte mit Schweden. Ob er nicht hauptsächlich den Triumph der Technik feiert?

Das Liegen im Schatten der Sonnenschirme, die wir morgen der albanischen Putzfrau hinterlassen werden, gab uns am Morgen das Gefühl, dass wir wohl wiederkehren müssen. Dieses bequeme Einsteigen ins Wasser, der sanfte Wind und vor allem dieses Panorama! Ein Panorama am Meer von nahezu 300°, schätze ich: Im Osten die Paximadi-Inseln bei Agia Galini, dann die Berge bei Triopetra und der Zuckerhut bei Plakias, ganz im Hintergrund das Idagebirge, das auch bis zu 2500 m ansteigt, gleich vor uns das steil ansteigende braune Küstengebirge, das keinen Namen zu haben scheint, aber auch praktisch vom Meeresspiegel ca. 1000 m ansteigt, und weiter im Westen die Weißen Berge, ebenfalls bis 2500 m. Abgeschlossen werden die 300° mit der Insel Gavdos, angeblich der südlichsten Insel Europas. Dazu sieht man drei Serpentinenstraßen, die von Chora Sfakion zur Aradenaschlucht führt, dann die durch die Zypressenwälder an der Imbros-Schlucht und direkt vor uns die, die nach Kallikratis führt, gleich neben der Schlucht mit gleichem Namen.

Das Zwitschern von Schwalben, die Brandung und das Reden von ein paar Leuten sind die einzigen Geräusche, die man hört, nur ganz selten mal ein Motorrad auf der Durchgangsstraße hinter dem Kastell.

Gestern Abend nahmen wir schon Abschied von Frangokastello, indem wir uns auf zwei der verlassenen Liegen am Strand legten und die Sterne betrachteten. Plötzlich tauchte zwischen zwei Bergen der nun abnehmende Mond auf und warf einen Zauberschein auf die leichte Brandung, die wir von unserem Platz in der Senkrechten sahen. Ein Film von ununterbrochenem Wechsel der Formen, in den Farben Silbergold und Schwarz. Der zuckende Tanz einer Flamencotänzerin wechselte zu einer breiten Hand, die mit zahlreichen Fingern Lichtstreifen streute. Kampf zwischen Licht und Schatten. Tanz von Licht und Schatten. Ein unheimlicher schwarzer Gürtel schlich sich unvermerkt von rechts, vom Meer, heran, trennte Oben und Unten. Alles neu gemischt. Ein Funkeln und Sprühen. Reichtum über Reichtum, gesammelt und verloren, empfangen und verschenkt. Glitzerstreifen, von unberechenbarer Länge, und doch auf der Bahn gehalten von einem Mond, der links noch zwei unscheinbare, traurige Genossen hatte, den Widerschein von zwei Tavernen auf der Klippe.

***

Der Pfälzer Pastor mit seiner griechischen Frau erschien auf einmal heute Morgen am Strand, Brot zum Fischefüttern in der Hand. Kurze Erklärung der beendeten Unterschriften-Aktion von meiner Seite.

Sein Kommentar:

„Die Griechen lieben Lärm.“

„Gibt es Griechen? Gibt es Deutsche? Ist Ihre Frau nicht auch Griechin?“

„Die ist mittlerweile Deutsche geworden."

„Ich habe vor kurzem gelesen, dass die Rassentheorie von der Wissenschaft aufgegeben worden ist. Weil die individuellen Unterschiede viel größer sind als die angeblich rassischen."

„Je weiter man nach Norden kommt, desto heller wird die Haut."

„Und die Eskimos? Sind die nicht dunkel?"

„Alle stammen von Adam und Eva ab. Als ich Schülern meine Bibel-Erklärung präsentierte, waren sie begeistert."

Jetzt schien er die Kurve genommen zu haben, die er von Anfang an angepeilt hatte. Darwin hatte doch nicht Recht. Da zur gleichen Zeit auch der Rassismus entstanden sei.

„Gab es nicht schon im frühen Christentum und im Mittelalter Antisemitismus?"

„Ja, aber nicht so wissenschaftlich systematisch wie im 19. Jahrhundert und in der Nazizeit."

Dann war also nicht Darwin, sondern die Entstehung der modernen Wissenschaft die Ursache eines –zumindest scheinbar- wissenschaftlich betriebenen Rassismus. War das nicht eine Tautologie? Jetzt wissenschaftlich betrieben, weil vorher keine Wissenschaft in dem Sinne existierte?

Alles etwas diffus, auch wie unsere Unterhaltung dahertaumelte. Aber ist nicht die eigentlich Ursache seine Unentschiedenheit? Er weiß nicht, wo er letztlich steht.

„Mein Mann ist leider nicht mehr aktiv."

So äußerte seine Frau sich, als ich ihr am Morgen beim Einkaufen begegnete und ihr von der Unterschriftenaktion erzählte. Er habe schon Nierenprobleme gehabt und Herzinfarkte. Sie war Lehrerin gewesen. Beide sind nun pensioniert. Heute sei die evangelische Kirche ja leider insgesamt nicht mehr politisch aktiv. Als ich ihr von Axel Beckers Engagement in Palästina berichte, und dass es daraufhin zu einer Partnerschaft mit unserer Stadt gekommen sei, will sie davon aber nichts hören. Ihr Mann sei Israel-freundlich. Alle Staaten seien schließlich durch Unrecht entstanden. Das sollte wohl die Rechtfertigung für die Staatsgründung Israels und seine heutige Politik sein, obwohl ich beides gar nicht angegriffen hatte. Da gebe es halt die Gewalt der Palästinenser.

„Israel wendet auch Gewalt an."

„Es gibt immer unterschiedliche Informationen." Das sollte wohl die Informationen über israelische Gewalt in Frage stellen.

Später wurde mir der Zusammenhang mit seinen Forschungen klar, auf die er stolz ist, und bei denen er sich damit befasst hat, wie vor allem die Evangelische Kirche sich an Arier-Nachweisen beteiligt hatte. Kann er sich deshalb, weil er das eine Unrecht aufgedeckt hatte, nicht am Aufdecken des anderen Unrechts beteiligen?

„Was haben Sie denn unterrichtet?" fragte er mich auf einmal, verlor aber schnell das Interesse, als er feststellen musste, dass ich alles andere als ein wissenschaftlicher Experte war. Nur bei der Erwähnung von Chile und Mexiko horchte er kurz auf. Dann tauchte er wieder ab in seine unergründlichen inneren Welten. Sie gehen dann beide. Sigrid meinte, weil sie eigentlich Fische füttern wollten. Sie musste noch schnell ihre Negativerfahrungen mit Islamisten von sich geben. Irgendwie kamen sie mir vor wie schwankende Rohre im Winde.

***

Eine Fliege läuft nun über den Tisch, dessen Beine in den lehmigen Boden getrieben wurden. Ab und zu fällt von oben eine Lorbeere auf die Bretter der Tischplatte, bleibt in einer Rille hängen. Ich rieche die Geranien, die am Morgen von der Albanerin gegossen wurden, mit ihrem zähnebleckenden freundlichen Lächeln.

***

„Applaus! Applaus! Die Hühner legen ein Haus. Mama! Mama! Willst du mal was Lustiges hören?" Die Mutter schien nicht zu reagieren. Was ich für typisch hielt. Es passte in mein Bild von ihr. Seit Tagen sahen wir sie mit einem Blick wie ein Reiher auf Beutejagd, am Strand entlanglaufen.
„Sammeln Sie Schnecken oder Muscheln?" hatte ich sie gefragt.
„Nein, Zigarettenstummel. Die Filter sind ja voll von Gift. Das mache ich an allen Stränden, an denen ich bin. Wenn Sie mal einen Raucher se-

265

hen, können Sie ihn ja bitten, die Kippe mitzunehmen."

„Meinen Sie, Raucher seien erziehbar?"

„Wenn die hier wenigstens Papierkörbe aufstellen würden. Dann könnten die Raucher ihre Kippen da entsorgen."

Eine unentwegte Aktivistin oder eine Verrückte?

Zu der zweiten Version passte die Tatsache, dass sie immer einen, teils defekten, einfachen schwarzen Regenschirm bei sich trug. Mein Bild änderte sich aber schlagartig, als ich ihre Tochter auf ihren Spruch hin ansprach. Das Mädchen freute sich, dass ich ihn gehört hatte und nahm mich mit in eine kleine Ausbuchtung der Lagune.

„Ich muss von hier über die Steine ins Wasser springen. Dann fällt mir mein Spruch wieder ein. Das mache ich immer so, wenn ich etwas vergessen habe. Ich muss noch einmal machen, was ich gerade machte. Als ich einen Spruch erfand."

„Ja, sie ist sehr kreativ", meinte nun lächelnd ihre Mutter. Sie hatte vorher lange mit ihrer Tochter in den Wellen gespielt. Es war also nicht so, dass sie sich nicht um sie kümmerte, wie ich zuerst gedacht hatte.

„Kommen Sie aus Berlin?"

„Ja, wir wohnen in Berlin!" freute sich die Kleine.

„Ich komme aus Wien, wohne aber in Berlin", ergänzte die Mutter. Ihre Miene sah nun auch nicht mehr so streng aus wie beim Kippensammeln. Wir unterhielten uns eine ganze Zeit. Sie wurde immer zutraulicher. Zum Schluss verabschiedeten wir uns mit Handschlag, da sie wusste, dass wir morgen abreisen würden und –bedankte sich für das Gespräch.

Sonntag, 18.9.11

Das Schwimmen bei Sonnenaufgang war mein Abschied von Frangokastello. Der stille Ort entbot mir einen Morgengruß mit dem Duft von Strandlilien im Sand vor der Pension und einem würzigen Hauch von Kräutern, der von den Bergen herabgeweht wurde. Trippelnde Strandläufer mit spitzen Schnäbelchen spiegelten sich in der Lagune. Ich war froh, dass ich mir ein Handtuch um den Hals gelegt hatte, denn es war frisch, als ich die erste Röte über den Bergen im Osten sah. Bis zum Aufgang der Sonne dauerte es lange, weil sie weiter nach Süden vorgerückt war. Sie erschien heute erst über den Bergen, nicht wie Tage vorher in einem Sattel dazwischen. Drei Joggerinnen schoben ihre unwilligen Körper mit wabbeligen Busen vorwärts. Eine Raubmöve latschte mit misstrauischen Schritten auf der Landzunge. Die junge Frau mit den Dauerwellen, die gestern und vorgestern die Berlinerin begleitet hatte, stand da mit Zetteln in der Hand. War sie eine Animateuse? Oder Esoterikerin? Zwei dicke Frauen, vollkommen angezogen, mit Rucksack auf dem Rücken, standen neben ihr.

„Wollen Sie die Sonne mit Gesang begrüßen?"

„Ja. Die güldene Sonne. Wollen Sie mitsingen?"

„Nein, danke. Ich will schwimmen, wenn die Sonne aufgeht."

„Das machen wir dann auch."

267

Sie schwammen aber nicht. Auch später nicht.

Die Weißen Berge waren nun rosa. Das Gold der aufgehenden Sonne wandelte sich zu Weiß. Ich praktizierte die Schalversion des Nudismus, indem ich mir die Badehose um den Hals legte. Die Sonne stieg nun schnell. Eine schwarze Barke war draußen ganz klein, aber deutlich, in ihren Umrissen zu erkennen. Ein Fischer verlässt den Hafen, gewinnt schnell Fahrt Richtung Westen. Am Strand taucht nun ein offizieller Papiersammler in einer Art kommunaler Uniform auf. Ich sehe zu meinem Erstaunen einen hölzernen Papierkorb. War der schon immer da, oder wurde er auf Veranlassung der Kippen-Aktivistin aufgestellt?

***

Angenehm war es, ein paar Bahnen im Swimmingpool des blitzsauberen Hotels Sofia zu schwimmen, das zwar nur 3 Taxi-Minuten vom Flugplatz entfernt ist, aber dabei doch in der Stadt und gleichzeitig von etlichen Bäumen begrünt. Natürlich hört man jetzt auf dem Balkon ab und zu ein Flugzeug. Aber es ist erträglich. Und alle 5 Minuten fährt von der Haltestelle in 5 Minuten Entfernung ein Bus in Richtung Zentrum.

***

Unsere 245 € für die 7 Tage in der Pension Milos konnten wir zuerst nicht loswerden. Bis von der Taverne aus Silvia angerufen wurde, die selber nicht kommen konnte, weil sie sich einen Fuß verletzt hatte. Das ist schon merkwürdig in Griechenland. Oft hat man das Gefühl, dass sie nicht kassieren wollen, warum auch immer.

Dann erschien Alexandra, eine strahlende hochgewachsene Schönheit. In ihren Augen vereinte sich die frühere Abenteuerlust ihrer Mutter Silvia und die reine Bergluft, die sich im Blick ihres Vaters gespiegelt haben mochte. Wenn sie redete, sprach der unbändige Optimismus der Rahmabschöpfer aus ihr, wie ich ihn oft bei jungen Deutschchilenen oder bei Deutschmexikanern kennengelernt habe. Vielleicht ist dieser Optimismus aber auch ein Vorrecht aller jungen Erwachsenen. Oder es war ihr Erfolg als Wiener Speditionskauffrau, die mit ihren Sprachkenntnissen in Deutsch und Griechisch glänzen konnte und zusätzlich mit Bulgarisch, das sie ursprünglich studiert hatte, weil sie einmal in den diplomatischen Dienst eintreten wollte. Ich überreichte ihr 250 € und wartete auf das Wechselgeld. Was bedeutete nun ihr lächelndes Abwarten? Wollte sie die 5 € tatsächlich als Trinkgeld einstecken? Für was? Weil sie sich die Mühe gemacht hatte, sich anstelle ihrer Mutter zum Kassieren herabzulassen? Oder zeigte sich da die neue griechische Einstellung zu Trinkgeld und Gastfreundschaft, Ausfluss einer modernen globalisierten Wirtschaft, in der der Kunde dankbar sein kann, wenn er eine Ware in Empfang nehmen darf? Ich widerstand mit Zähigkeit der lächelnden Versuchung.

***

Die Bergwelt um Kallikratis bot sich mit Ziegen und Schafen wieder in morgendlicher Ruhe und Einsamkeit. Auf dem kleinen Platz am Beginn des Dorfs dösten Hunde im Schatten eines Pickups, während zwei Jungen in martialischen Tarnanzügen mit ihren Fahrrädern auf einem Feldweg verschwanden, an einer schwarzgekleideten, winzigen, gebückten griechischen Oma mit Stock vorbei. Die Tarnanzüge passten zu den einsamen zerschossenen Ortschildern, denen wir in dieser Gegend immer wieder begegneten, als sei die Ruhe nur trügerisch, und als liege darunter oder darüber eine ganz andere, gewaltsame Welt.

Über das Kloster Miriokefala mit seiner Muttergottesikone, an der etliche silberne Votivtafeln in Form von Augen, Beinen oder Armen hingen, gelangten wir in den Bergort Argiropolis, das antike Lappa, mit einigen netten Gassen und einem römischen Fußbodenmosaik. Er ist aber auch schon ganz schön touristisch. Die Taverne Palios Milos unterhalb des Wasserfalls war zwar auch, wie die vielen anderen Tavernen in diesem grünen Winkel, voll von Ausflüglern, doch war man trotzdem hier mitten in Griechenland, obwohl die Kellnerinnen uns erstaunlich schnell bedienten. Das gedünstete Bergziegenfleisch schmeckte ausgezeichnet, noch besser der fruchtige honigfarbene Weißwein, alles wieder zu normalen Preisen.

Überall rauscht in dieser Taverne und um diese herum das Wasser, ein größerer Wasserfall, ein kleinerer, der Bach, der mitten durchs Lokal fließt, ein Brunnen, zwei Röhren, aus denen kräftige Strahlen strömen, und ein steinerner Kanal. Fließendes Wasser und das Gerede ringsumher verbinden sich zu einer eigenartigen Musik, die mich zusätzlich zu dem Wein berauschte. Qualmende Grillstellen mit unterschiedlichen blutigen Teilen von Ziegenleibern fügten die zugehörige Duftnote hinzu.

***

„Manchmal kann man eigenartige Erlebnisse mit fremden kleinen Kindern haben", sagte ich zu Sigrid, als wir an unserem wackligen Holztisch auf der Brücke über dem Bach saßen und den bärtigen Popen mit seinem Enkelkind beobachteten.

„Wieso? Hast du mit ihnen gesprochen?" fragte Sigrid, während sie an dem kleinen Gläschen Raki nippte, das uns auch hier auf den Tisch gestellt wurde, nachdem wir die Rechnung bestellt hatten.

„Nein, ich meine gestern. Ich saß auf einer Liege vor der Taverne Vlisvos am Hafen, um den Sonnenuntergang zu beobachten. Da hockte sich ein etwa 3jähriges, pummeliges Mädchen mir gegenüber auf eine Treppe. Das Gesicht unbeweglich. Ich versuchte eine mimische Annäherung mit dem Heben und Senken meiner Augenbrauen. Keine Regung. Noch einmal dasselbe Spiel. Da

271

streckte sie zuerst zaghaft, dann frecher die Zunge heraus. Was ich erwiderte. Aber immer verzog sie dabei noch keine Miene.

„Was du für eine schöne Zunge hast", sagte ich, um zu testen, welche Sprache sie sprach. Wie ich mir schon gedacht hatte, sprach sie Deutsch: „Der Papa hat schon bezahlt."

„Ja, dann kommt vielleicht noch ein Nachtisch. Ich esse gerne Kokoskuchen. Und du, was isst du gerne als Nachtisch?"

„Gemüse."

„Gemüsekuchen? Ja, das kann auch lecker schmecken."

„Ich esse gerne Gemüse und Salat."

So ging es scharf an der Logik vorbei noch eine Zeitlang weiter.

Zwischendurch kam einmal ihr –erstaunlich alter und dicker – Vater die Treppe herunter und sagte, sie solle essen kommen. Als sie nicht reagierte, hakte der Vater nicht nach. Seltsam!

„Du musst essen gehen. Dein Papa wartet mit dem Essen auf dich. Und ich gehe jetzt auch."

„Warum?"

„Meine Frau wartet auf mich."

„Du kannst doch mit zu Papa und Mama gehen."

„Nein, ich habe meiner Frau versprochen zu kommen, wenn die Sonne untergegangen ist. Und was man versprochen hat, muss man ja halten, oder?"

Sie antwortet nicht. Wie sie auch am Anfang nicht geantwortet hatte, als ich sie auf den Sonnenuntergang ansprach. Als wüsste sie gar nicht, was eine Sonne ist. Das einzige, was sie beschäftigt zu haben schien, war der Gedanke, ich könnte sie zu ihren Eltern begleiten. Hatte sie noch nie jemanden gefunden, der mit ihr redete?

***

Nach dem erfrischenden Bad im Pool des Hotels Sofia machten wir uns auf, mit dem Bus ins Zentrum von Heraklion zu fahren. Die Haltestelle lag tatsächlich nicht weiter als 5 Minuten vom Hotel entfernt an einer äußersten belebten Straße. Ein junges Mädchen, das dort stand, bestätigte, dass wir alle Linien für eine Fahrt ins Zentrum benutzen könnten. Da wir für die Rückfahrt wissen mussten, wie der Name der Haltestelle lautete, fragten wir sie danach. Sie war schick gekleidet. Solche Figuren hatten wir an der Südküste nicht gesehen. Den Namen der Haltestelle wusste sie nicht. Aus dem Laden hinter uns trat plötzlich ein verschroben aussehender alter Mann. „I'm Captain Cook", stellte er sich gut gelaunt vor. Ich hatte das Gefühl, als seien wir plötzlich in ein ganz anderes Griechenland eingetaucht, skurril, farbig, ohne Touristen, ein fremdes interessantes Land, dessen Einwohner andere Länder nur vom Hörensagen kennen. Dann folgte ein Smalltalk über Reisen und Griechenland. Er war gerade wieder in seinem Laden mit Zeitschriften und allerlei anderem Kram verschwunden, als mir einfiel, dass wir ihn ja nach dem Namen der Haltestelle fragen könnten. Seine verhutzelte Frau verschwand in den Tiefen des Ladens, rief ihn auf Griechisch, wobei ich nur das Wort xenoi (Fremde) verstand. Als er auftauchte, wusste auch er keinen Namen für die Haltestelle.

„Platia Venizelos", sagte ich zu dem Busfahrer, als wir einstiegen. „Can you tell us, how many stops it is? "

Er wusste es nicht. Er wollte uns Bescheid sagen, wenn es so weit sei. Als ich ihn ebenfalls nach dem Namen der Haltestelle fragte, wo wir eingestiegen waren, zögerte er zuerst, dann meinte er entschieden: „Number One."

Number One? Wir erblickten bald die gelbe Laufschrift oben vor der Fahrerkabine, die nun die Namen der folgenden Haltestellen einmal in griechischen, dann in lateinischen Buchstaben ankündigte. Sie hatten die Namen von Straßen, Plätzen oder Stadtteilen. Keine Number One oder Number Sowieso.

In dem Gewühle der großen, belebten Stadt rauschten nun eine Leuchtreklame nach der anderen an uns vorbei, meist in griechischen Buchstaben, eine fremde Stadt in exotischer Ferne, Betonbauten, Betonbauten, selten mal ein älteres Gebäude, eine Stadtmauer. Oder war es eine Festung? Dann ein großer, weiter Platz, baumbestanden, Wasserspiele, viele Menschen. Aber das war wohl nicht der Platz, den wir suchten. Er hatte auch einen anderen Namen. Die Bebauung wurde enger. Waren wir nun richtig im Zentrum? Dann lichtete sie sich wieder. Entfernten wir uns nicht allmählich aus der Innenstadt? Ich fragte einen Fahrgast, der sich als Deutscher entpuppte. Empört fuhr er auf: „Das hier ist doch die Hotelzone! Zum Zentrum geht es in die entgegengesetzte Richtung!" Als hätten wir ihn mit unserer Frage persönlich beleidigt.

„Sie wollten uns doch Bescheid sagen!" meinte ich zu dem Fahrer, als ich neben ihm stand.
„Das habe ich doch! Sie haben ja nicht zugehört!" Er hätte uns eigentlich nur zu sagen brauchen, welche Haltestelle wir nehmen müssten. Ihre Namen wurden ja angezeigt. Vielleicht hieß sie ja nicht Platia Venizelos. Unter dem Geschimpfe des Fahrers stiegen wir an der nächsten Haltestelle aus, überquerten die Fahrbahn und fanden dort die Haltestelle in die Gegenrichtung. Wieder bestätigte uns ein schick gekleidetes Mädchen, dass wir dort den Bus in Richtung Platia Venizelos fänden. Auch dem Fahrer des Busses, der dann kam, schien das klar zu sein. Als wir aber keine Fahrscheine vorzeigen konnten, bedeutete er uns, wir müssten an der nächsten Haltestelle aussteigen und Fahrscheine kaufen. Er habe keine Fahrscheine. Naja, meinten wir, die Busse kommen ja hier schnell hintereinander. Dann fahren wir gleich mit dem nächsten weiter.

Nicht an der nächsten, aber ein paar Haltestellen weiter, stieg das junge Mädchen mit mir aus, um mir einen Laden zu zeigen, wo ich die Fahrscheine kaufen könnte. Als Sigrid mich begleiten wollte, hielt der Fahrer sie zurück. Als Pfand? Das Mädchen zog mich weiter. Der Laden war nur ein paar Schritte entfernt. Ich kaufte die Fahrscheine. Das Mädchen übersetzte dabei und verschwand dann. Der Bus hatte selbstverständlich gewartet. Es ging weiter. Wieder durchquerten wir das dicht bebaute Zentrum. Langten an dem großen baumbestandenen Platz an.

„Müssen wir hier nicht aussteigen, um zur Platia Venizelos zu gelangen?"

„Ja."

Wir stiegen aus, hatten vor, nun einfach ein Taxi zu nehmen.

„No cars. Foot", meinte der erste Taxifahrer in der langen Reihe, zu dem wir getreten waren. Was hieß das jetzt? Lohnte es sich nicht, mit dem Auto bis zur Platia zu fahren? Konnte man sie einfacher zu Fuß erreichen? Das war ja nett, wenn er uns das sagen wollte. Oder lag die Platia in einer Fußgängerzone, in die er mit dem Taxi nicht fahren konnte? Er zeigte über den großen Platz hinüber. Wir mussten diesen also wohl überqueren.

Auf der anderen Seite standen drei hübsche junge Mädchen, die wir sicherheitshalber noch einmal fragten.

„Nein, nein. Platia Venizelos liegt genau in der entgegensetzten Richtung", meinten sie. Wir schüttelten den Kopf.

„Da kommen wir gerade her. Dort hat man uns in diese Richtung geschickt."

„Nein, nein. Wir sind ganz sicher. Genau entgegengesetzt."

Zu ihrer Verwunderung, vielleicht Empörung, ließen wir uns von der eingeschlagenen Richtung nicht abbringen und gelangten tatsächlich in eine lange Fußgängerstraße. Wer könnte uns denn eine vertrauenswürdige Auskunft geben, ob wir uns auf dem richtigen Weg befanden?

Ein älterer Herr, der sowohl einheimisch als auch fast ein wenig literarisch wirkte, kam uns entgegen.

„Entschuldigen Sie, ist das der richtige Weg zur Platia Venizelos?"

„Platia Venizelos?"

Mein Atem stockte.

„Sie meinen den Morosini-Brunnen?"

Ich hatte im Reiseführer gesehen, dass der Morosini-Brunnen eine der Sehenswürdigkeiten an der Platia Venizelos war.

„Ja, da liegt auch der Morosini-Brunnen. Ist das der richtige Weg?"

„Immer geradeaus."

Gottseidank!

Platia Venizelos erwies sich als das Wohnzimmer der Stadt, wo sich alle Leute an diesem warmen Abend trafen. Durfte man als Fremder nicht in diesen intimen Raum und wurde er deshalb geheim gehalten? Rings um den venezianischen Löwenbrunnen brummten die voll besetzten Restaurants. Die Luft stand und einzelne Mücken schwirrten durch die Gegend, auf der Suche nach Fremden, die sich hierher verirrt hatten. Plötzlich bekamen wir Hunger auf nichtgriechische Spagetti Carbonara und ein Riesenbier vom Fass. Im gedämpften Licht der venezianischen Loggia, die

277

einmal als feudaler Treffpunkt der reichen Händler und Adligen erbaut wurde, trieben nun nur zwei junge Männer ihre Balzspiele um ein hübsches Mädchen, während sich ein paar Meter weiter die Gesellschaft drängte und schwarze Billigwarenverkäufer auf der Straße ungerührt Taschen und kleine robbende Soldaten in Tarnanzügen anpriesen, die kein Mensch brauchte und kein Mensch kaufte.

Während wir für den Bus bzw. die Busse auf der Herfahrt insgesamt 5,20 € bezahlt hatten, wollte der Taxifahrer auf der Rückfahrt zum Hotel, das ihm sofort bekannt war, nur 3,50 € haben. Eine Busfahrt also nur ein Abenteuer in einem fremden Land? Für mich hatte sie sich trotzdem gelohnt.

Montag, 19.9.11

Wieder eine griechische Überraschung? Das Frühstück um 6 Uhr war viel reichhaltiger als angekündigt. Wir hatten diese Hotelnacht ja gebucht, weil wir schon um sieben am Flughafen sein mussten und uns vor einer stressigen Nachtfahrt bewahren wollten. Bei der Ankunft war uns gesagt worden, wenn wir früher als acht Uhr frühstücken wollten, könnten wir das tun, hätten dann aber nur einen Kaffee und ein paar Kekse zur Verfügung. Nun stand da ein ausladendes Büffet, das alle Wünsche erfüllen konnte. Als passionierter Nichtfrühstücker begnügte ich mich mit – allerdings sehr schmackhaften – herrlich weichen Pfirsichen in Jogurt mit Honig und verschiedenen

Kuchen sowie griechischen Keksen, die wie immer sehr lecker schmeckten wegen ihres Zimtgeschmacks und der reichhaltigen Verwendung von Nüssen.

Den Mietwagen hatten wir einfach auf dem Parkplatz des Hotels abgestellt und den Schlüssel einfach –wie abgemacht- an der Rezeption abgegeben. Ein komisches Gefühl! Es war aber alles wieder gut gelaufen, wenn man von der Tatsache absieht, dass der Wagen in den Kurven ein bedenkliches Quietschgeräusch von sich gab, was wohl irgendwie auf vielleicht zu schmale Reifen zurückzuführen war, und dass wir für den zusätzlichen Tag 60 € zu berappen hatten. Darauf waren wir bei der Übernahme des Wagens von der ansonsten sehr versierten und nicht unfreundlichen Hertz-Angestellten nicht aufmerksam gemacht worden. Als hätten sie meinen Reisebericht gelesen, sollte sich alles einen Monat nach unserer Rückkehr in Wohlgefallen auflösen, indem die 60 € zurücküberwiesen wurden. Wie viele Ansätze für phantastische Abzweigungen doch in der Wirklichkeit liegen!

Das an der Rezeption bestellte Taxi stand pünktlich um Viertel vor 7 vor dem Hotel und war in 5 Minuten am Flughafen. Eine kleine Enttäuschung: Für die kurze Strecke wollte er 10 € haben, obwohl die Strecke viel kürzer als die von der Innenstadt zum Hotel war, die nur 3,50 € gekostet hatte. Als der Fahrer unsere Koffer auslud, schallten uns schon Sprechchöre von einer größeren

Menschenmenge entgegen. Sie standen auf dem Gang vor der großen Halle des Flughafens und hielten allerlei Schilder mit Schriftzügen hoch. Als wir näherkamen, sahen wir viele vermummte Frauen, die mit Kochlöffeln auf Töpfe schlugen, wie man es von den Chileninnen gehört und gelesen hatte, die gegen die Regierung von Allende demonstrierten. Ein Protest gegen die von der EU veranlassten Sparmaßnahmen der Regierung? Aber wieso waren die Frauen vermummt? Es zeigte sich, dass es sich um zwei verschiedene Gruppen handelte. Die eine war komplett auf dem Gang vor der Halle versammelt und bestand tatsächlich nur aus Frauen, die andere setzte sich in der Halle des Flughafens fort und war viel größer, bestand aus Männern, Frauen und sogar einigen Kindern.

Wir rollten unsere Koffer vorwärts und sahen auf etlichen Transparenten, die die Frauen hochhielten, arabische Schriftzüge. Wieso das? Die Frauen sahen auch überhaupt nicht wie Griechinnen aus, eher, als kämen sie aus vorderasiatischen Ländern oder aus dem Iran. Viele waren schwarz gekleidet. Nun erblickte ich auf einem weißen Schild mit schwarzer Schrift auf Englisch die Botschaft:

„Unsere Familien haben nichts mehr zu essen. Unsere Kinder müssen hungern." Ich traute mich nicht, eine der düster blickenden Frauen anzusprechen, die offensichtlich etwas auf Arabisch skandierten.

Als wir die Halle betraten, war die Atmosphäre mit Hitze, Schweiß und Aufregung aufgeladen. Am Kopfende trat ein Dutzend Polizisten nervös auf der Stelle. Ich fragte einen von ihnen, was hier los sei. Zuerst schien er nicht antworten zu wollen, dann gab er nur das Wort „Gewerkschaft" von sich. Das schien mir plausibel zu sein, als ich auf mehreren Schildern, die hier hochgehalten wurden, und auch auf Buttons, die die Teilnehmer trugen, ein Logo sah, das dem deutscher Gewerkschaften ähnelte. Die Transparente, die hier hochgehalten wurden, waren in griechischer Schrift gehalten. Ich konnte sie natürlich nicht entziffern.

In der Nähe des Schalters von Tuifly, wo wir uns anzustellen hatten, stand ein freundlich blickender Demonstrant mit einem Button. Er trug eine intellektuell wirkende randlose Brille und hatte nur einen spärlichen Haarkranz auf dem Kopf. Er sprach ein geläufiges Englisch.
„Entschuldigung, für was wird denn hier demonstriert?" fragte ich ihn. Bereitwillig gab er Antwort: „Für regelmäßige und ordentliche Kontrollen."
„Wie bitte?"
„Ja, die machen doch, was sie wollen. Sind Privatunternehmen, die keine richtig ausgebildeten Leute haben."
„Sie meinen die Kontrollen der Fluggäste?"
„Natürlich. Man kann sich auf nichts mehr vorbereiten. Die reine Willkür."
„Sind Sie denn eine Organisation von Fluggästen?" fragte ich verwirrt.

„Nein", lächelte er. „Wir sind die Gewerkschaft der Flugzeugentführer und der zündelnden Bombenattentäter."

Mir blieb der Mund offenstehen.

„Und die schwarz gekleideten Frauen...."

„Die gehören nicht direkt zu uns. Das sind aber viele junge Frauen, die in der letzten Zeit belästigt worden sind, weil ihre männlichen Altersgenossen nicht mehr auf die Jungfrauen im Jenseits hoffen können."

„Wie bitte?"

„Naja, weil sie nicht mehr als Märtyrer sterben können bei einem Attentat. Durch die unregelmäßigen Kontrollen ist ja alles so schwierig geworden. Und unsere Familien werden nicht mehr von Al Kaida bezahlt."

Wir waren sehr verwirrt. Dann mussten wir zum Einchecken unsere Koffer wiegen lassen. Sie wogen weniger als beim Hinflug, da wir ja unsere Sonnecremes alle verbraucht hatten. Zu unserem Erstaunen mussten wir sie dann von dem Band wieder runternehmen und sie an einer anderen Stelle durchleuchten lassen. Das gab es nirgendwo in Deutschland, nicht in Italien, nicht in Ägypten, nicht in Spanien, nirgendwo hatten wir das erlebt.

Das Personal an der Personenkontrolle begrüßte uns recht freundlich. Dieses Mal musste ich meinen Gürtel öffnen, so dass ich mir vorkam, als müsste ich unverrichteterdinge aus einem Pissoir heraustreten, leicht gedemütigt. Dann hatte ich, wie meistens, Rucksack, Jacke, Uhr, Portemonnaie, Mütze und Schlüssel in das Plastikfach zu legen, welches auf dem Transportband in den Schlund des Durchleuchtungsgeräts geschoben wurde. Mit erhobenen Armen und leicht rutschender Hose durchschritt ich die elektronische Pforte. Nichts Verdächtiges! Kein Warnsignal ertönte. Dann wurde ich höflich zu meinem Rucksack gebeten.

„Sie haben ein Messer in Ihrem Rucksack."

„Ein Messer?" Ich runzelte die Stirn und wollte schon die Fähigkeiten des Gerätes anzweifeln, als ich mich erinnerte.

Mein Taschenmesser hatte ich wegen der bevorstehenden Kontrollen vor der Hinreise natürlich im Koffer und nicht im Rucksack verstaut. Als wir am Triopetra-Strand unsere ersten einfachen Mittagessen zu uns nahmen, wollten wir es mitnehmen. Ich suchte es aus dem Koffer heraus und steckte es in den Rucksack, mit dem Gedanken: Du darfst vor der Rückreise nicht vergessen, es wieder in den Koffer zu stecken. Am Strand fanden wir es nicht im Rucksack. Ich begann zu zweifeln. Hatte ich es doch nicht aus dem Koffer genommen? Auch später fanden wir es nicht, als wir mehrmals danach suchten, weder im Rucksack, noch im Koffer. Hatte die Putzfrau Interesse daran gefunden, als ich es vielleicht vorläufig auf dem Nachttisch abgelegt hatte?

Nun zeigte man mir das Messer auf dem Bildschirm. Es war aber im Rucksack immer noch nicht zu finden. Bis sich auf einmal zeigte, dass es in einem kleinen „Geheimfach" steckte, dessen Existenz ich vergessen hatte. Nur mit Hilfe der Kontrolleure fanden wir es schließlich.

„Thank you for finding it. We've been looking fort he knife for three weeks", war meine erste glückliche Reaktion. Dann fiel mir ein: Was nützte mir der Fund? Jetzt würde ich das schöne rote Schweizer Messer doch für immer loswerden. Nun kam aber wieder die Tatsache ins Spiel, gegen die die Demonstranten ihre Stimmen und Kochlöffel erhoben hatten. Der Mangel an Konsequenz. Die eine der Kontrolleurinnen zog ihren Ausweis aus der Tasche, hielt ihn an die Messerklinge, stellte fest, dass diese kürzer war als die Breitseite ihres Ausweises, zeigte es sicherheitshalber noch einmal ihrem Vorgesetzten, der zustimmend nickte, und übergab mir das Messer. Offensichtlich reichte die Länge nicht aus, bedrohlich bis zu entscheidenden Körperorganen vorzudringen, oder was auch immer ihre Entscheidung beeinflusste. Vielleicht war es ja auch die überzeugende Harmlosigkeit meines Auftretens.

Die weiteren Ungereimtheiten hätten die Demonstranten nicht den privaten Sicherheitsdiensten anlasten können. Dass man nur als EU-Bürger, nicht als Amerikaner etwa, Steuern auf den Raki Griechenlands, nicht seinen Honig, nicht sein Olivenöl, nicht seine Bonbons, zu zahlen hatte, hatten sich wohl Beamte in Brüssel ausgedacht, dass man erst in allerletzter Minute in Erfahrung bringen konnte, vor welchem Gate man sich zu versammeln hatte, war vielleicht eine griechisch-heraklische Angelegenheit, bzw. auf mangelnde Organisation des Flughafens zurückzuführen. Es passte zu der Tatsache, dass wir beim Hinflug nicht in Heraklion landen konnten, sondern zurückflogen bis zur Vulkaninsel Santorin, wo der Flieger zuerst wieder neu aufgetankt werden musste. Ein wenig sahen wir damals von dem riesigen abgebrochenen Vulkankrater, der bei seinem Ausbruch vor 3400 Jahren vielleicht die minoische Kultur vernichtet hat, wie es eindrucksvoll der Roman „Palast der Delphine" schildert. So war dieser Umweg damals für uns eine willkommene Einleitung zu unserem Kreta-Aufenthalt.

Auch die Ungereimtheit, dass wir bei dem Hinflug mit German Wings das normale Koffergewicht von 20 kg extra bezahlen mussten und es dafür keine Getränke und kein Frühstück gab, während wir beim Rückflug mit Tuifly bestens mit Flüssigkeit und Frühstück versorgt wurden, war wohl eher auf die Eigenart der privatisierten und vervielfachten Fluggesellschaften und deren scharfe Konkurrenzsituation zurückzuführen.

Perfektionistisch eingestellte Reisende sollten endlich anerkennen, dass die Kontrollen, so wie sie sind, zweierlei bewirken: Sie bilden ein angenehmes Mittel gegen die Sterilität der Flughäfen, besonders durch ihren Mangel an Konsequenz, ob er nun gewollt oder ungewollt zustande kommt und gleichzeitig dadurch einen perfekten Schutz gegen Terroristen, bei denen immer als tiefste Charaktereigenschaft ein unwiderstehlicher Drang nach Konsequenz zu finden ist. So bleiben auch dem erlebnishungrigen Zeitgenossen selbst in dem weithin gerodeten Dschungel des internationalen Flugverkehrs bunte Fäden, dunkle Pfade und interessante Biotope zur Beobachtung, ohne dass er sich gleich einer Entführung oder einem Attentat auszusetzen braucht. Das ist ja nicht das, was man sich unbedingt wünscht. Und die Unwägbarkeiten des globalisierten technischen und wirtschaftlichen Perfektionismus kommen hinzu, wie oben schon angedeutet. So landeten wir zwar auf der einen Seite etwas zu früh in Köln, konnten aber nicht aussteigen, weil die dazu nötige Treppe nicht zur Verfügung stand.

So konnten wir uns noch einmal in Ruhe den Blick auf die sonnenbeschienene Vielfalt der ägäischen Inselwelt in Erinnerung rufen, die erstaunliche Wucht der wilden Bergwelt auf dem griechischen Festland und die feste Wolkendecke, die dann Dubrovnik, Venedig und den Alpenüberflug vor uns verbarg, bis sich die Wolken langsam lichteten und durch grüne Löcher in den Wattebergen unsere Heimat erschien, stark besiedelt, Autobahnen, schöne große Wälder, noch erstaunlich wenig herbstlich verfärbt.

Die durch die nicht vorhandene Treppe verlorene Zeit holten wir wieder ein, weil unsere Koffer keine Treppe gebraucht hatten und, kaum dass wir vor der Gepäck-Ausgabe standen, schon vor unserer Nase auf das Transportband purzelten.

Zu Hause waren wir auch wieder, als uns pünktlich und verlässlich wie immer unser pakistanischer Taxiunternehmer Mahmout erwartete, der immer noch nur 25 € für die Fahrt bis Bergisch Gladbach verlangte („Abgemacht ist abgemacht."). Er berichtete uns stolz, dass er seine Wagenflotte mittlerweile auf 11 erhöht hatte, gleichzeitig aber, dass er keine deutschen Fahrer finde, die bereit wären, mit richtigem Arbeitsvertrag bei ihm zu fahren, ohne Schwarzarbeit. Über die angebliche Krise redete er ähnlich wie Kostas. „Das betrifft nur Leute mit viel Geld. Wir kleinen oder mittleren Leute merken das gar nicht." Hoffentlich hat er Recht!

Dresden-Reise 04

Vor 60 Jahren war ich das erste und letzte Mal in Sachsen. Deshalb war es spannend zu sehen, ob ich in dem Dorf Falken bei Hohenstein-Ernstthal noch etwas wiedererkennen würde. Ich war ja 3, als wir nach den schweren Bombenangriffen auf Köln im Jahre 43, bei dem die Mutter meiner Mutter ums Leben kam, nach Sachsen evakuiert wurden, außer meiner Mutter noch mein Opa, zwei Schwestern meiner Mutter und meine Kusine, die bei dem Bombenangriff ein Bein verloren hatte.

Falken, ein kleines, langgestrecktes Dorf mit teilweise alten schieferverkleideten Häusern, kam mir zuerst noch nicht richtig bekannt vor. Erst am Ende des Dorfs erkannte ich auf der linken Seite den Hügel, auf dem wir damals den Fallschirm eines abgestürzten Fliegers fanden. Die Gaststätte, in der wir damals wohnten, erkannte ich sofort, auch den Tanzsaal, in dem meine Kusine von den dort feiernden amerikanischen Soldaten aufgrund ihrer schrecklichen Verletzung Schokolade geschenkt bekam. Der Hof, in dem die Apfelhaufen für die damalige Mosterei lagerten, war allerdings heute wesentlich kleiner, so dass ich meine Erinnerung an meinen Apfeldiebstahl nicht lokalisieren konnte, bei dem ich mir mit dem gestohlenen Apfel in der Hand die Augen zuhielt, damit niemand mein Verbrechen sehen könnte. Zumindest wurde die Geschichte so erzählt. Der Kuhstall von Goldhahns gegenüber, in dem ich von der russischen Fremdarbeiterin Nadscha Milch direkt in den Mund gespritzt bekam, existierte nicht mehr, aber in dem Haus wohnten noch mehrere Goldhahn-Enkel. Zwei Häuser weiter wohnte ein 80jähriges Ehepaar, das untereinander etwas Verständigungsschwierigkeiten hatte, da sie oben im Fenster lag, aber nicht runterlaufen konnte, er aber schlecht hörte und deshalb seine Frau nicht verstand. Sie hatte früher im Sparmannschen Gasthof gekellnert und konnte sich noch an meine Mutter erinnern. Auf jeden Fall ein merkwürdiges Gefühl, wie ein Blick durch Schleier oder ein nostalgisch-surrealistischer Film, sich in diesem Ort zu bewegen.

Moritzburg war uns gleich sympathisch. Ein gemütlicher Ort von
2000 Einwohnern, der ganz an dem Schloss hängt, das von Pöppelmann für August den Starken in seiner jetzigen Form gebaut wurde. Der erste Eindruck wurde von dem stillen Teich, den vielen Plastiken und den Hunderten von Schwalben geprägt, die vor allem an der Schlosskapelle nisten. Manchmal fährt ein Pferdewagen durch den Ort und bietet Fisch aus den Teichen an.

Der erste Eindruck von Dresden war eher etwas deprimierend: an vielen Stellen Plattenbauten oder ähnliche hässliche Architektur aus DDR-Zeiten, von der Zeit oder – wie ich eher vermute – durch Umweltverschmutzung geschwärzte Fassaden der wunderbaren Barockbauwerke und die nahezu vollkommen fehlenden Bürgerhäuser, die sozusagen das Fleisch an den „Knochen" der repräsentativen Bauten bildeten.

Dann erarbeiteten wir uns aber peu a peu die Herrlichkeiten des Zwingers, trotz der Schwärze des eigentlich hellen Sandsteins und trotz der Restaurationsarbeiten, die im Gange waren. Vor allem beeindruckte uns die Einheit von Architektur und Plastik im Nymphenbad mit seinen erotischen Frauendarstellungen. Ein ehemaliger Ort für barocke Orgien?
Die Leda mit dem Schwan wurde nur noch von dem Gemälde mit dem gleichen Titel von Rubens in der Gemäldegalerie übertroffen, was sexuelle Anmache betrifft. Dort hatte dann der erigierte Schwan endgültig sein Ziel erreicht, durch den Busen hindurchgeschlängelt bis zum Mund.

Sachsen bzw. Sächsinnen erschienen uns bisher eher grantig bis frech, auf jeden Fall nicht sehr auskunftsfreudig, die Frau in der Touristeninformation, die Klofrau im Zwinger („Machen Sie mal die Tür zu!"), die Bäckerin („Eierschecken sind in der ganzen Welt bekannt.") und die Kellnerin („Sie haben Gulasch bestellt, keinen Eintopf."). Zufall? Oder die Fortsetzung unseres Hausmeisters in der Gesamtschule Schlebusch? Vielleicht ist die Berliner Schnauze ja gar keine Berliner, sondern eine sächsische Schnauze? Unsere Wirtsleute sind auf jeden Fall ganz anders, nett und beinahe lieb.

In der Gemäldegalerie beeindruckte uns vor allem Canaletto mit seinen vielen Ansichten von Dresden und Pirna. Wie kann es sein, dass ein solcher Maler seine Heimatstadt Venedig gegen Dresden und Pirna eintauscht? Gewiss sahen beide Orte damals wunderbar aus, aber gegen Venedig? Oder waren es die Aufträge des Herzogs und Königs? Die Ansichten vor allem von Pirna sind aber mit solch einer Liebe zum Detail und gleichzeitig solch einer ruhigen Gelassenheit gemalt, dass man schon an eine große Liebe denken muss, die er dort vielleicht getroffen hat. Über die Sixtinische Madonna hörten wir Führerinnen allerlei Schwachsinn reden, wenn es um die Beschreibung des Gemäldes selber ging. Können die alle nicht schauen, oder plappern sie einfach nach? Die Madonna blickt einen auf jeden Fall nicht an, sondern hat den Blick weit in die Ferne gelenkt, und der Jesusknabe hat überhaupt nichts Kindliches, wie die beiden Engel am unteren Rand nicht kindlich-naiv sind, sondern eher frech, zumindest aber fast so etwas wie gelangweilt.

Von der Besichtigung des Residenzschlosses wurden wir zuerst von einem schwarzhaarigen bärtigen Mandolinenspieler abgehalten, der etwas Teuflisch-Paganiniartiges an sich hatte, sich uns dann näherte und mit einer unglaublichen Geschwindigkeit ein Porträt seiner Person und seinen Lebenslauf schilderte, und das alles in einem leicht ungarisch klingenden Akzent. Er wollte zuerst eine finanzielle Hilfe für den Ersatz einer fehlenden Mandolinenseite, dann Hilfe fürs Telefonieren, schließlich bot er uns eine Partnerschaft für sein Rittergut in Slowakien an. Als „800jähriger Adliger", wie er sich bezeichnete, habe er keine Lust und kein Talent und natürlich auch kein Geld, die Landwirtschaft auf seinem Gut zu betreiben. In den Hochadel sei seine Familie nie aufgestiegen, da sie protestantisch gewesen sei. Er sei ja ein politischer Satiriker, der als solcher auch in der kommunistischen Zeit wegen eines Gedichts im Gefängnis gesessen habe. Und einen Wagen mit zwei Pferden habe er von einem Sponsor auch schon angeboten bekommen. Aber das könne er ja nicht annehmen, da er dann ja dort immer wohnen müsste. Mich hielt er sofort für einen Schriftsteller. Und deshalb müsse ich ihn unbedingt in seiner Hütte an der Hohen Tatra besuchen, weil man dort sehr gut schreiben könne. Er ließ erst von uns ab, als ich ihm lachend erklärte, ich sei Pensionär und hätte kein Geld und kein Talent für die angebotene Partnerschaft. Er verabschiedete sich freundlich lachend, nachdem er uns noch alles mögliche über seinen Millionärs- Sohn, gegen den er prozessierte, seine geizige Frau, von der er sich getrennt hatte, seine Tätigkeit als Deutsch-Professor in Slowakien und seine Arbeit als Mandolinenspieler auf Vernissagen in München erzählt hatte. Die flache Rückseite seiner Mandoline diente ihm übrigens als Schreibtisch. Ein Gescheiterter? Ein Spinner? Ein Geschichtenerzähler? Einfach ein geschickter Bettler? Vielleicht von allem etwas.

Arnold von Westfalen heißt der angeblich geniale Baumeister, der das hochragende Schloss in Meißen kurz vor 1500 gebaut hat, indem er eine besondere Technik anwandte, um Strebestützen zu vermeiden. Unten sind die Mauern 2m und oben 4 m dick. Wie das funktionieren soll, weiß ich nicht, und leider habe ich auch nicht die Technik des Zellengewölbes verstanden, die in diesem Stammschloss der Wettiner Sachsen-Herzöge zu sehen ist. Die Markgrafen und Herzöge mit den Beinamen Der Erlauchte, Der Streitbare, Der Stolze, Der Bedrängte, Der Gebissene usw. Hier sind sie alle versammelt in Wandgemälden aus dem 19. Jahrhundert, die mit den hohen Gewölben sehr schöne Raumwirkungen ergeben. Begraben wurden sie in der prachtvollen edlen Fürstenkapelle im schlanken Dom, unter Bronzeplatten und in einem Bronzegrab aus der Werkstatt der Vischers in Nürnberg. Diese Herzöge waren die Vorfahren von August dem Starken, der 1710 die Porzellanmanufaktur in Meißen auf dem Schloss einrichten ließ und dort zwangsweise den Chemiker Böttger beschäftigte, der ihm zuvor das Weiße Gold, das Porzellan, erfunden hatte, nachdem das mit dem richtigen Gold nicht geklappt hatte. Bis heute werden in der Staatlichen Porzellanmanufaktur Meißen auch noch Service und Figuren hergestellt, die damals schon entworfen wurden, aber teuer! Ein kleines Tellerchen ab 150 Euro. Wenn auch die Former, Bossierer und Maler eine gründliche 3-jährige Ausbildung absolvieren müssen, die ein ganzes Jahr Zeichnen umfasst, scheinen mir die hohen

Preise doch nicht sachlich gerechtfertigt zu sein, sondern zumindest teilweise rufbedingt.

Das riesige ockerfarbene Jagdschloss von Moritzburg mit seinen roten Dächern und Turmbekrönungen haben wir gestern nicht besichtigt, da es von schwarzgekleideten Managertypen von der Telecom in Beschlag genommen war, die dort ein „Let`s talk business" veranstalteten. Immerhin quittierte einer von ihnen meine Bemerkung „Wenn ja bei der Telecom- Auskunft nur halb so viele Leute von Ihnen versammelt wären, dann wären wir schon einen Schritt weiter" mit einem Grinsen. Angeblich finanziert sich das Schloss, auch durch solche Veranstaltungen, mittlerweile selber. Und die Eintritte sind ja mit 8 Euro einschließlich Führung auch nicht zu knapp. Eine andere Seite der „Rentabilität" lernten wir kennen, als uns eine Frau vom Wachpersonal, als wir heute die Besichtigung nachholten, erklärte, dass sie von ihrer privaten Firma nur saisonweise angestellt sei, also überhaupt nicht wüsste, wie es danach weiterginge. Anders als im Karl-May-Museum in Radebeul, das wir uns am Nachmittag anschauten, und wo die Angestellten fest angestellt sind, da es sich hier um eine Stiftung der Frau von Karl May handelt.

Das Schloss beeindruckte vor allem durch seine großzügigen Räume, seine in mehreren Räumen mit großen Gemälden versehenen Ledertapeten, das Federzimmer, das in 15 Jahren von den Restaurateuren wiederhergestellt wurde, und seinen merkwürdigen kleinen, versteckt witzigen Führer, bei dem man überlegte: „Ist er ein geheimer Revoluzzer, der sich aus Gründen der Anpassung so zwiespältig ausdrückt und diese seltsame Körpersprache hat?" Die Mengen von Mätressen, die Friedrich August gehabt hat, waren ihm auf jeden Fall von völliger Selbstverständlichkeit. Vielleicht ist diese Tatsache zu sehr Allgemeingut, als dass man sie auch nur andeutungsweise verstecken könnte.

Da spielten im Karl-May-Museum schon eher unbeleuchtete Mythen eine Rolle. Zwar werden seine mehrfachen Diebstahls- und Betrugsdelikte genannt und auch seine Ehescheidung, weiter erklärt werden sie aber nicht und schon gar nicht wird –was doch hochinteressant sein müsste – auf die Geschichte von Karl Mays Büchern und des Museums in der Nazizeit und während der DDR eingegangen. Dem Personal waren meine diesbezüglichen Fragen offensichtlich nicht sehr angenehm. Dabei wäre das so ein interessantes Stück Politik- und Geistesgeschichte. Beeindruckt haben mich die positiven Äußerungen von Hermann Hesse, Heinrich Mann und Ernst Bloch und – drei Fetische meiner frühen Jugendzeit: die Silberbüchse, der Bärentöter und der Henrystutzen. Dort stehen sie wirklich im Original. Und Original heißt: so wie sie von Karl May bei einem Dresdener Büchsenmacher in Auftrag gegeben wurden und wie sie in dem von ihm selber produzierten Mythos dann der Öffentlichkeit als die Waffen von Old Shatterhand und Winnetou verkauft wurden. Mir wurde bei dem Besuch klar, dass diese Fetische und ihre Geschichten bei mir wohl nichts Martialisches, sondern eher Pazifismus befördert haben.

Eine Kartenbestellung im Internet scheiterte kläglich, da die Agentur nach tagelangen Kommunikationsschwierigkeiten (Einmal war angeblich der Computer nicht funktionsfähig.) mitteilte, die Tickets seien nicht mehr verfügbar. Sie waren aber im Internet angeboten gewesen, die Karten für die Semperoper. Entweder ein unfähiger oder ein betrügerischer Verein. Auf jeden Fall erhielten wir heute ohne Probleme im Vorverkauf in der Schinkelwache die gewünschten Karten für „Ariadne auf Naxos" von Richard Strauß am kommenden Mittwoch, Reihe 12 für 40.- Euro. Na, bitte! Die Führung durch die Semperoper war ausgezeichnet. Eine Frau Freudenberg,die uns führte, wusste nicht nur zahlreiche Einzelheiten über die Bühnentechnik, sondern erklärte auch detailliert die Techniken der verschiedenen Holz- und Marmorimitationen aus Gips, die hohes technisches und künstlerisches Können verlangten und auch von großer Dauer sein sollen. Die 1940 geborene Führerin betonte – allerdings mit witzigem Unterton, von dem man nicht richtig wusste, was er bedeutete - ‚dass diese Imitationen nicht auf Materialmangel in der DDR zurückzuführen sei, sondern dem originalen Bau entsprächen. Dass Gottfried Semper bei der Revolution von 1848 mitmischte und sogar die Barrikaden baute, hatten wir nicht gewusst, und auch nicht, dass er deshalb den Bau der Oper aus dem Exil in der Schweiz leiten musste. Zu Mittag aßen wir nebenan in der Gaststätte Italienisches Dörfchen, mit seinem herrlichen grün-weiß getäfelten Raum im klassizistischen Stil.

Da stand er an der Brüstung mit seinen hellblauen Augen, die forschend in die Ferne schauten, als sei er ein preußischer Offizier auf dem Feldherrnhügel! Wir lernten den Ingenieur Fuchs auf der Aussichtsplattform auf dem Hausmannsturm im Residenzschloss kennen, wo Sigrid überlegte, an welcher Stelle sie 1945 mit ihrer Familie auf der Flucht wohl die Fähre über die Elbe benutzt hatte, und ich mir von Herrn Fuchs den alten und den neuen Landtag erklären ließ. Überhaupt hat man ja von dieser Plattform einen wunderbaren Blick über Dresden, das uns nun von Tag zu Tag besser gefällt, und die Elbe hinauf und hinab. Herr Fuchs wusste viel über die Schokoladen- und Süßigkeitenindustrie von Dresden, ist selber in einer Firma beschäftigt, die Schokolade und Stollen herstellt, und will als Rentner ein Schokoladenmuseum eröffnen. Jetzt war er wohl so um die 60. Welches Verhältnis hatte er wohl zur Politik der DDR? Diese Frage hat man ja immer im Hinterkopf, wenn man nicht ganz junge Leute kennenlernt. Immerhin durfte er das Gymnasium besuchen und lernte dort sogar Latein. Als ich ihm von unserem Besuch im Karl-May-Museum erzählte, lachte er zuerst, dann stellte sich heraus, dass er nicht wie als Jugendlicher 25 Bände, sondern sogar 35 gelesen hatte. Jetzt besaß er

genau wie ich noch 5. Heute sind seine Stecken-
pferde Porzellan und – Raben. Raben lernte er
beim Militär in Kanada kennen und seitdem faszi-
nieren sie ihn wegen ihrer hohen Intelligenz.
Deshalb empfahl er uns dringend, die Raben im
Tiergehege von Moritzburg und die Porzellan-
sammlung im Zwinger anzuschauen. Letzteres
taten wir dann auch prompt und waren vor allem
von den blauen chinesischen Vasen begeistert.

Die Stadt schlug wie eine warme Welle über uns
zusammen.

Der freundliche Reiseführer, der auf seine Gruppe wartete, und uns kurz darüber informierte, was
wir in der Stadt anschauen sollten, und dass wir
auf keinen Fall das Orgelkonzert um 12 in der
Peterskirche versäumen dürften, dann der junge
Mann, der uns nach der Wegerklärung zur Spar-
kasse noch ein Stück begleitete, damit wir uns
nur ja nicht verliefen, dann der Obere Markt mit
seinen kreuz und quer geparkten Autos, der uns
in seiner Form etwas an die Piazza Navona in
Rom erinnerte und dann an seinem Ende der
polnische Frauenchor, der uns in eine gemütliche
altertümliche Atmosphäre tauchte. Daneben kauf-
ten wir an einem Stand polnische Gänseleberpas-
tete, mit Pflaumen angemacht, die wir heute
Abend auf Brot aßen und die köstlich schmeckte.
Jetzt merkten wir erst, dass wir in das Görlitzer
Altstadtfest geraten waren, mit einem ausgedehnten mittelalterlichen Markt mit Schmieden, Ker-
zendrehern, Korbflechtern, Böttchern, Dudelsack-
spielern und tausend anderen Ständen und Akti-

vitäten. Die Menschenmenge wurde immer dichter in den Gassen mit ihren schönen Renaissance- und Barockhäusern, Laubengängen, Kirchen, Brunnen und dem Rathaus, bis wir zur Peterskirche gelangten.

Energisch und laut wies die stämmige Pastorin mit modernem Schnippelschnitt den Menschen die richtigen Plätze an, stieg auf die üppig verzierte barocke Kanzel, rief einem weiteren Kirchenangestellten quer durch den Raum etwas zu, stemmte die Arme wie eine Metzgerin auf die Brüstung der Kanzel und äußerte deutlich ihren Ärger, als 10 Minuten nach Beginn eine Reihe Leute die Kirche verließ. Dann erklärte sie aber sehr gut die Geschichte der Kirche und vor allem Geschichte und Bau der sogenannten Sonnenorgel, die wirklich einen herrlichen Klang hat, kuriose Register wie Nachtigallen und Kuckuck besitzt und ihren Namen deshalb trägt, weil rund um etliche goldene Sonnen im Orgelprospekt herum die Pfeifen kreisförmig angeordnet sind. Eine dieser Sonnen drehte sich, wenn der Organist es wollte, und ließ Glöckchen wie bei der Petersburger Schlittenfahrt ertönen. War in dieser erfrischenden Pastorin Luther wiederauferstanden? Sie war nicht die Pastorin, wie mir meine Banknachbarin erklärte, sie gehörte lediglich dem Orgelförderkreis an, der mit diesen Veranstaltungen den weiteren Wiederaufbau der historischen Orgel fördern will.

War die Stadt deshalb so charmant, weil sie polnisch geprägt ist, oder weil sie von Kriegszerstörungen verschont blieb? Ab und zu hörte man polnische Laute. Waren die vielen schlanken hübschen Frauen Polinnen? Wir überquerten die neuerbaute Fußgängerbrücke in Menschenmassen, zeigten der gemeinsamen deutschen und polnischen Polizei unsere Personalausweise und waren plötzlich in Polen, wo uns vor einem riesigen Zelt mit Bier trinkenden Menschen wieder eine gemütlich klingende polnische Musik empfing. Sollten wir nächstes Jahr statt der geplanten Spanien- vielleicht eine Polenreise unternehmen?

Warum wurde Görlitz von den Russen verschont? Wurde es kampflos übergeben, oder haben die Russen es vergessen, wie uns ein älterer Mann in dem Pfarrcafe im Kreuzgewölberaum der gotischen Dreifaltigkeitskirche erklärte? Wir wussten nicht so richtig, ob wir ihm glauben durften, da er und seine Frau beide mit ziemlichen Vorurteilen über Polen beladen waren. Selber erlebt hatten sie diesbezüglich nichts, alles nur gehört oder gelesen.

Von Verschonung der Stadt wegen friedlicher Übergabe hatten wir auf unserer Reise schon einmal gehört. Auf der Hinfahrt nach Dresden machten wir am ersten Tag in Gotha Mittagsrast und waren auch von dieser Stadt sehr angetan. Sie machte abgesehen von den schön und dezent restaurierten historischen Gebäuden, vor allem auf dem großen Marktplatz rings ums Rathaus, deshalb auf uns so einen positiven Eindruck, weil sie irgendwie demokratisch oder menschlich auf uns wirkte. Das hatte seinen Grund in drei Dingen: Am Rathaus stand ein alter Spruch, der die Wichtigkeit des Bürgers und des Friedens betonte, am Schloss erinnerte eine Tafel an den adligen Offizier, der die Stadt 1945 vor der Zerstörung rettete, indem er sie kampflos übergab, was ihn die Nazis am nächsten Tag mit dem Leben büßen ließen, und drittens: In Gotha gibt es an vielen Stellen öffentliche Toiletten. Ist das Zusammentreffen dieser drei Tatsachen Zufall?

Vieles sieht auf dem Markt in Pirna noch so ähnlich aus wie auf dem Gemälde von Canaletto. Das Rathaus etwas weniger malerisch, die Brunnen mit den riesigen Steintrögen ohne Holzaufsätze, von denen die Leute damals Wasser schöpften. Im sogenannten Canaletto-Haus, heute Touristeninformation, hängt eine Kopie des Gemäldes, das wir schon in der Gemäldegalerie in Dresden bewunderten. Neben dieser Kopie steht die Nachbildung einer Sänfte, die Canaletto als Camera Obscura diente, in der ihm auf ein Tischchen die Ansichten projiziert wurden, die er dann für seine berühmten Veduten abzeichnete. Goethe machte es sich da etwas weniger leicht, als er den Kranz von spielenden Kindern am Fuß des Taufbeckens in der Marienkirche zeichnete. Er legte sich dazu auf den Fußboden. Pirna kann man auch besuchen, um das äußerst leckere Eis im Eissalon von Alfredo zu genießen. Alfredo und seine Frau sind übrigens keine Italiener, sondern junge sympathische Sachsen, die sich die Kunst der Herstellung von italienischem Eis selber angeeignet haben. Beim Eis kann man dann versuchen, die schrecklichen Gedanken an das zu vergessen oder zu verdrängen, was in der Nazizeit in Pirna geschah. Auf dem Sonnenstein, von dem es auch ein herrliches Gemälde von Canaletto gibt, wurden 15 000 Menschen umgebracht, weil sie „lebensunwertes Leben" waren.

Als Beglücker der Menschheit kann man August den Starken sicher auch nicht bezeichnen. Und doch verdanken wir seiner Prunksucht die vielen herrlichen Bauwerke wie das Lustschloss in Pillnitz mit seinen Chinoiserien und den pagodenartigen Dächern und seinem gepflegten Schlosspark. Mit Gondeln fuhr er bei festlichen Gelegenheiten von Dresden bis zur prächtigen Anlegestelle dieses Schlosses. Eine Schaluppe seiner Zeit kann man heute noch im Schlosspark sehen, nicht weit von dem größten Kamelienbaum Europas, über den im Winter ein eigenes Gewächshaus auf Schienen gefahren wird. Und eine Ahnung seiner aufwendigen Feste bekamen wir auch heute, als wir eine Wanderung im Gebiet der Moritzburger Teiche unternahmen, zum Wildgehege, zum Fasanenschlösschen und zum Leuchtturm. Im Wildgehege sahen wir Luchse, die verhältnismäßig großzügig untergebracht sind und denen es entsprechend gut zu gehen schien. Sie spielten und balgten sich munter. Viele andere Tiere haben viel zu kleine Gehege, die Füchse zum Beispiel, der Rote Milan und auch die Kolkraben. Da waren dann auch die zu erwartenden Hospitalismuserscheinungen zu sehen. Gut, August der Starke hat sein Wild auf Treibjagden zu Hunderten abknallen lassen. Der Leuchtturm am nächsten See diente ihm zu festlichen Seeschlachten, die er dort veranstaltete. Oberhalb dieses Leuchtturms liegt auf einem Hügel, durch eine Schneise vom fernen Schloss her sichtbar, das Fasanenschlösschen, wie das Schloss selber mit vielen barocken Plastiken versehen, mythologische Gestalten, aber auch Tiere und Pflanzen. Das Dach wird von einem Chinesenpaar unter einem Sonnenschirm bekrönt. Als wir das erste Mal hierher wanderten, aßen wir unterhalb auf Bänken im Freien in der sogenannten Ausspanne, einfache, aber leckere hausgemachte Sachen.

Das zweite Mal kamen wir mit dem Fahrrad hierher, aßen unseren mitgebrachten Mohnkuchen, tranken dazu Tee aus unserer Thermoskanne und trafen dort den jungen selbständigen Schreiner- Restaurateur, der im Fasanenschlösschen eine Arbeit für drei Monate hat. Wie es danach weitergehen soll, weiß er noch nicht. Da er einen sehr fröhlichen Eindruck machte, meinte ich:" Sie scheinen sich aber an die Situation gewöhnt zu haben." „Da kann man sich nicht dran gewöhnen," meinte er, „und ich muss mich oft sehr zusammenreißen, um wieder Mut zu neuem Anfang zu bekommen." Ein schlagender Gegenbeweis gegen die Leute, deren wir auch hier mehrere trafen, die behaupteten: „Wer arbeiten will, findet auch welche." - Vielleicht als Statist bei dem Film „Eine liebenswürdige Prinzessin", der am gleichen Tag im Schloss und im Park gedreht wurde, und den man angeblich Weihnachten in SAT 1 sehen kann?

Auf der Fahrradtour rund um die Moritzburger Teiche beeindruckte uns der stille Frauenteich mit seinen weiten schilfbestandenen Ufern und den entenartigen Vögeln, die wir nicht kannten. Er erinnerte uns ein wenig an einen See mitten im Urwald in Yucatan. Das verlassene Schloss in Berbisburg mit seinem Park und der kleinen Schlosskirche war auch ein stiller Traum. Zum Schluss besuchten wir das Käthe-Kollwitz-Haus im Rüdenhof, einem Gebäude in Sichtweite des Moritzburger Schlosses, das der Prinz von Sachsen 1945 der Künstlerin zur Verfügung stellte, als sie wegen der Bombenangriffe hier Zuflucht suchte. Der Prinz war eigenartigerweise schon lange Verehrer ihrer Kunst. Und auch wir waren wieder begeistert von den Radierungen, die hier hingen, vor allem denen vom Weberaufstand. Wir konnten deshalb nicht begreifen, dass diese Räume erst 1990 als Gedenkstätte geöffnet wurden. Denn diese häufig Proletarier darstellende Künstlerin musste doch dem DDR-Regime ein gefundenes Fressen sein. Und die Begründung, dass es aufgrund der herrschenden Wohnungsnot nicht zur Einrichtung eines Museums gekommen sei, schien uns wenig glaubwürdig.
Von der Museumswärterin (oder –leiterin?) wurde dieses Argument allerdings wiederholt. Erst als

wir uns das zur Verfügung stehende DDR-Video
(!) von 1987 anschauten, das von einem erstaunlich kritischen DDR-Journalisten gemacht war,
bekamen wir unsere Vermutung bestätigt, dass
das Museum damals nicht gewollt war. Aber warum nicht? War sie zu religiös – oder einfach zu
menschlich? Eine richtige Antwort bekamen wir
nicht. Wie wir so oft vor Rätseln stehen.

Einen Tag vorher fuhren wir vom Hauptbahnhof
mit der S-Bahn elbaufwärts nach Rathen, da wir
wenigstens einen ersten Eindruck von der Sächsischen Schweiz erhaschen wollten. Zuerst setzt
man über mit der lautlosen Gierfähre, die wirklich
völlig ohne Motor funktioniert. Dann stiegen wir
hinauf zur Bastei, von der wir bei wolkenlosem
Himmel die Elbe hinauf und hinunter sahen und
im Hintergrund die Feste Königstein und den
markanten Lilienstein. Vorher stiegen wir über die
Treppen und Stege und Brücken der Felsenburg,
von wo man vielformige Sandsteinfelsen und tiefe
Schluchten mit dem Felsentheater sieht, in der
nicht nur Karl May aufgeführt wird, sondern auch
Der Freischütz von Carl Maria von Weber, der in
diesem Gelände zu seiner Teufelsschlucht angeregt worden sein soll. Als wir nachher die vielen
Treppenstufen durch die Schwedenlöcher, eine
romantische Felslandschaft mit Wänden, Spalten
und Schluchten hinunterstiegen, kam uns spontan „Samuel, erscheine!" in den Sinn.

Uns erschien aber nicht Samuel, sondern der
sächsische Ministerpräsident Milbradt, der in ei-

nem Pulk von schwarzgekleideten jungen Männern zu einem Drehorgelspieler am Elbufer eilte, um sich dort als Drehorgelspieler von Journalisten der Agentur Reuter filmen und interviewen zu lassen. Da kommen einem auch so Gedanken über den Stellenwert der Nachrichtenagenturen in unserer Gesellschaft.

In dem 1887 gebauten Raddampfer „Pillnitz" waren für uns nur noch Stehplätze vorhanden, so dass ich mich gezwungen sah, auf dem Dach Platz zu nehmen, wenigstens solange kein Mitglied der Besatzung auftauchte. Dann ging es das waldbestandene Elbtal abwärts, an Wehlen und Pirna vorbei und am Wasserschloss von Pillnitz, in dessen Fenster die Sonne blitzte, dann unter der Brücke Blaues Wunder hindurch und an den Albrechtschlössern vorbei, bis wir zum Schluss die Silhouette von Dresden unter der golden untergehenden Sonne erblickten.

Einen Teil der Fahrt verbrachte ich im Gespräch mit einem merkwürdigen Mann aus Rostock. Als wir an den Schlössern von Pillnitz vorüberfuhren, wollte er unbedingt die Verdienste des Fürsten um sein Land hervorheben: „Die wollten damals die Produktivkräfte im Volk wecken." „Ich glaube nicht, dass das Augusts Motiv war," erwiderte ich. „Dessen primäre Motive waren seine Mätressen und sein Repräsentationsbedürfnis." Wir einigten uns dann darauf, dass die Situation in Preußen ganz anders als in Sachsen war. Dann sang er ein regelrechtes Loblied auf Preußen, wobei ihm allerdings Ordnung und Staatstreue wichtiger waren als Toleranz und Offenheit gegenüber Fremden, die ja auch im alten Preußen zu finden waren. Ich bekam immer mehr den Eindruck, dass es sich hier um einen alten DDR-Kader handelte, dessen geistiger Mittelpunkt seine Verehrung des Staatskapitalismus war. Darauf wies auch seine Begeisterung von Dubai hin, wie dort alles so toll organisiert sei und wie prachtvolle Bauten dort zu finden seien. Und die Armut der dort arbeitenden Gastarbeiter störte ihn dann auch nicht. Von meiner These der stärker werdenden Schere zwischen Arm und Reich in Deutschland wollte er konsequenterweise auch nicht viel hören. Zeigt sich in dieser Haltung vielleicht eine Fortsetzung der Nazizeit in der DDR? „Was halten Sie denn von unserer jetzigen Situation, wenn Sie die mit der DDR- Zeit vergleichen?" fragte ich ihn schließlich. Er schwieg zuerst, dachte aber offensichtlich nach und meinte dann: „Der Sozialismus ist zu früh gekommen. Es zeigt sich jetzt vieles, was ich den Leuten gesagt habe, die 1989 so gejubelt haben. Aber so richtig wird der Kapitalismus erst zusammenbrechen, wenn die internationalen Konzerne weltweit mit ihrer Politik ans Ende gelangt sind." „Das kann aber wohl noch dauern, oder?" „Ja, das kann noch etwas dauern. Ich habe aber die heutigen Zustände schon 89 vorausgesehen, da ich durch zahlreiche Auslandsreisen, die ich damals machte, den realen Kapitalismus schon kannte."

Sympathisch war mir dieser Mensch nicht. Er neigte zu Dauerreden und reagierte manchmal rechthaberisch, wie ich das auch schon von Kommunisten im Westen kannte, die so waren, da sie ja offenbar meinten, sie seien schon im Besitz der endgültigen Wahrheit. Seine Frau, die plötzlich von irgendwoher auftauchte, machte ebenfalls keinen sonderlich sympathischen Eindruck. Sie mokierte sich sehr, als ich nicht wusste, woher das Albrechtsschloss bei Dresden seinen Namen hatte. War es der Name des letzten sächsischen Königs? Später las ich nach, dass es der Name des preußischen Kronprinzen war. Hatte sie das gewusst? Irgendwie kamen mir beide, sowohl der Mann aus Rostock als auch seine Frau, unehrlich vor, als wenn sie sich versteckten. Merkwürdigerweise konnte ich mich schon kurz hinterher nicht mehr erinnern, wie er ausgesehen hat.

An das Aussehen unserer Wirtin kann ich mich gut erinnern: an ihre etwas faltig gewordene bescheidene Schönheit, vor allem an ihren Mund, den sie manchmal wie in leichtem Trotz etwas vorschob, mit seinen vielen, vielen Fältchen. Hatte sie diese Fältchen aus Kummer um ihren Sohn, der mit Freunden Haschisch aus der Wasserpfeife rauchte, wie sie uns traurig gestand, als wir sie nach Unterschieden zwischen „damals und heute" fragten? „Wer die Wahrheit sagt, bekommt Schwierigkeiten." Das war ein Satz, der sich sowohl auf damals als auch auf heute bezog. Ähnliches hatte uns ihr Mann, der als Baggerführer arbeitete, von der heutigen Situation an seiner Arbeitsstelle auch schon gesagt: „Den Mund kann man jetzt nicht mehr aufmachen, wo man froh sein kann, dass man nicht arbeitslos ist." Sie lächelt eigentlich immer leicht, wenn sie mit ihrer sanften Stimme, bei Gelegenheit ohne Punkt und Komma, redet. Dabei ist alles mehr oder weniger beklagenswert. Zumindest signalisiert ihr Ton das. Im Innersten scheint sie dabei aufmüpfig zu sein, kann auch ihren Mann herb rügen, wenn er, der ostpreußischer Herkunft ist, mal wieder etwas Ungenaues oder Uninteressantes von sich gegeben hat. Sie ist die Tochter eines reichen Bauern, der auch zu DDR- Zeiten seine eigene Landwirtschaft betrieb. Sie musste als Kind oft hart arbeiten, ging später aber zu einer Bank und trat dann in die PHB ein. Sind das die Gründe für die Falten um ihren Mund, oder einfach Hormonmangel, wie Sigrid meinte?

Im Tiergehege bei Moritzburg trafen wir einen Schreiner, der mit seinem Sohn zusammen eine angeblich reparaturbedürftige Treppe aus Kiefernholz an einer Aussichtsplattform gegen eine brandneue aus solidem Eichenholz austauschte. Als ich die oft nicht artgerechte Unterbringung mancher Tiere in den Gehegen ansprach, meinte er: „Das kann man so und so sehen. Die Leute wollen ja etwas sehen." Er taute auf, als ich ihm von meiner Kindheit in Sachsen erzählte. In den Zeiten der DDR war es ihm immer gut gegangen. Er hatte genügend Aufträge, und auch über Materialmangel konnte er nicht klagen. Als er in den

60er Jahren ein Haus bauen wollte, war das leicht möglich gewesen, da ihm sein Onkel ein nötiges Darlehen zinslos lieh.

Eigentlich hatte der Mann gar keinen Hals. Sein Kopf steckte tief in seinem Körper. Vielleicht weil er immer abgetaucht war. Parteimitglied war er nie gewesen. Hatte er wohl nicht nötig. Er arbeitete nicht mit, aber für eine PGH. Unsere Wirtin war nicht so gut auf ihn zu sprechen und deutete etwas von guten Beziehungen an, während er positiv auf die Namen unserer Wirtsleute reagierte, als wir sie ihm nannten. Vielleicht zwei Beispiele, wie Leute während der DDR überlebten, ohne zu den Kadern zu gehören, der, der sich immer duckt und bedeckt hält, und der, der sich engagiert, aber irgendwann lernt, dass sich seine Ehrlichkeit nicht auszahlt?

Der letzte Tag unserer Dresden- Reise rundete unser Bild von dieser schönen Stadt noch mal zum Positiven hin ab. Dresden ist ja viel mehr als nur das Dutzend prachtvoller Barockbauten im Elbpanorama. In der Neustadt und auch an anderen Stellen ist es eine luftig- weitläufige Stadt mit Denkmälern und Brunnen wie auf dem Albertplatz, mit Vierteln aus der Gründerzeit wie in der Nähe der Molkerei Pfund mit ihren jugendstilartig gefliesten Wänden, die hohe Jugendstil- Halle des Neustädter Bahnhofs mit seinem drei- bis vierfachen Echo und die breite Flanierstraße zur Augustusbrücke hin mit dem Goldenen Reiter am Ende. In der Mitte der Hauptstraße rechts das barocke Viertel um das Societätstheater und die mächtige Dreifaltigkeitskirche herum und links die schnieke restaurierte Markthalle. Und alles befindet sich in rasanter Veränderung, auch das Zentrum mit Hofkirche, Frauenkirche, Schloss und Zwinger, wo wir im Nymphenbad mit seiner unglaublichen Fülle von Bauplastiken die Reise da beendeten, wo wir sie angefangen hatten. Unser Resümee: Wir müssen wiederkommen.

Goslar von Berlin aus
Herbst 2005

Welch ein Kontrast zu Berlin, zu seinen breiten Straßen mit allseitig brandendem Verkehr, U-Bahnen, Straßenbahnen, Bussen, Booten auf der Spree, S-Bahnen, Fahrrädern und Autos! Und in der Innenstadt sogar einige Rikschas! Hier in Goslar dagegen wenig Fahrzeuge in engen Straßen, meistens Einbahnstraßen, die ständig abrupt die Richtung wechseln, weil die Fußgängerzone sie zwingt, die Fußgängerzone um den Markt herum mit den gotischen Arkaden des Rathauses und seinen bemalten Scheiben in den Spitzbogenfenstern des ersten Stockwerks, und links davon das rote Gewandschneiderhaus mit seinen Kaiserfiguren an der Front, am Abend wie auch das Rathaus geschickt beleuchtet. Fachwerk und gotisches Fialenzierwerk als krause Gegenwart eines späten Mittelalters, aus dem Schweine in den Gassen und der Geruch von Scheiße und Pisse nun verbannt sind, so dass man hier leben kann, ohne Angst vor Pest, Hölle und Kindersterblichkeit, mit Kuchen mit Sahne im stilvoll eingerichteten Cafe am Markt, und italienischem Cappuccino, von der adretten Kellnerin in schwarzem Kleid mit weißer Schürze bedient.

Die Kaiserpfalz monumental auf ansteigender Wiese, leider in ihrem Anblick verdorben durch einen vorweihnachtlichen Markt, zu dessen Eintritt man auch noch 10 € berappen sollte. Eine der seltenen Stellen im mittelalterlichen Reich, wo die Kaiser, die eigentlich unstete Wanderkaiser waren, ständig bemüht, die Ruhe, das heißt die eigene Macht, im Inneren oder nach außen, mit Blut und Schwert herzustellen, einmal einen Ort des Bleibens fanden, zumindest eine Zeitlang, hier in Goslar wohl eher vom geförderten Silber als von der Anmut der Landschaft verlockt.

Im Weißen Schwan ein wenig zu Abend gegessen, Sigrid eine russische Bortschsuppe und ich ein Omelette mit Schafskäse, dazu ein Glas Bier vom Fass, der mit polnischem oder jedenfalls östlichem Akzent sprechenden Kellnerin offensichtlich zu wenig, wie man aus ihrem abrupten Sichabwenden nach der Aufnahme der Bestellung entnehmen konnte. Der Raum leider sehr unterteilt, mit rustikalen Sitzgruppen, doch mit dem Vorteil, dass man ungestört die Gespräche der Nachbarn abhören konnte: Der Goslarer Bürger, der sich darüber beklagte, dass er der Stadtverwaltung angeboten habe, eine Eiche zu pflanzen, gleich in welcher Größe, was diese abgelehnt habe, da an der entsprechenden Stelle nur Gebüsch geplant sei, wohl weil man das später, falls nötig, wieder beseitigen könnte. Die Nachbarin, die sich bitter beklagte, wie ein Verwandter im hiesigen Krankenhaus behandelt worden war. Nur zufällig so gehört? Oder passend zu der jungen Frau in der Touristeninformation, die unsere Klage nicht die Bohne interessierte, dass man in der Kaiserpfalz wegen des Kunsthandwerkmarktes keine Führung haben könne? Dass die Pfalz doch der Hauptanziehungspunkt Goslars sei, wollte sie gar nicht begreifen.

Vorher auf dem Markt mit vielleicht sechs weiteren Personen, die im Dunkel auf das schiefergedeckte Gebäude gegenüber dem Rathaus schauten, das Glockenspiel angehört, Punkt sechs nach der hauseigenen Uhr, fünf Minuten danach nach unserer und auch der Glocke der Marktkirche, wie sich in der Mitte des dreieckigen Giebels die mittlere Tür öffnete und zwei Figuren heraustraten, Kaiser und Kaiserin?, von denen sich einer verbeugte, und ein Pferd, das seinen Huf bewegte, wie zur devoten Begrüßung, danach aus der rechten Tür ein Zug von Bergleuten und dann noch mal ein weiterer Zug, ein modernerer vielleicht, die beide dann hinter der linken Tür wieder verschwanden. Uhrwerke, mechanische Wunderwerke, leicht verstimmt, der Gipfel der Mode des späten Mittelalters. Skurril, putzig, hier Gottseidank nicht vermischt mit Geruch nach Fritten und Bratwürsten, und Kopfstein statt Verbund. Wenn auch in einigen umliegenden Straßen viele Geschäftshäuser in Fachwerkhäusern im Erdgeschoss schwer geschändet durch unsensible Schaufenster, Maße verloren und Beton oder Marmor eingefügt.

Im Gästehaus Schmitz in der Kornstraße eine Ferienwohnung gemietet, sehr geräumig, Wohnzimmer mit Küchenzeile, Esstisch und Sofa mit Tisch und Stühlen, ein längliches Bad mit Dusche, Schlafzimmer und kleiner Garderoberaum, gewinnend durch die Bilder, die der Hausherr selber gemalt, als wäre er ein Mitglied der Künstlervereinigung "Die Brücke", zumindest davon angeregt, wie uns klar wurde, nachdem wir in Berlin gerade in der Berlinischen Galerie in Kreuzberg eine Ausstellung der Maler der "Brücke" genossen hatten. Die Berlinische Galerie übrigens ein Museum von großzügiger Räumlichkeit, das die Bilder des eigenen Bestandes, auch solche aus expressionistischer Zeit, mit Delikatesse auf hohen weißen Wänden präsentierte.

Das Treppenhaus im Gästehaus Schmitz großzügig und erstaunlich licht, wie man es in einem Fachwerkhaus zunächst nicht vermutet, mit vielen schön gerahmten Spiegeln versehen. Und gute Nacht. Und gute Träume. Damals wehte im Dunkeln der gleiche Wind.

***

Liebe, Sorge und noch mehr Angst aus ihren dunklen Augen schauten. Würzig, herzlich, harzig war die Luft, die letzte gelbe Blätter von den Bäumen trieb. Wieso ging diese schlanke junge Frau mit den Schlüsselbeinknochen, die sanft aus der Haut heraustraten, neben diesem alten Mann mit Spiegelglatze die baumbestandene Straße hinab, an dem großen dunklen Gebäude vorbei, während der Knabe um sie hersprang? Sie suchten etwas oder jemanden. Ein Schleier oder Nebel liegt davor. Vor einem kleinen Schaufenster lichtet er sich ein wenig. Der Knabe bleibt davor stehen, schaut fasziniert hinein, auf mancherlei Spielsachen aus Holz, zum Beispiel eine Bahn, auf der im Zickzack ein hölzernes Wägelchen hinabfährt, eine Bahn aus dünnen Metallstangen, von hölzernen Verbindungsteilen gehalten. Merkwürdig, dass sie Weihnachten später als Geschenk vor dem Weihnachtsbaum liegt. Die schlanke junge Frau freut sich allerdings mehr über die Bahn als der Knabe selber. Eigentlich kann man ja gar nicht so viel damit machen. Und wie kommt sie plötzlich hier unter den Weih- nachtsbaum? Aus dem fernen Goslar. Das Christkind, aha, beim Christkind ist alles möglich. Auch das mit dem Vater?

***

Hülya Göksu war anders. Aber sehr freundlich. Und winzig klein, als sie sich aus der Theke der Information erhob, mit einem hinkenden Bein. Intelligent strahlende Brille auf ihrem Gesicht. "Natürlich kann ich Sie mit einer Führung vor den Wislicenus- Malereien im Sommersaal versorgen. Ja, auch über Einzelheiten auf den Gemälden weiß ich Bescheid." Und sie wusste. Dass die Schlacht bei Ikunium dem heutigen Konya in der Türkei entspricht. Und dass der Fluss, in dem Barbarossa ertrank, mit Namen Göksu, Him- melswasser, in der Nähe floss, und dass sie den Leichnam Barbarossas nach Jerusalem bringen wollten, ihn deshalb einbalsamierten, er aber we- gen der Hitze trotzdem stank, sie die Leiche daraufhin zersägten und auskochten, um die Knochen wenigstens zu retten, was aber endete im Verschwinden, eine nötige Voraussetzung für die entstehende Kyffhäuser- Sage. Auf einer Wand ist dann Barbarossa, aus dem Kyffhäuser erwachend, mit weißem Bart dargestellt, sein Blick schräg hinüber zu der Gestalt auf hohem Ross, die Wilhelm den Ersten darstellt, hier in Goslar Wilhelm der Große genannt, auch mit weißem Bart, gefolgt von seinem Sohn Friedrich dem Dritten, dem Dreitagekaiser, rechts klein, den verkrüppelten Arm hinter seiner Mutter Viktoria verborgen, Wilhelm der Zweite.

Karl von Preußen in roter Husarenuniform, Bismarck links vorne mit einem Hammer in der Hand, der Schmied des neuen Kaiserreichs, das ermöglicht wurde durch die erkaufte Zustimmung Ludwigs von Bayern, der die Krone reicht, obwohl er in Versailles gar nicht dabei war. Unten Vater Rhein, der nun nicht mehr Grenze war, sondern mitten im Reich lag, und das Märchen, das gewissermaßen wahr geworden war, das Märchen von Dornröschen, das aus dem Schlaf erwacht war in der Wiedergeburt des Deutschen Reichs, in Wirklichkeit allerdings nicht durch einen Kuss, sondern durch die raffinierte Politik Bismarcks, durch 3 Kriege, Enteignung Hannovers, Bestechung Bayerns und die Entzündung eines Wahns, der zum Ersten und zum Zweiten Weltkrieg führte, hier geschönt und verbrämt und in Apotheose erhoben, über dem zukünftigen Kaiser eine lichte Gestalt schwebend, die schon die Krone hält, fast an Mariä Himmelfahrt erinnernd, aber Königin Luise, die Mutter Wilhelms, darstellend. Und die lichte Gestalt rechts vorne nicht die heilige Barbara mit dem Turm, was in der Bergbaustadt naheliegend wäre, sondern eine Gestalt mit den Türmen von Metz und Straßburg. Die Generäle Roon und Moltke gleich hinter Bismarck.

Nun ist der Himmel zugezogen. Kohleschwaden und der Geruch nach Holzfeuer im Kamin streifen durch die Luft. Im Mühlenrestaurant der Atem schwer von Zigarettenrauch. St. Annen-Stift im Dunkeln an der Gose unter Bäumen nur geahnt. Im Nordteil der Stadt heute dann doch die Begegnung mit der Frittenkultur, schwer und hässlich, Stadtverwaltungsgebäude, Karstadt und Hertie. Immerhin lebt die Stadt. Aber muss Leben immer so abstoßend hässlich sein? Verbundpflaster, Autostellplätze, eingeschlagene Fassaden. Trotzdem viele schöne Straßenzüge, vor allem auch entlang des Flüsschens, der Gose, mit einzelnen Bäumen, dem Mühlrad, das sich dreht, obwohl der Mühlenbach nicht zu verfolgen ist. Unter dem Pflaster oder künstlich ersetzt?

Um die Kirchen herum wie kleine Dörfer die Plätze, Jakobi und die einheitlich romanische Klosterkirche Neuwerk mit eindrucksvollen Fresken im Chorraum, viel Rot und viel Gold. Auch um Stephani herum ein geschlossener Raum von alten Häusern, leider durch parkende Autos gestört. Es wäre so viel noch zu tun in Goslar. Kein Landeskonservator, kein Geld? Fließt mehr Geld jetzt nach Berlin?

***

Dort wird ja an allen Ecken und Enden gebaut und renoviert. Im Gebiet um die Oderberger Straße am Prenzlauer Berg herum entsteht ein neuer Laden, ein neues Cafe nach dem anderen. Klar, hier wohnt ja auch die Schickimickiclientel, um die 3o bis 40 Jahre alt, oft mit einem oder zwei Kindern, die Mütter oft relativ alt für die Kinder, gut betucht, auf den ersten Blick einfach gekleidet, auf den zweiten sieht man, dass es sich um gar nicht so billige modische Trendware handelt, oft jetzt die Modeträume der Sechziger verwirklichend.

Beim Eintritt kam sie uns mit Hallo entgegen. Sie feierte den Geburtstag der kleinen Hasibe, Halloween und den Abschied vor ihrer halbjährigen Reise nach Indien und Hawaii gleichzeitig. Welches von allem rechtfertigte ihre Verkleidung? Die Haare schwarz gefärbt oder Perücke? Der Schock aber die endlos langen wohlgeformten Beine in schwarzen Netzstrümpfen, mit verführerischer Rundung bis zum Hinterteil, vorne tauchte aus dem fast nicht mehr vorhandenen Röckchen aus purem restlichen Anstand eine rosa Papierblume auf. Die Beine natürlich auf provozierend hohen Absätzen. Ging es den Männern allen so, dass sie nicht richtig wussten, wohin sie den Blick lenken sollten? Vielleicht waren deshalb alle so cool. So cool, dass keiner sich vorstellte, keiner den anderen anblickte. Die Wohnung voll mit Grafiken von George Grosz und Otto Dix, Originale, keine Drucke. Eine Wand aus Ziegelsteinen gemauert, kaum Möbel. Wo brachten sie ihre Sachen unter? Ausgelagert? Die Bilder, hörte ich später, stammten vom Schwiegervater von Lydia, dem Vater also von Patrick, der schon in Indien weilte. Warum, wurde nicht erklärt. Sie, Lydia, fuhr jedenfalls hin, weil sie einen halbjährigen Yoga-Kurs in einem Ashram absolvieren wollte. Sie war schon zweimal in Indien. Die Armut sei nicht das Problem, nur das ewige Handeln und Feilschen um alles. Da sei man nachher froh, wieder in Deutschland zu sein. Obwohl sie Amerikanerin ist, in Hawaii geboren, die Mutter ein Blumenkind. Nach der Zeit in Indien wollte, musste Lydia denn auch nach Hawaii, um der Großmutter zu helfen, ihre Wohnung aufzulösen. Mit über 80 sei diese zwar noch fit, aber ein Haus sei doch nicht mehr das Richtige für sie.

***

Brunnen gab es in der Stadt Goslar nicht. Das Wasser wurde aus dem Fluss, der Gose, geschöpft, bis den Bürgern eines Tages deutlich wurde, dass sie davon krank wurden. Das Wasser aus dem Berg, dem Rammelsberg, wurde nämlich über die sogenannte Abzucht in den Fluss geleitet. Und in diesem Wasser waren Schwermetalle enthalten. Deshalb bauten sie eine Wasserleitung, mit der die Häuser in der

Stadt versorgt wurden, eine Wasserleitung aus Holzröhren, die Hunderte von Jahren hielt, besser als unsere heutigen Wasserleitungen. Das hörten wir von dem Führer bei der Stadtführung. Er zeigte uns auch den Huldigungssaal im Rathaus, eine gotische Kostbarkeit, die man leider heute nur noch durch einen Glasschacht betrachten darf, da Gefahr besteht, dass er durch Feuchtigkeit, sprich durch den Atem der Touristen, zerstört wird, eine Holzverkleidung mit wunderbar zarten Gemälden, ringsherum und an der Decke, ein Raum als Schatzkästlein.

Mit dem Führer in dem Bergwerk Rammelsberg, einem pensionierten Luftwaffensoldaten, fuhren Sigrid und ich als einzige Gäste mit dem ratternden, polternden Zug in den Berg, wo wir die verschiedenen technischen Entwicklungsstufen des modernen Bergbaus sahen, zum Schluss die Presslufthämmer, mit denen in der letzten Etappe des Bergbaus die Bohrlöcher für die Sprengungen gebohrt wurden, sehr laut, ohne Ohrenschutz nicht zu ertragen.

Beeindruckender als diese Anlagen aus dem 20. Jahrhundert aber war der Roederschacht, in dem die riesigen hölzernen Räder im Dunkel sichtbar wurden, die Kehrräder, wie sie genannt wurden, weil sie von einem Wasserkasten, ebenfalls aus Holz, in entgegengesetzte Richtungen gelenkt werden konnten, um durch eine Kurbelwelle ein anderes Rad zu treiben, von dem aus Seile zwei Bergleuten ermöglichten, die tonnenschwere Last zu heben und auszukippen. Zum Betrieb dieser Räder diente Wasser, das über einen langen Kanal im Boden von einem eigens angelegten Wasserreservoir außerhalb des Bergwerks geführt wurde. Heute dient es als romantisch gelegenes Schwimmbad.

Beeindruckend auch ein simuliertes Feuer mit seinen dicken Baumstämmen, das man in einem Stollen sah, ein Feuer, wie es in früheren Jahrhunderten übers Wochenende gelegt wurde, um die Erzschichten abzusprengen. Dann war der Berg voll von Qualm, und alle Arbeiten mussten von den Bergleuten bei winzigen Lichtern verrichtet werden, auch noch die passgenaue Errichtung der riesigen Rad- und Wasserleitungsanlagen. Früher schliefen die Bergleute sogar im Berg. Eine schaurige Vorstellung bei sanitären Verhältnissen, die praktisch nicht vorhanden gewesen sind! Im Laufe der Jahrhunderte wurden dabei Erze gefördert, die einen Güterzug gebildet hätten, der bis Australien gereicht hätte. Der Wert betrug fast 30 Milliarden Mark, fast also das Defizit des jetzigen Bundeshaushalts. Und Goslar förderte immer ein Drittel der deutschen Erzfördermengen.

Goslar sei im Krieg und nach dem Krieg Lazarettstadt gewesen, erklärte mir der Führer auf meine Frage, wo sich denn das Lazarett befunden haben könnte, in dem mein Vater lag, als mein Opa, meine Mutter und ich ihn dort 1947 abholten, nachdem er als Skelett aus russischer Kriegsgefangenschaft entlassen worden war. Es habe viele Lazaretts gegeben. Das gleiche erklärten mir auch die Wirtsleute, Familie Schmitz. Ein Hotel in der Nähe der Neuwerkskirche vielleicht oder das Krankenhaus oder das Logenhaus in der Kornstraße.

***

"Schau mal, da vorne geht er! Lauf mal schnell zu ihm hin und begrüße ihn!" So sprach die schlanke dunkelhaarige junge Frau zu dem Knaben. Zögernd lief er, weil ihm die Situation recht merkwürdig vorkam, und er ihn, von einigen Heimaturlauben im Krieg vor etlichen Jahren abgesehen, die ganzen sieben Jahre seines Lebens nie gesehen hatte. Schnell lief er, weil er seine Mutter nicht enttäuschen wollte. Er holte ihn ein, ging um ihn herum und sprach gehorsam: "Tag, Papa." Ein Mann in einer Art Sträflingsanzug oder dunkelbraun gefärbtem gestreiften Schlafanzug, sehr mager, mit vielen Pickeln auf der Haut und totem Blick schaute ihn befremdet an und fragte: "Wer bist du?" Noch ehe sich ein wundes Gefühl in dem Jungen weiter ausbreiten konnte, kamen die junge Frau und der große alte Mann mit Glatze schon heran und sprachen mit dem Mann ohne Blick. Alles Weitere vergaß der Knabe. Es blieb ihm die Erinnerung an das kleine Schaufenster mit den Holzspielsachen und die lange gerade Straße mit vielen Bäumen ohne Blätter und wenigen Häusern.

***

Ungeklärte Fragen, Nebel der Vergangenheit. Irrtümer beim ersten Eindruck. Beim Glockenspiel handelte es sich nicht um einen Ritter und eine Frau und einen Gruß mit dem Pferdefuß, sondern um die Gründungslegende des Rammelsbergs. Ein Ritter namens Ramm soll mit seinem Pferd auf der Verfolgung eines Hirschs zu dem Berg gekommen sein, der später nach ihm benannt wurde. Da scharrte das Pferd plötzlich mit dem Huf auf dem Boden, und der Ritter entdeckte, dass der Boden erzhaltig war, was er als gehorsamer Lehensmann natürlich sofort seinem König meldete.

Und das Glockenspiel stammte auch nicht aus dem Spätmittelalter, sondern aus dem 20. Jahrhundert. Es wurde der Stadt von der Firma Preussag, die den Bergbau in preußischer Zeit übernahm und den Betrieb erst in den 80er Jahren einstellte, geschenkt. Die Firma Preussag bildet heute den Kern des TUI-Konzerns. Und das Mühlrad wird wirklich noch durch einen unterirdischen Kanal mit Wasser versorgt, das etwas oberhalb von der Gose abgeleitet wird.

So muss man auf Reisen den ersten Eindruck häufig korrigieren. Erfahrungen und Eindrücke als Prozesse, nicht als Punkte. Bei der Touristeninformation scheinen die Irrtümer und Fehlinformationen allerdings nicht auf den ersten Tag beschränkt zu sein, wie uns mehrere Goslarer und auch Touristen bestätigten. Eine Führung in der Kaiserpfalz sei wegen der aktuellen Ausstellung nicht möglich, was sich als falsch erwies. Eine Besichtigung der Huldigungshalle sei nur bis Oktober möglich, was sich als falsch erwies, da wir sie mit dem Stadtführer anschauten, bei der Stadtführung, deren Karten wir bei der Touristeninformation selber vorher gekauft hatten. Hier scheint weder die Kommunikation zwischen den Mitarbeitern im Tourismusgewerbe noch die zwischen den einzelnen Gehirnhälften der Angestellten zu funktionieren. Das war zunächst für uns bitter beziehungsweise umständlich. Aber verständlich, wenn man bedenkt, dass ein gewisser Herr Bitter als selbständiger Unternehmer einen Teil der Arbeit in diesem Gewerbe übernommen hat, wohl um der Stadt Geld zu sparen, auch vor allem für sich selbst Geld zu sparen. Von den Ausstellern in der Kaiserpfalz nahm er zum Beispiel 480 € Standgeld für 6 Meter Verkaufsfläche. Dann hatten die noch absolut nichts verkauft. Und die Eintritte der Gäste in Höhe von 10 € kassierte er auch. Ob es da nicht einen guten Freund in der Stadtverwaltung gab? An einen Herrn Breuer von der Goslarschen Zeitung solle man schreiben, meinte ein Goslarer Bürger. Der sei einer der wenigen an entscheidender Stelle, der sich für solche Kritik interessiere.

***

Auf einer Schütte aus Stroh war ihr Nachtlager mitten auf der großen Däle, wo noch ein weiteres

Dutzend Frauen Unterkunft fand. Und sie waren froh darüber. Anna Schaden von Zellerfeld besonders, da sie nur eine Dienstmagd und arbeitsunfähig geworden war, weil sie sich ein Bein gebrochen hatte. Da sie aber schon so viele Jahre in Goslar gearbeitet hatte, konnte sie das Bürgerrecht für den halben Preis erwerben, für sie gerade noch erschwinglich, und ihren Lebensabend im St. Annenhaus, einem Haus für Arme und Kranke, verbringen. Aufgrund einer Stiftung war das seit dem Jahre 1488 möglich, und ging so bis ins 20. Jahrhundert. Und das Gebäude steht heute noch in Goslar, ein beeindruckender Profanbau außer dem Hospital vom Großen Heiligen Kreuz und dem vom Kleinen Heiligen Kreuz.

Die Däle, zu Hochdeutsch wohl Diele, ist ein großer zweistöckiger Raum, der auch den Hauptraum in vielen alten Bürgerhäusern Goslars bildet, hier im St. Annenhaus mit Holz verkleidet, mit dunkelbraunem Eichenholz, aus dem auch die spätere Einrichtung der Kapelle, ihres Altars und ihrer Kanzel besteht. In einem Nebenraum sieht man auch noch die mittelalterliche Küche, in der die Frauen gemeinsam kochten. Ursprünglich eine Form von Gemeinschaftlichkeit, die man sich schon zu Zeiten der Reformation so nicht mehr recht vorstellen konnte, weshalb später so eine Art Zellen im oberen Teil der Däle eingerichtet wurden. Schwer heute, sich vorzustellen, ob die Menschen diese Gemeinschaftlichkeit früher als Zwang oder als Selbstverständlichkeit oder als unabdingbare menschliche Nähe empfanden.

***

Im Mauerpark in Berlin trifft man immer wieder Typen, die ein anderes Verhältnis zu Nähe und Distanz haben als der "normale" Mensch. Zum Beispiel der junge Mann mit Gitarre, der, Kronenkorken kickend, an uns vorbeilief und dazu erklärte: "So haben sie den Physiklehrer beschossen, worauf der fragte, was das bedeuten sollte, etwa eine unterbrochene Welle?" Als ich, neugierig geworden, fragte, wann denn das Konzert mit seiner Gitarre losgehe, erklärte er mir gleich ausführlich, mit seinen vielen kleinen Fältchen um Mund und Augen, warum das mit dem Konzert nicht viel gebe, da er ja einen Herzfehler habe, der ihn daran hindere, einen Akkord sauber neben den anderen zu setzen. Dabei redete er ununterbrochen, mit häufig hochgestochenen Fremdwörtern oder Fachbegriffen, endete diesen Diskurs mit der Bemerkung: "Das wäre dann mehr ein Melodrama."

Als der kleine Severin ihn schweigend und verwundert anschaute, schaute er intensiv und schweigend zurück, fast als wolle er Severin hypnotisieren. Als ich ihn fragte, was los sei, erklärte er: "Ich habe nur versucht, ihm klarzumachen, dass man die Melodie eines Instruments auch durch eine adäquat koordinierte Körperbewegung ausdrücken kann." "Und, hat er es verstanden?" "Das hat ja vor so großen Schülergruppen wie heute keinen Sinn. Am besten kann man das sowieso nur allein verstehen." "Sind Sie denn mal Lehrer gewesen?" "An der Uni habe ich Vorlesungen gehalten. Ich habe ja Philosophie und Mathematik studiert, und dann nebenbei noch Astrologie und Physik. Aber man muss ja schon für sein eigenes Tun verantwortlich sein. Und wenn das nicht geht, kann man ja jedes Verbrechen begehen. Aber am besten ist noch die Liebe. Da versteht man sich selber am besten. Es geht ja darum, dass man sich verstehen kann. Sich selber versteht man ja immer noch am besten." Dann schaute er mich an, als habe er mir jetzt genug von seinem kostbaren Wissen mitgeteilt. Deshalb nur noch lakonisch: "So, das wär's!"

Der Mauerpark wird immer schöner. Auf der großen Wiese spielt eine Band für einen Film, der demnächst im Fernsehen erscheint. Wie muss es aussehen, wenn die neugepflanzten Kirschbaumreihen im Frühjahr blühen! Der Hang vor dem Jahnstadion präsentiert sich im Sommer mit blau-violetten Salbeiflächen, in denen Gruppen von jungen Leuten sitzen, lesen, trommeln oder Gitarre spielen. Oben auf dem Hügel die Schaukeln, auf denen die Kinder oder auch Erwachsene an langen Ketten über den Mauerpark schwingen, der nun weite Blicke über Berlin bietet statt Mauerenge, über die riesige Wiesenfläche hinweg, auf der jetzt im Herbst die Drachen steigen, spitze Kirchtürme der verschiedenen Stadtteile in der Ferne und weiter nach rechts ein weiterer Spielplatz, dann ein Arrangement von Ahornbäumen wie in einem französischen Garten und noch weiter das Gelände des Kinderbauernhofs, mitten im Wohngebiet liegend, mit seinen Tieren, um die sich Dutzende von kleinen Kindern drängen. Und dahinter noch, von den Schaukeln aus kaum zu erkennen, noch mal ein neu angelegter weitläufiger Spielplatz mit eigenem Brunnen, aus dem man wirklich Wasser in den Sand leiten kann. Der Abschluss ein riesiger künstlicher Kletterfelsen. Und etwa ein Drittel des Geländes kommt noch hinzu, wenn der Streifen, auf dem bisher allerlei Firmen ihre Baumaterialien gelagert hatten, einbezogen wird. Dabei liegt der nächste Park, auch nicht so klein, gleich nebenan. Eine wunderbare Wohngegend hier am Prenzlauer Berg!

"Picasso ganz privat" hieß die Ausstellung in der Nationalgalerie, die wir dieses Mal im Gropiusbau anschauten, vor allem Bilder aus dem Musee Picasso in Paris, die Picasso bis zu seinem Lebensende bei sich zu Hause hatte. Unglaublich, was dieses Genie an unterschiedlichen Techniken und Malweisen in den verschiedenen Lebensabschnitten schuf! Und fast immer von höchster ästhetischer Qualität. Der spannungsreiche und gleichzeitig klare Bildaufbau fiel mir vor allem auf. Und dann einige besonders herausragende Werke, die mich tief beeindruckten, die Bronzeplastik "Die Ziege", das große Gemälde "Massaker in Korea", "Der Kuss" und zwei fast abstrakte Werke, beide mit dem Titel "Frau auf rotem Sofa".

Unglaublich auch, was er schon als Vierzehnjähriger zustande brachte!

"Der Kuss" zeigt in linear ineinander verschraubter Weise zwei Menschen, deren Gesichter ihr Ziel im Mund des anderen finden. "Massaker in Korea" erinnert im Aufbau an das Goyagemälde "Die Erschießung der Aufständischen": rechts die Gruppe der Täter, links die Opfer, bei Picasso die Täter oben in rüstungsartigen Weltraumanzügen, unten nackt wie richtige Menschen, links eine Gruppe von Frauen und Kindern, die in schlaffer erbarmungswürdiger Nacktheit ob der unbegreiflichen Gewalt dastehen.

Der "Ziege" hängt um das gerüstartige Knochengestell die Haut wie ein Sack, an einigen Stellen nahezu hässlich durch Haargekrause verziert. Prall nur der Euter, wo sich die Fruchtbarkeit fast dranghaft konzentriert. Zeigt dieses Bild nicht schonungslos die Verletzlichkeit aller Säugetiere, aller Lebewesen, und damit auch des Menschen?

Der Gropiusbau mit seiner lichten einfachen Halle liegt am Potsdamer Platz, den wir langsam doch zu schätzen wissen, wenn er auch eine gewisse Sterilität atmet und nicht recht ans Umland angebunden ist. Neben der riesigen asymmetrischen Halle des Sonyzentrums fielen uns diesmal die spitzen Ecken an den Fassaden der Hochhaustürme auf, wenn man sie, von Norden kommend, aufragen sieht, mit ihrem erfolgreichen Versuch, rechte Winkel zu vermeiden.

Wir gelangten über die Wilhelmstraße hierher, wo wir nach Spuren des Machtzentrums der Naziregierung gesucht hatten. Von der Reichskanzlei ist aber - wohl mit Recht - nichts mehr zu sehen. Ein Polizist, den wir an der Britischen Botschaft danach fragten, und den unsere Frage zu irritieren schien, wohl weil er sich fragte, ob wir Nazis oder Neonazis sein könnten, erklärte uns dann, dass sich an der Stelle nur neue Häuser befänden und dahinter lediglich ein kleiner Hügel, wo der Führerbunker gewesen sei. Unser Interesse wurde vor kurzem durch den Film "Der Untergang" erneut geweckt und auch durch die Tatsache, dass ja mein Vater irgendwo in dieser Hölle der letzten Tage des Naziregimes auf seinem Motorrad Kabel verlegt hatte, bevor er in russische Gefangenschaft geriet. So schloss sich auf dieser Reise mit Goslar in merkwürdiger Weise ein Kreis der Familiengeschichte, aber auch ein Kreis der deutschen Geschichte, wenn man den Mythos um Barbarossa, das zweite deutsche Kaiserreich und das "Unternehmen Barbarossa", Hitlers Angriff auf Russland, bedenkt. Das Ende spricht für sich.

Neubeginn ist allemal besser. Neubeginn mit Enkelkindern zum Beispiel, die uns wieder große Freude bereiteten in Berlin. Severin mit seinen 2½ Jahren gab wieder seine fast unbegreiflichen Sprüche von sich.Wir hatten uns mit Wolfgang, der gerade von einem Fernsehtermin am Vesuv in Neapel zurückgekommen war, am Tisch die ganze Zeit über unser Auto und die Schwierigkeiten, einen Parkplatz zu finden, unterhalten. Severin stand, da er schon fertig mit Essen war, neben dem Tisch und spielte mit einem seiner Autos. Plötzlich wie aus heiterem Himmel die Bemerkung: "In Berlin sollte man mit dem Fahrrad fahren." Offensichtlich hatte er den Inhalt unseres gesamten Gesprächs mitbekommen und dann auch noch die entsprechende Konsequenz daraus gezogen. Schon fast unheimlich!

Wir spielten mit den neuen Playmobilfiguren, die ich Matilde und Severin von dem Spielzeugladen "Onkel Philipp" mitgebracht hatte, und überlegten, welche Kindergartenkinder sie jeweils darstellen könnten. Severin bezeichnete eine der Figuren mit dem Namen eines Jungen in seiner Gruppe und machte dazu die Bemerkung "Der guckt so faul!" Vanessa erklärte uns, dass dieser Junge noch sehr klein sei.

Die Kita ist mit mehreren Schulen in einem riesigen Baukomplex untergebracht, mit unansehnlicher Front, in der Farbe, in der in DDR-Zeiten fast alle Häuser verunstaltet waren, ein Farbton aus Grau und Braun, mit schwärzlichen Stellen. Im Inneren schlägt einem ein Geruch entgegen, der hier wohl nicht auszurotten ist, ein Gemisch aus Essen und Bohnerwachs, das Essen scheint allerdings einzig aus Kohl zu bestehen. Ein Treppenhaus, das der kleine Severin nur mit Mühe zu besteigen versteht, dann alte Türen zum inneren Flur, die vor Jahrhunderten den letzten Anstrich erlebt zu haben scheinen. Zum lebenden Inventar gehört die rotgesichtige dicke Frau in der Küche, in ihrem weißen Kittel und Latschen wie ein Blockwart wirkend, der alle Vorübergehenden kontrolliert.

Aber das ist nur das äußere Bild. In Wirklichkeit handelt es sich um Menschen, die hier miteinander leben, wenn auch manchmal etwas unbeholfen wirkend. Irgendwie verunsichert? Dadurch manchmal aber umso sympathischer? Vielleicht weil die Mittel knapper und knapper werden, auch die personelle Ausstattung? Oder weil doch die Vergangenheit noch irgendwie auf ihnen lastet?

Unsicher, nahezu rührend wirkte jedenfalls die Ansprache der Leiterin beim Herbstfest, in der Garderobe, die notdürftig als Aula hergerichtet war, was an ein, zwei Girlanden an der Decke zu erkennen war. Umso begeisterter die Kinder, die mit Matildes Gruppe ein Gedicht vortrugen und mit einer anderen Gruppe einen Tanz mit Stöcken. Dann ging es dezentral in den Gruppenräumen und auf dem Flur weiter, mit - allerdings recht einfachem - Kuchen, Kakao oder Kaffee oder Tee, und verschiedenen Aktivitäten für die Kinder, während die Eltern in den jeweiligen Gruppenräumen saßen und sich unterhielten.

St. Martin mit Feuer, Weckmann und Singen von Haus zu Haus ist in Berlin weitgehend unbekannt. Deshalb als Ersatz dieses Herbstfest, das dann überging in ein Laternenfest. Matilde hatte sich wahnsinnig auf dieses Fest gefreut. Nach der Eröffnungsfeier ging sie ganz selbständig in ihrer

Kita umher, zu einem Raum, wo man sein Gesicht durch Schminken in das einer Katze verwandeln lassen und zu einem Raum, wo man sich selber eine Kette basteln konnte. In der Disko tanzte sie ganz begeistert, zusammen mit dem kleinen Max, der in seinem Röckchen, das man hier anlegte, ganz putzig aussah und ebenfalls hingegeben tanzte.

Severin musste, da ihm der Tag nun doch zu lang geworden war, vor allem, da er vor Aufregung in der Mittagszeit nicht geschlafen hatte, schon mit Oma nach Hause gehen. Matilde sammelte sich mit den anderen zum Laternenumzug auf dem Hof, wo man zunächst die verschiedenen Laternen begutachtete. Die Mutter von Max fragte Matilde: "Hast du die Laterne selber gemacht?" "Nein, gebastelt", antwortete sie trocken, damit unterstreichend, wie wichtig für sie die Tätigkeit des Bastelns ist. Während die Kinder im Dunkeln umherliefen. standen die Eltern noch eine Weile plaudernd zusammen, bevor der Umzug losging. Plötzlich tauchte Max vor mir auf und sagte: "Matilde hat Sehnsucht nach dir." Ich hatte mich wohl zu lange nicht um sie gekümmert. Fünf Minuten! Max ist auch erst 4 wie Matilde.

Matilde lebte völlig in ihrer Laterne. Als Max, der das merkte und eben noch so liebevoll redete, mit Absicht gegen die Laterne trat, vielleicht weil er eifersüchtig auf sie war, weinte Matilde zunächst, zutiefst getroffen. Als ich die Laterne aber ausgebeult hatte, war die Welt wieder ziemlich in Ordnung. Nach der Runde um den ganzen Block mit allen Kindergartenkindern und ihren Eltern war sie erstaunt, dass alles schon zu Ende sein sollte und meinte: "Ich will weiter mit meiner Laterne gehen. Bis es wieder hell ist." Das hieß also: die ganze Nacht! Eins ist mir nicht klar: War das die tiefempfundene Freude an einer schönen Gegenwart, oder bildeten sich da in diesem kleinen Kopf neue Mythen, neue Träume, die weit ins spätere Leben hinauswiesen?